당신이 몰랐던 진짜 영어
영어상식백서

당신이 몰랐던 진짜 영어
영어 상식 백서

지은이 이윤재
펴낸이 안용백
펴낸곳 (주)넥서스

초판 1쇄 발행 2013년 11월 5일
초판 3쇄 발행 2014년 3월 25일

출판신고 1992년 4월 3일 제311-2002-2호
121-893 서울시 마포구 양화로8길 24
Tel (02)330-5500 Fax (02)330-5555

ISBN 978-89-6790-579-8 93740

저자와 출판사의 허락 없이 내용의 일부를
인용하거나 발췌하는 것을 금합니다.
저자와의 협의에 따라서 인지는 붙이지 않습니다.

가격은 뒤표지에 있습니다.
잘못 만들어진 책은 구입처에서 바꾸어 드립니다.

www.nexusbook.com

당신이 몰랐던 진짜 영어

영어 상식백서

English
General Knowledge
Encyclopedia

이윤재 지음

넥서스

추천의 말

송희영
서울대학교 영문학과 졸업
조선일보 주일 특파원
조선일보 Washington 지국장
조선일보 편집국장
(現) 조선일보 논설주간

한반도영어공학연구원 원장 이윤재 선생의 영어에 대한 열정은 오래 전부터 알고 있다. 여러 매체를 통해 간간이 선생의 글을 읽기도 하였으나 이처럼 한꺼번에 많은 원고를 보기는 처음이다. 한 꼭지씩 글을 볼 때는 몰랐는데, 책으로 엮어진 원고를 보노라니 과연 선생의 영어에 대한 해박한 지식에 놀라지 않을 수 없다.

동서고금의 명문으로 이루어진 다양하고 흥미진진한 예문으로 인하여 읽는 묘미가 어지간한 일반 교양 도서나 수필집 못지않아 얻는 바가 쏠쏠할 것이며, 상식과 교양도 증진시켜 줄 것이라고 확신한다.

영국이나 미국에는 관사에 대한 방대한 양의 연구서나 실용서가 거의 없다. 영어 원어민은 유년 시절 자신도 모르게 자연스럽게 익히게 되는 영어 감각, 즉 Mental Grammar가 머릿속에 들어 있기 때문이다.

따라서 관사만을 전문적으로, 실용적으로, 재미있게 다룬 경우는 우리나라에 영어가 도입된 이래, 아니 전 세계적으로 처음 있는 일이라고 해도 결코 지나친 말이 아니다.

관사는 영어에서 가장 작은 부분이지만 가장 어려운 부분이다. 관사의 정확하고 적절한 활용법을 아는 것은 품격 있는 영어를 위한 마지막 단계로, 마치 액세서리로 정장의 마지막을 완성하는 것과 같다고 할 수 있다. 한 번 원리를 알면 응용이 가능토록 한 필자의 집필 방향에 크게 공감하며, 이에 이 도서가 품격 높은 Authentic English(正格英語 정격 영어) 구사를 추구하는 독자 여러분에게 많은 도움이 되리라 확신한다.

양채열

서울대학교 경제학과 졸업
Indiana University MBA
Northwestern University
Ph.D. in Finance
KDI 연구원
(現) 전남대학교 경영대학 경영학부 교수

이 책에는 단편적인 상식을 뛰어넘는 깊이 있는 내용이 숨겨져 있다. 각 분야에 대한 전문지식과 영어를 함께 잡을 수 있는 아주 유익한 책이다. 정치, 경제, 사회, 문화 등 각 분야의 시사 문제뿐만 아니라 셰익스피어, 워즈워드 등 각 분야의 대가들의 글을 섭렵하고 있다. 유익하고 재미있는 읽을거리를 통해 자연스레 Native Speaker의 문화와 코드를 알게 해 준다.

Idiom의 발생 경로와 사용 환경을 알게 되면 교양이 쌓이면서 대화의 폭과 깊이를 확대할 수 있다. 따라서 그 지식을 완전히 자기 것으로 만들어 어느 상황에서나 변형하여 자유자재로 활용할 수 있게 된다. 한자성어를 아는 데 그 단어 뜻만이 아니라 관련된 고사를 알아야 그 성어에 대한 완벽한 이해가 이루어지는 것과 마찬가지다.

세계화 시대에 영어는 단순한 의사소통의 수단만이 아니라 자기의 품격을 드러내는 역할도 하고 있다. 우리 세대에 입시 공부만 하느라고 좋은 글을 읽을 시간이 별로 없었음에도 불구하고, 어느 정도의 상식과 마음의 양식을 공급받은 것은 고교 시절 영어를 공부하면서 읽었던 좋은 영문들 때문이라고 생각한다. 따라서 이 저서가 단순한 영어 공부를 넘어서서, 영어 공부를 하는 사람에게 유익한 읽을거리를 제공하고 상식과 교양을 증진시키며, 나아가 영어의 품격을 향상시키는 데 기여할 것이라고 확신한다.

들어가는 말

- 21세기 핵심 지식 산업에서의 중심 언어는 영어다. 영어를 모국어·공용어로 사용하는 인구는 세계 인구의 8%에 불과하지만, 과학인용지수(SCI: The Science Citation Index)에 등재된 공신력 있는 국제 학술지는 73%가 영어권에 있고, 사회과학논문인용색인(SSCI: The Social Sciences Citation Index)에 등재된 공신력 있는 국제 학술지도 85%가 영어권에 있다.

- 1907년 노벨 문학상을 받은 인도 태생의 영국 소설가이자 시인 키플링(Joseph Rudyard Kipling, 1865~1936)의 『Six Honest Men (정직한 머슴 여섯)』이란 시의 전반부를 소개하고자 한다.

> I keep six honest serving-men
> (They taught me all I knew);
> Their names are What and Why and When
> And How and Where and Who.
>
> 나에게는 여섯 명의 정직한 머슴이 있네.
> (그들은 내가 아는 모든 것을 나에게 가르쳤네)
> 그들의 이름은 무엇, 왜, 언제,
> 어떻게, 어디서 그리고 누구라네.
>
> I send them over land and sea,
> I send them east and west;
> But after they have worked for me,
> I give them all a rest.
>
> 나는 그들을 산 넘어 물 건너 보냈네.
> 나는 그들을 동녘으로 서녘으로 보냈네.
> 그들이 나를 위하여 일한 뒤에는
> 그들 모두에게 휴식을 주네.

I let them rest from nine till five,
For I am busy then,
As well as breakfast, lunch, and tea,
For they are hungry men.

나는 9시부터 5시까지 그들을 휴식케 하네.
그때는 내가 바쁘기 때문이지.
물론 아침, 점심 그리고 차도 주지.
그들은 배고픈 이들이기에.

5W 1H로 알려진 글쓰기 육하원칙(六何原則)의 순서는 who(누가), when(언제), where(어디서), what(무엇을), how(어떻게), why(왜)로 why는 막내둥이다. 글쓰기에서 why의 순서는 마지막이지만, 키플링은 그 중요성만큼은 적어도 두 번째는 되지 않겠느냐는 생각에서 Why를 두 번째로 자리매김해 놓고 있다.

필자는 한술 더 떠 Why의 중요성이 첫 번째라고 생각한다. Why는 모든 정보를 다 알고 난 다음, 표면에 드러나지 않는 숨겨진 본질·배경·이유를 캐묻는 물음이다. 무엇을 공부하든간에 Why를 묻는 것이 가장 훌륭한 학습 방법임에 틀림없다.

● 영어의 근본 이치도 모르는 엉터리 전문가가 겉만 번지르하게 꾸며 놓은 책들은 내용이 부실할 수밖에 없다. 이런 책을 읽게 되면 병의 원인을 모르는 돌팔이 의사에게 몸을 맡기는 것처럼 돈과 시간을 허비하는 일이다. 책의 내용이 부실한 또 다른 원인은 구상에서 탈고까지 단기간에 이루어진다는 데 있다. 동서(東西)를 막론하고 고전(古典)은 저자의 오랜 기간에 걸친 노력의 산물이다. 허준(許浚)은 일생 사업으로 1596년(선조 29년)에 시작하여 1610년(광해군 2년)까지 15년 걸려『동의보감(東醫寶鑑)』을 완성했다.

단테는 장편 서사시 『신곡 (神曲)』을 1307년부터 쓰기 시작하여 1321년 사망하는 날까지 15년 걸려 완성했다. 세계문학 최대 걸작 중 하나인 『파우스트』는 괴테가 20세에 계획하여 63년이나 걸려 그가 죽은 1832년에 완성했다.

'신비의 미소'로 유명한 레오나르도 다빈치의 『모나리자』는 1503년에서 1506년까지 4년이 걸리고도 미완성인 채로 끝났다. 다빈치는 이것을 그리기 위해 악사와 광대를 불러 모델인 귀부인 리자(Lisa)의 심기(心氣)를 항상 즐겁고 싱그럽게 함으로써 정숙한 미소를 머금은 표정, 편안한 손을 표현하는 데 신기(神技)를 발휘했다.

각궁(角弓: 소나 양의 뿔로 장식한 활) 하나를 만드는 데도 1000번, 화살 하나에 100번의 손길이 필요하다고 한다. 이처럼 필자 또한 내용 하나하나를 세월의 흐름에 따라 시대문화적 감가상각(減價償却)을 통해 30년 동안 수정, 보완하며 써오고 있다.

지구를 수백년 반대 방향으로 돌려놓지 않는 한 빠른 것 좋아하는 요즘 세상에서는 쉽게 납득할 수 없는 일이다. 쇠뭉치를 갈아서 바늘을 만드는 것과 같은 시대착오적인 바보짓을 하고 있으니 말이다. 마침표 하나에까지 혼을 담지 않고서 현명한 독자의 사랑을 바란다면 염치없는 일 아닌가? 분명한 것은 독자는 한 번 읽어도 저자는 100번 이상 생각해야 한다는 것이다.

● 사람들은 흔히 우리나라에 영어가 도입된 이래 지금까지 영어 교육이 잘못된 것은 읽기와 쓰기를 목적으로 문법 공부에만 치중한 나머지 회화를 등한시했다고 말한다. 그렇다면 읽기와 쓰기 공부는 제대로 했는지를 반문해 보아야 한다. 원어민에게 자주 노출되기만 하면 고품격 영어가 저절로 되는 것인가?

미국이나 영국의 교육받지 못한 자들도 모두 다 영어를 한다. 그러나 그들의 영어에는 지성이나 품위가 없다.

이제는 정확하고 올바른 Proper English(정통 영어)를 하도록 애써야 한다. 이것이 추구해야 할 영어 학습의 목표다. 구어체에서는 문법에 어긋나는 표현도 어느 정도는 허용되지만 글에서는 격식을 갖추어야 한다. 영어 글쓰기 교육이 지나치게 간과되고 있는 것이 현실이다. 적절한 시기에 문법 체계를 잡아두는 것이 겉으로 보기에는 목표 지점을 앞에 두고 돌아가는 것 같아 보이지만, 실은 이것이 오히려 시간과 비용을 절약할 수 있는 묘책이다.

● 　단어 앞에 관사를 써야 할지 말지 수없이 망설이게 된다. 또 a를 써야 할지 the를 써야 할지 방황하게 된다. 영어를 좀 한다는 사람도 멈칫한다. 관사는 영어 문장이 얼마나 정교한가를 판가름하는 잣대이다. 영어가 모국어인 사람도 문서를 작성할 때면 골머리를 앓는다.

화룡점정(畵龍點睛)이란 말이 있다. 용을 그리고 난 후에 마지막으로 눈동자를 그려 넣었더니 진짜 용이 되어 홀연히 구름을 타고 하늘로 날아 올라갔다는 고사에서 유래한 말이다. 영어 작문에서 관사의 사용은 마지막 마감 공정이다. 그래서 a(n) & the는 영어의 화룡점정이다.

베토벤은 처음 배우러 온 학생에게는 개인 교습 비용을 적게 받고 다른 데서 배운 적이 있는 학생에게는 많이 받았다. 잘못 배운 것을 뜯어 고쳐야 하기 때문에 그만큼 힘들다는 것이다. 수많은 영어 학습자들에게 이 책이 잘못 간 길을 되돌아오는 일 없게 하는 완전한 이정표가 되어 주었으면 한다.

지은이 이윤재 씀
yeeeyooon@hanmail.net

Contents

Section 1. 역사를 알면 영어가 두 배 더 재미있다

Chapter 1. 어원을 알면 더 재미있는 표현

01	여우와 포도	18
02	ticker-tape의 유래	20
03	왜 달러를 buck이라고 할까?	22
04	유언비어를 뜻하는 포도덩굴	25
05	The bottom line의 유래	28
06	Cut to the chase의 어원	30
07	on the wagon의 어원	32
08	펜과 칼의 의미	34
09	더치페이는 엉터리 영어	36
10	so long이 작별 인사가 된 사연	40
11	루비콘강을 건넌 시저	43
12	예술은 길고 인생은 짧다	46
13	시저의 아내는 아무나 못한다	48
14	wear the pants의 어원	50
15	Break a leg는 어떻게 행운을 비는 말이 되었을까?	52
16	인생에서 확실한 두 가지	54
17	the P's and Q's의 어원	56
18	낙타는 왜 바늘귀에 들어갔을까?	58
19	하늘은 스스로 돕는 자를 돕는다?	60
20	미란다 원칙의 유래	62

Chapter 2. 명언 속 숨은 의미

01	케네디 가문의 명언	66
02	부시 대통령의 명언	70
03	줄리어스 시저의 어록	72
04	알렉산더를 칭송한 드라이든	74
05	미국 지폐에 새겨진 IN GOD WE TRUST	76
06	사랑은 주는 것	79
07	언론·출판의 자유를 주장한 존 밀턴	82
08	인생에 대한 교훈	86
09	탁월한 연설가 케네디	89
10	가장 좋은 것은 이제 시작	94
11	레이건의 명언	96
12	설득과 협상의 처칠	98

Chapter 3. 유명인사들의 실수담

01	부시 대통령의 말실수	102
02	영원한 숙제, 영작문	104
03	원샷은 콩글리시	106

Section 2. 영어의 품격은 기초 문법에서 시작한다

Chapter 1. 동사의 다양한 쓰임새

01	come의 방향성	110
02	동작동사와 상태동사	112
03	원형부정사를 쓰는 이유	114
04	Practicing doctor의 의미	118
05	복문이 되면 의미가 변하는 동사들	119
06	미래를 대신하는 현재진행형	122
07	will을 사용한 명령문	124

Chapter 2. 전치사로 착각할 수 있는 부사

01	[타동사+부사]로 이루어진 구동사	128
02	[타동사+부사]와 [자동사+전치사]의 구분 요령	130
03	동사와 부사를 분리시킬 수밖에 없는 경우	132
04	동사와 부사를 분리하기 어려운 경우	134
05	전치사적 부사 in / out	136
06	전치사적 부사 on / off	142
07	전치사적 부사 up & down	148
08	전치사적 부사 over	152
09	전치사적 부사 over there / out there	154
10	전치사적 부사 with	156
11	강조부사 off / out / up / down	158

Chapter 3. 관사, 제대로 알고 발음하자

01	영어 작문의 최종 결재권자·영어 문장의 대통령	162
02	강조할 때나 혼동을 피하고자 할 때 a는 [ei]로, an은 [æn]으로 발음	164
03	우주 비행사 암스트롱의 잃어버린 'a'	165
04	a를 쓰느냐 an을 쓰느냐는 뒤따르는 단어의 발음에 따라 결정	169
05	영국의 가장 위대한 작가 찰스 디킨스의 실수	170
06	두 가지 다 옳은 a historian & an historian	171
07	the의 세 가지 발음 – [ðə] [ðí] [ðíː]	173

Chapter 4. 관사 the의 기본적인 쓰임

01	영어에서 가장 많이 쓰이는 단어 'the'	176
02	the는 기존(旣存)·기지(旣知)·기정(旣定)을 지시	177
03	앞에 언급되지 않았더라도 화자·청자가 다 아는 것일 경우	179
04	the가 붙는 관용어구는 화자·청자가 다 아는 기정(旣定) 사실	180
05	한정(限定)어구가 따르는 가산 또는 불(不)가산명사에는 the를 붙임	183
06	서수의 수식을 받는 명사에는 the를 붙임	184
07	최상급은 물론 최상급에 준하는 형용사에도 the를 붙임	187
08	절대성이 강한 명사에 the를 붙임	190
09	계량(計量) 단위에는 the를 붙임	192
10	소유격을 대신하는 the	194
11	한자의 月(육달월 변)에 해당하는 the	195
12	시청(視聽) 관련 발명품은 인간의 감각 기관의 확장	198
13	형용사를 명사로 바꾸는 the	200
14	보통명사를 추상명사로 바꾸는 the	202

Chapter 5. 정관사가 붙는 고유명사

01	정관사 the의 일반적인 쓰임	206
02	공식 국명에는 the를 붙임	208
03	약식 국명에는 관사를 붙이지 않음	209
04	기본적으로 the를 붙이는 국명	210

05	관사 없는 신(神)	216
06	a를 붙이는 신(神)	218
07	the를 붙이는 신(神)	219
08	그리스도는 Christ인가, the Christ인가?	221
09	the sun, the moon, the earth는 보통명사	224
10	Mercury, Venus, Earth, Jupiter 등은 고유명사	230
11	계절 이름은 추상명사	232
12	월(月) 이름은 고유명사	236
13	요일(曜日) 이름은 고유명사	244
14	대양·바다·만·해협·운하·강 등 수(水) 개념 명칭에는 the를 붙임	248
15	대륙·지협·반도 등 바다에 둘러싸인 토(土) 개념 명칭에는 the를 붙임	258
16	산·섬·호수 등 토(土) 개념 명칭에는 관사를 붙이지 않음	263
17	토(土) 개념 복수형 명칭에는 the를 붙임	267
18	선박 이름에는 the를 붙임	268
19	항공기·우주선 이름에는 관사를 붙이지 않음	269
20	권위적인 장중한 공공건물 이름에는 the를 붙임	270
21	출입이 자유로운 공공시설 이름에는 관사를 붙이지 않음	275
22	궁전·성 및 대학 이름에는 관사를 붙이지 않음	284
23	서적 및 신문·잡지의 이름은 경우에 따라 다름	290

Chapter 6. 관사 a의 기본적인 쓰임

01	영어 문법의 기초, 부정관사	296
02	제이미 컬럼(Jamie Cullum)의 a day와 a kick	297
03	a의 강한 지시적 의미 (1)	300
04	a의 강한 지시적 의미 (2)	302
05	a의 강한 지시적 의미 (3)	303
06	a의 약한 지시적 의미 (1)	304
07	a의 약한 지시적 의미 (2)	306
08	a의 약한 지시적 의미 (3)	308
09	a의 함축적 의미 (1)	310
10	a의 함축적 의미 (2)	312

11	a의 함축적 의미 (3)	313
12	a의 함축적 의미 (4)	315
13	보통명사를 추상명사로 바꾸는 a	316

Chapter 7. 관사를 생략하는 경우

01	호칭으로 사용하는 보통명사	322
02	실물이 아닌 명칭을 말하는 보통명사	324
03	인명 앞의 관직·칭호를 나타내는 보통명사	325
04	인명 다음의 관직·신분을 나타내는 보통명사	326
05	관직·신분·자격을 나타내는 보통명사 보어	327
06	직책·역할·자격을 나타내는 as·for가 유도하는 보통명사	328
07	형용사적 성격이 다분한 보통명사 보어	330
08	보어를 담보하는 관사 없는 보통명사	334
09	식사명에 관사를 붙이지 않는 이유	336
10	관사를 관용적으로 생략한 경우가 많은 관용구	338
11	Town·Country: 관사를 붙이는 경우와 붙이지 않는 경우	340
12	관사에 상당하는 어구에 관사를 추가하면 관사를 두 번 쓰는 셈	344
13	대구법(Parallelism)과 짧은 교차대구법(Chiasmus)에서의 관사 생략	347
14	hendiadys에서는 두 번째 보통명사 앞에 관사 생략	350
15	A와 B가 동일인·동일물일 경우 관사 생략	351
16	관사의 유무에 따른 의미상의 차이	354

Chapter 8. 애매한 관사 총정리

01	화자와 청자 중 한쪽만 아는 경우는 a인가, the인가?	358
02	왜 '나는 직업을 구하고 있다'가 I'm looking for a job인가?	359
03	왜 the flu(독감) & a cold(감기)인가?	360
04	왜 play the violin & play football인가?	362
05	왜 the Second World War & a third world war인가?	364
06	왜 the twenty-first century & the twenty-second century인가?	365
07	What's your name?과 Do you have a name?의 다른 점은?	366

Section 1

역사를 알면
영어가 두 배 더 재미있다

Chapter 1

어원을 알면 더 재미있는 표현

여우와 포도

Sour grapes or unripe grapes?
신 포도인가? 안 익은 포도인가?

sour grapes(신 포도)의 유래

여우와 포도(The Fox and the Grapes)는 기원전 600년경 그리스 사람이라고 알려진 이솝(Aesop)이 쓴 우화 가운데 하나다. 높이 달려 있는 포도를 맛보지 못한 여우가 포도밭을 떠나면서 말한 내용은 버전에 따라 약간씩 다르다. Those grapes are probably sour anyway.(어쨌든 저 포도는 십중팔구는 시큼해)라는 것도 있고, I thought those grapes were ripe, but I see now they are quite sour!(저 포도가 익은 줄 알았는데 이제 보니 아주 신 포도로군!)라는 버전도 있다. 또 다른 버전에서는 여우가 포도밭을 떠나며 이렇게 말한다. Let the grapes rot! Anyone can see that they're sour. I can't eat them anyway!(저 포도 썩어 문드러져 버려라! 저것들이 시다는 걸 누구든 다 알지. 난 어차피 먹을 수 없는 것!)

Let the grapes rot!은 '못 먹는 감 찔러나 보자'는 놀부 심보와 '사촌이 땅을 사면 배가 아프다'는 뒤틀린 심리를 나타내며, Anyone can see that they're sour.는 자기 합리화를 객관화시키려고 안간힘을 쓰고 있는 대목이다. 이 우화는 It is easy to despise what you cannot get.(얻을 수 없는 것을 경멸하니 속이 편하다)라는 우의(寓意)로 끝을 맺기도 하고, People often speak ill of the things they cannot get.(사람들은 종종 자기들이 얻을 수 없는 것을 나쁘게 말한다)라고 끝내기도 한다. 이 우화에서 유래된 sour grapes는 자기가 원하는 것을 가질 수 없을 때 그것이 '별로야'라고 오기(지기 싫어함)를 부리는 것을 이른다. sour grapes는 하나의 이디엄으로 보고 단수 취급한다.

- 그러면 일상생활에서는 어떻게 쓰이는지 다음의 예를 보자.

  A Robert won the lotto last week.
  로버트가 지난주에 복권에 당첨됐어.

  B I heard the news, but haven't you heard about those lottery winners who later went bankrupt?
  나도 그 소식 들었어, 하지만 복권 당첨되고 망한 사람들 얘기 못 들어봤어?

  A Well, that sounds like **sour grapes** to me.
  글쎄, 심통이 나서 하는 소리로 들리는데.

포도가 익어서(ripe) 싱싱하고 달콤해(fresh and sweet) 맛있다는 무의식과 포도를 못 따먹었다는 의식이 갈등을 일으키자 이 갈등을 해소하려고 '신' 것이라고 생각하는 것과 같은 심리 상태를 사회심리학(social psychology)에서는 '인지불화(認知不和)를 해소하는 행동' — 영어로는 cognitive dissonance reduction 또는 the reduction of cognitive dissonance라고 함 — 이라고 한다. 사후에 자책감이나 죄책감을 극복하기 위하여 현실을 왜곡하여 자존심을 보호하려는 이러한 방어 기제를 심리학에서는 합리화(Rationalization)라고 한다. 그러나 합리화는 상대방을 기만하는 것이기 때문에 사실은 불합리하다. 이것을 교육심리학에서 '신 포도 심리 기제(Sour Grapes Mechanism)'라고 한다. 유사한 속담이 페르시아(지금의 이란)에도 있다.

- The cat who cannot reach the meat says it smells bad!
  고기에 다가갈 수 없는 고양이는 썩은 냄새가 난다고 말한다!

unripe grapes(안 익은 포도)의 유래

sour grapes(신 포도)가 아니라 unripe grapes(안 익은 포도)라는 주장도 있다. 다음은 온라인 백과사전 '위키피디아'에 있는 내용을 간추려 본 것이다.

'신(sour)'이라는 단어는 빅토리아 시대에 글을 쓰던 유럽 번역자들이 의도적으로 택한 것이다. 이 우화의 옛날 버전을 연구하면 unripe(미숙한·익지 않은)가 훨씬 정확한 번역이다. unripe는 The fox had not given up entirely, but was consoling himself with the idea that he would come back later to try in earnest.(여우가 완전히 포기하지 않고 다음에 돌아와 본격적으로 시도할 것이라는 생각으로 스스로를 위안하고 있었다)라는 것을 암시한다. 또한 '자신이 이루지 못한 것을 무시하면 안 된다'는 메시지를 준다. 그러나 도덕관이 엄격한 빅토리아 시대의 사회상으로 볼 때 unripe라는 단어는 as-yet unripe woman(지금으로서는 아직 성숙치 못한 여자)을 암시할 수 있으므로 sour를 택한 것이다.

ticker-tape의 유래

ticker-tape parade
티커테이프 퍼레이드

ticker-tape의 유래

출처: Wikipedia

1951년 4월 22일 맥아더가 오픈카를 타고 뉴욕의 극장가로 유명한 타임스 광장(Times Square)에 이르는 브로드웨이(Broadway)를 지나가자 미처 연도에 나가지 못한 시민들은 고층빌딩의 옥상과 베란다와 창가로 나와 티커테이프(ticker-tape)를 뿌리며 맥아더를 열렬히 환영하였다. 환영 인파는 7백만 명이 넘었다.

ticker-tape는 '환영하기 위하여 빌딩의 창에서 뿌리는 색종이'를 말한다. get ticker-tape welcome은 '티커테이프를 뿌리는 환영을 받다'라는 의미이고, ticker-tape parade는 미국 최대 도시 뉴욕의 전통으로서 '색종이가 뿌려지는 행진'을 말한다. 어원은 이렇다. 의성어 tick은 명사로는 '똑딱똑딱[재깍재깍]거리는 소리', 동사로는 '똑딱똑딱[재깍재깍]거리는 소리를 내다'란 의미이다. ticker의 일반적 의미는 '똑딱똑딱[재깍재깍] 소리 내는 도구[기계]'로서 '증권 시세 표시기'를 지칭하였으며, ticker-tape는 ticker에서 자동으로 뽑혀 나오는 증권 시세가 인쇄된 '테이프'를 가리켰다.

역사상 대표적인 것으로는 1927년 3월 20~21일 33시간 30분 동안 단엽기(單葉機) 스피리트 오브 세인트루이스(the Spirit of St. Louis)를 조종하여 '뉴욕-파리 횡단 무착륙 최초 단독 비행(the first solo non-stop flight from New York to Paris)'을 한 린드버그(Charles Augustus Lindbergh)와, 1962년 2월 20일 유인인공위성 '프렌드십 7호(the Friendship 7)'를 타고 4시간

56분에 걸쳐 지구 궤도를 3바퀴 선회한 미국 최초의 우주비행사 글렌(John Herschel Glenn Jr.)을 축하하기 위한 티커테이프 퍼레이드가 있다.

1950년대에는 방문하는 국가 원수를 환영하기 위한 퍼레이드가 주류였으나, 1960년대에는 케네디 대통령 암살 이후로 점차 줄어들었다. 퍼레이드 루트로 사용된 브로드웨이에서 월스트리트 금융지구(the Wall Street Financial District)에 이르는 대로는 '영웅들의 대협곡(the Canyon of Heroes)'이라고 불린다. 위키피디아에는 맥아더 장군에 대한 티커테이프 퍼레이드와 관련하여 이렇게 기록하고 있다.

Following World War II several **ticker-tape parades** were given in honor of victorious generals and admirals including Eisenhower and Nimitz. However, the largest ticker-tape parade of all, given for General Douglas MacArthur was not until long after his triumphs in the Pacific, and followed his stunning victories in the Korean War.

2차 대전 이후 아이젠하워와 니미츠 같은 여러 전승 장군과 제독을 축하하기 위한 티커테이프 퍼레이드가 있었다. 그러나 가장 대대적인 퍼레이드는 태평양 전쟁에서의 승리 후 오랜만에, 그리고 한국 전쟁에서의 '기막힌 승리(stunning victory)' 후에 펼쳐진 더글러스 맥아더 장군을 위한 것이었다.

— Wikipedia

왜 달러를 buck이라고 할까?

The buck stops here
책임은 내가 진다

The buck stops here의 유래

출처: Wikipedia

The buck stops here.는 '최종 권한(final authority)은 내게 있다', '모든 책임은 내가 진다'라는 뜻이다. 이 표현은 미국 33대 대통령(1945~1953년 재임) 트루먼(Harry S. Truman) 때문에 널리 알려졌다. 그의 백악관 집무실 책상에는 The BUCK STOPS Here!라는 desk sign(표찰)이 놓여 있었다. BUCK STOPS는 인쇄체 대문자로, The와 Here는 필기체 소문자로 되어 있다. 호두나무 받침을 붙인 채색 유리로 만든 것인데, 뒤에는 I'm from Missouri.(나는 미주리 출신이다)라고 쓰여 있었다.

사실 이 유명한 말은 트루먼이 지은 표현이 아니다. 이 표찰은 당시 그의 친구였던 미주리주 서부 지역 연방 보안관이 오클라호마(Oklahoma)의 한 연방 소년원을 방문했다가 이 말이 쓰여진 표찰을 보고 소년원장에게 똑같이 만들어 달라고 하여 트루먼에게 보낸 선물이었다.

트루먼 도서관(The Truman Library)을 방문하면 트루먼 대통령의 백악관 집무실의 복제(複製)를 볼 수 있는데, 책상 위에는 이 표찰이 놓여 있다. 이 표찰의 원품은 카터(James Earl "Jimmy" Carter) 대통령의 요구로 백악관으로 되돌아왔다.

트루먼은 1953년 1월 이임 연설(farewell address)에서 이렇게 말했다.

The President—whoever he is—has to decide. He can't **pass the buck** to anybody. No one else can do the deciding for him. That's his job.

대통령은 그가 누구든지 결정을 해야만 한다. 어느 누구에게도 책임을 전가할 수 없다. 그 밖의 어느 누구도 그를 대신해서 결정할 수 없다. 그것이 대통령이 할 일이다.

— Harry S. Truman

그는 If you can't stand the heat, get out of the kitchen.(뜨거움을 견딜 수 없으면 부엌에서 나가라 → 책임질 수 없으면 책임을 맡지 말아라)이라는 말을 하기도 했다.

The buck stops here라는 표현은 pass the buck이라는 표현에서 유래한다. 이 말은 19세기 포커 은어(poker jargon)로 처음 생겨났다. 카드놀이에서는 돌아가며 카드를 돌리는데, 이것을 dealing이라 하고 이 dealing을 하는 사람을 dealer라 한다. dealer 앞에 놓는 패(marker)를 buck이라 한다. dealing을 원치 않으면 buck을 다음 player에게 넘김으로써 그 책임을 넘기게 된다.

buck의 의미

buck에는 '수사슴', '달러', '포커에서 다음에 카드를 돌릴 사람 앞에 놓는 패'는 물론 여러 가지 의미가 있다. 달러의 경우 할리우드 영화 수백 편을 볼 때 법정 같은 점잖은 자리에서도 buck을 사용하는 등 실제로 미국에서는 dollar라는 말보다 buck이라는 단어를 더 많이 사용한다.

어휘 전문가(word expert)들도 a dollar가 어떻게 해서 a buck으로 불리게 되었는지 정확히 모른다. 다만 수사슴의 가죽을 일컫는 buckskin의 약어(abbreviation)일 것이라고 짐작할 뿐이다. 미국의 인디언들은 사슴 가죽을 다른 물품으로 교환했다. 사슴 가죽은 일종의 돈 구실을 했던 것이다. 1달러는 사슴 가죽 1장이고 100달러는 사슴 가죽 100장이었다.

서부 개척시절 도박장에서 buckshot(사슴 사냥용 알이 굵은 산탄)이나 buck-horn(사슴뿔) 손잡이가 달린 주머니칼이 '패'로 사용되었다. 또한 silver dollar(1달러 은화)도 player 앞에 놓여지면 그 사람이 다음에 카드를 섞어 돌릴 사람임을 나타냈다. 그때 당시 은화든 지폐든 1달러는 buck이라 불렸는데, 지금까지도 그렇게 불리고 있다.

pass the buck의 의미가 전의(轉義)되어 오늘날에는 shift responsibility to another person, especially one higher in the organizational chain of command(다른 사람, 특히 명령 조직도(組織圖)상의 상급자에게 책임을 떠넘기다)란 의미로 사용된다. 구어에서 the buck은 '책임'을 뜻하며, buck passer는 '사사건건 책임을 전가하는 사람'을 의미한다.

- A Where does the buck stop?
  책임은 누가 지나요?

  B The buck stops with me.
  내가 책임진다.

- A The accident wouldn't have happened if you hadn't rushed me.
  네가 재촉하지만 않았어도 사고가 나진 않았을 거야.

  B Don't pass the buck to me. I didn't tell you to speed.
  내게 덮어씌우지 마. 난 과속으로 달리란 말은 안 했어.

- A Are you passing the buck?
  책임을 회피할 건가요?

  B No. The buck stops here.
  아니오. 내가 책임질게요.

다음은 석유왕 록펠러(John Davison Rockefeller)(1839~1937)가 buck을 사용하여 한 말이다.

 Don't blame the marketing department. The buck stops with the chief executive.
판매 부서를 탓하지 말라. 모든 책임은 사장이 진다.

— Rockefeller

영어의 품격을 2배 높이는 핵심 Tip

- **dealing**
  mixing and passing out the cards 카드를 섞은 후 카드 돌리기

- **dealer**
  the player to deal the cards 카드를 dealing하는 사람으로 우리말로는 선(先)에 해당

- **buck**
  an object put in front of a player as he takes a turn as dealer
  dealer의 차례가 될 때 해당자 앞에 놓는 패

유언비어를 뜻하는 포도덩굴

hear through the grapevine
유언비어로 듣다

the grapevine의 유래

사회적 의미는 있지만, 근거나 확증 없이 입에서 입으로 전해진, 진위 여부를 알 수 없는 헛소문을 '유언비어(流言蜚語)', '유비통신(流蜚通信)' 또는 '카더라 방송'이라고 한다. 카더라 방송은 '~라고 카더라(하더라)'라는 경상도 사투리를 이용한 조어(造語)이다. 영어의 경우를 보자. '그것을 소문으로 들었네'는 영어로 I have (got) it by hearsay.(=I know it by hearsay.) 또는 I heard it through the grapevine.(그것을 포도나무를 통하여 들었다)라고 한다. the grapevine은 the grapevine telegraph(포도나무 전보)의 약칭으로 the telephone이나 the television처럼 일종의 시청(視聽) 관련 발명품으로 간주하여 정관사를 붙인다. 그럼 어떻게 해서 grapevine telegraph가 소문을 뜻하게 됐을까?

소문이란 '구전으로 사람에게서 사람으로(person to person by word of mouth)' 전해지는 것을 말하는데 어떻게 해서 grapevine telegraph가 '헛소문(hearsay)'이나 '유언비어(rumor)'란 의미를 갖게 되었을까? the grapevine은 the telegraph의 반대 개념으로 등장했다. 그 유래를 정리해 보자.

First came the telegraph, then the grapevine. This would seem to reverse the natural order, in that Mother Nature grew grapevines long before Samuel Morse strung the first telegraph wire from Washington to Baltimore in 1844. The phrase was invented to provide a wry comparison between the twisted stems of the grapevine and the straight lines of the then new electric telegraph marching across America.

먼저 telegraph(전보)가 생겼다. 그 다음에 the grapevine(유언비어·포도덩굴)이란 말이 생겼다. 이것은 자연의 질서를 역행한 것이다. 새뮤얼 모스가 1844년 워싱턴과 볼티모어 사이에 최초의 전신선을 가설하기 훨씬 전부터 대자연에 포도나무가 자랐기 때문이다. 이 말(the grapevine·유언비어)은 당시 미국을 가로지른 곧은 전신선과 배배 꼬인 포도덩굴을 비딱하게 비교하기 위하여 만들어졌다.

제1차 세계대전은 원래 The Great War라고 불렸는데, 1939년 제2차 세계대전이 일어나자 The World War I(One)으로 개명(改名)되었다. 우리말에도 이런 경우가 많다. 한복, 한식, 한옥이 양복, 양식, 양옥에 대한 상대어로서 만들어진 근대어이다. 국어사전에 등재된 것이 겨우 1975년의 일이다. 계속해서 그 유래를 살펴보자.

 The telegraph was the marvel of the 1840s vastly improving the speed of communication between communities. In comparison, the grapevine telegraph was by individual to individual, often garbling the facts or reporting untruths, so reflecting the gnarled and contorted stems of the grapevine.

전보는 지역 간 통신 속도를 엄청나게 향상시킨 1840년대의 기적이었다. 이와 대조적으로 입에서 입으로 전해지는 포도덩굴 전보(소문)는 포도나무의 꼬이고 비틀어진 덩굴을 반영하듯 사실을 왜곡하기도 하고, 거짓을 전하기도 했다.

Public and official news zipped along the telegraph wires; nearly as quickly went the person-to-person reports of the grapevine.

공공의 뉴스나 공적인 소식은 전보(電報)를 통하여 신속하게 전해졌다. 하지만 구전 전보도 이에 버금갈 만큼 속도가 빨랐다.

The term became widely known during the American Civil War period, so much so that the phrase permanently entered the standard language.

이 말은 미국의 남북전쟁 동안 아주 널리 알려졌고, 그 결과 영구히 표준어로 자리 잡았다.

Soldiers used it in the sense of gossip or unreliable rumour, as was made very clear in Major James Connolly's 〈Three Years in the Army of the Cumberland〉: "We get such news' in the army by what we call grape vine,' that is, grape vine telegraph. It is not at all reliable."

군인들은 이 말을 '가십'이나 '믿을 수 없는 헛소문'의 뜻으로 사용했다. 제임스 코놀리 소령의 저서 〈컴벌랜드 부대에서의 3년〉에 아주 분명히 나타나 있다. "우리는 군에서 그러한 news를 소위 grape vine, 즉 grape vine telegraph로 들었는데 그것은 전혀 믿을 것이 못된다."

While the telegraph is long gone, the grapevine (the person-to-person communication) that preceded it is still going strong in this era of instant electronic communication, circulating news, gossip, and rumor in an organization or community outside of official channels.

전보(電報)가 사라진 지 오래됐지만 전보 이전에 있었던 구전(口傳) 통신은 오늘날의 찰나적인 전자통신 시대에도 공식 채널 밖에서 조직이나 공동체 내의 뉴스, 가십 그리고 루머를 유포하며 여전히 강한 위력을 발휘하고 있다.

The bottom line의 유래

Give me the bottom line
결론만 말하라

The bottom line의 유래

우리말의 '밑줄'에 해당하는 영단어로는 underline과 bottom line이 있다. 강의 중에 흔히 듣는 '밑줄 쫙!'의 밑줄은 underline이다. bottom line은 다른 의미로 쓰인다. 가계부(housekeeping account book)나 회사의 대차대조표(balance sheet, B/S)에 수입(개인은 income이고 법인·국가는 revenue라고 함)과 지출(expense, expenditure)을 조목조목 적고 맨 아래에 모든 수입과 모든 지출을 결산한 후의 순이익(net profit) 또는 순손실(dead loss)을 적는데 그 밑에 줄을 하나 긋는다. 이것이 bottom line이다.

수지 결산 후 '이익'인 경우는 흑색으로 표기하고 '손실'인 경우는 적색으로 표기했기 때문에 be in the black은 '흑자를 보다', be in the red는 '적자를 보다'란 뜻이 생겼다. 양식을 설정해 놓은 컴퓨터 장부를 기록할 때 적자로 돌아설 경우 숫자가 붉은색으로 변하는 것을 볼 수 있다. 한 회계 기간 동안의 수입과 지출은 과정에 불과하고 결국 중요한 것은 최종적으로 계산된 결산이다. 최종 결산은 그 문서에서 결국 가장 중요한 부분이다. 이 말이 '최종 결산'에서 '최종 결론'이란 의미로 확대되어 사용되고 있다. 일상의 다양한 상황에서 요모조모 따지는 것을 그만두고 결론적인 것을 말할 때 bottom line이라는 단어는 제격이다.

- **The company is operating in the red.**
  회사가 적자 경영이다.

- **I am 1,000,000 won in the red every month.**
  난 매월 1백만 원씩 적자다.

- **The bottom line** is that we must increase out sales or take a cut in pay.
  결론은 매출을 증대시켜 이익을 보지 못할 경우 봉급이 삭감될 것입니다.

- In response, we have been focusing on ways to cut costs; while this has helped to improve our **bottom line**, it is not a long-term solution to our problems.
  이에 대처하기 위해 경비 절감에 주력한 결과 수익은 늘었지만, 이는 근시안적인 해결책에 불과합니다.

다음은 미국의 소설가 로빈스(Tom Eugene Robbins, 1936~)가 한 말이다. 여기서도 The bottom line은 '결론'이라는 의미로 쓰였다.

The bottom line is that people are never perfect, but love can be. Love is the one and only way that the mediocre and vile can be transformed. We waste time looking for the perfect lover, instead of creating.

결론은 이렇다. 사람은 결코 완전할 수 없지만 사랑은 완전할 수 있다. 사랑을 완전하게 하는 것이 범용하고 미천한 사람을 변모시킬 수 있는 유일한 방법이다. 우리 인간은 완전한 연인을 창조하려 하지 않고 완전한 연인을 찾으려고 시간을 낭비한다.

— Tom Eugene Robbins

Cut to the chase의 어원

Cut to the chase
단도직입적으로 말하라

Cut to the chase의 어원

chase의 의미는 '추적', '(영화의) 추격 장면'이다. cut to the chase는 '잘라내고 바로 추격 장면으로 들어가다'란 말이다. cut to the chase의 어원을 보자.

 The phrase originated from early silent films. Such films, particularly comedies, often climaxed in chase scenes. An inexpert screen writer or director, unsure how to get to the climax, would just make an abrupt transition, known as a cut.

이 구절은 초기 무성 영화에서 비롯되었다. 주로 코미디물인 그 당시의 영화는 추적 장면이 클라이맥스이기 일쑤였다. 미숙한 시나리오 작가나 감독은 어떻게 절정에 도달하느냐를 고심하다가 소위 '잘라내기(cut)'를 함으로써 느닷없이 다른 장면으로 바꾸곤 했다.)

The precept as it applies to films is as prevalent now as it was in the silent film days. Many films aimed at a young male audience involve plot devices that allow for car/boat/spacecraft chases. There is usually a token love interest storyline.

영화에 적용된 이 가르침은 과거의 무성 영화 시절처럼 오늘날에도 널리 쓰인다. 젊은 남자 관객을 대상으로 하는 많은 영화는 자동차, 보트, 우주선 등을 추격하는 줄거리로 되어 있다. 거기에는 반드시 token love interest storyline(주제와는 무관한 눈요기용 사랑 장면)이 등장한다.

An earlier version of the phrase (recorded 1880~1940) was Cut to Hecuba. This refers to the practice of shortening matinee performances of Hamlet by cutting the long speeches before the reference to Hecuba in Act II, Scene ii.

이 관용구의 초기 버전(1880~1940년의 기록)은 Cut to Hecuba(헤쿠바로 바로 들어가라)였다. 이것은 〈햄릿〉 2막 2장의 긴 대사를 삭제하고 바로 헤쿠바를 언급함으로써 〈햄릿〉의 마티네(낮 공연, matinee performance) 시간을 단축시키는 것을 말한다.

지금까지 살펴본 바를 정리하면, cut to the chase는 cut (a token love interest storyline) to the chase, 즉 주제와는 무관한 눈요기용 사랑 장면을 잘라내고 바로 추적 장면으로 들어가라는 뜻이다. cut to the chase는 일상대화에서 '단도직입적으로 이야기하라', '거두절미하고 결론을 이야기하라'라는 의미로 사용된다. 예문에서 의미를 확인해 보자.

- No time to waste. Just **cut to the chase**.
  낭비할 시간이 없으니 결론을 말하라.

- I've got 5 cents worth of calling card left! **Cut to the chase**.
  전화카드가 5센트어치밖에 남지 않았어! 요점만 말해.

- We've only got 15 minutes left and need to cover 5 issues. Let's **cut to the chase** and leave the unnecessary chat for later.
  15분밖에 안 남았는데 다섯 가지 문제를 다뤄야 해. 불필요한 잡담은 나중에 하고 요점만 말해.

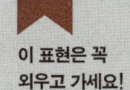
이 표현은 꼭 외우고 가세요!

요점만 말하세요 / 본론으로 들어가라 / 말을 빙빙 돌리지 말아요

- What's the point[upshot]?
- Give me the point[upshot].
- Get[Cut] to the point[upshot].
- Skip the details.
- Give it to me straight.
- Get down to business.

| Chapter 1 | 어원을 알면 더 재미있는 표현

on the wagon & off the wagon
술을 끊은 & (끊었던 술을) 다시 마시는

on the wagon의 어원

미국에서 자주 사용하는 관용표현으로 on the (water) wagon(술을 끊은)과 off the (water) wagon(끊었던 술을 다시 마시는)이 있다. 다음 예문들을 참고하여 뜻을 구체적으로 알아보자.

- I have been strictly **on the wagon**.
  나는 술을 아주 금하고 있다.

- None for me, thanks. I'm **on the wagon**.
  나는 됐어, 고맙군. 나는 금주 중일세.

- I could easily become an alcoholic. I am going to be **on the wagon**.
  알코올 중독자가 되겠어. 술을 끊어야겠어.

on the wagon(마차에 있는)과 on the water wagon(살수차에 있는)이 다같이 '금주 중'이라는 의미로 사용되고 있지만 어원(etymology)은 다르다. 아래 [어원 1]과 [어원 2]는 전자에 관한 것이고, [어원 3]은 후자에 관한 것이다.

[어원 1]
It derives from prisoners who were on their way to jail "on the back of a wagon." They were allowed one last drink in the local pub before the enforced temperance inside.

'마차 뒤쪽에 타고' 감옥으로 이송되는 죄수에서 비롯됐다. 감옥에서는 금주를 해야 하므로 그 전에 동네 주막에서 마지막 한 잔을 허락받았다.

[어원 2]
It was during the temperance movement when men would parade around town on a wagon to show they've conquered their demons. The Salvation Army is very keen on temperance. Former National Commander Evangeline Booth—founder William Booth's daughter—drove a hay wagon through the streets of New York to encourage alcoholics on board for a ride back to The Salvation Army. Hence, alcoholics in recovery were said to be "on the wagon."

미국의 금주운동(the temperance movement) 기간 동안에 사람들은 금주를 해냈다는 것을 보여주기 위해 마차를 타고 동네를 이리저리 퍼레이드를 했다. 구세군은 금주운동에 대단히 열렬했다. 전 구세군 전국사령관 에반젤린 부스(1865~1950) - 창설자 윌리엄 부스(1829~1912)의 딸 - 는 알코올 중독자를 건초용 마차에 태우고 구세군으로 돌아가는 길에 그들을 격려하기 위해 뉴욕 거리를 누볐다. 이때부터 회복 중인 중독자들을 on the wagon이라고 불렀다.

[어원 3]
The original form, which dates from the early years of the twentieth century, was to be "on the water-wagon," implying that the speaker was drinking water rather than alcohol and so was an abstainer, at least for the time being.

20세기 초에 생긴 원래의 형태는 '살수차(撒水車)에 있다'였다. 살수차에 있다고 말하는 사람은 술이 아니라 물을 마시고 있다는 것을 의미했으며, 금주하는 사람이 그렇게 말하면 적어도 당분간이지만 술을 마시지 않는다는 것을 의미했다.

펜과 칼의 의미

The pen is mightier than the sword
문(文)은 무(武)보다 강하다

The pen is mightier than the sword의 의미와 어원

The pen is mightier than the sword란 말은 누구의 말이라고 언급된 바 없이 언론이 군사독재에 대항하는 대명사로 사용되는가 하면, 영문법 책에 단골로 등장하는 예문이다. 영영 사전은 이 말을 다음과 같이 풀이하고 있다.

 You use this proverb to say that you can solve problems or achieve your purpose better and more effectively through communication with words than by violence with weapons.

> 무장 폭력보다는 말로 의사를 전달함으로써 보다 잘, 그리고 보다 효과적으로 문제를 해결하거나 목적을 달성할 수 있다는 것을 말하고자 할 때 이 금언을 사용한다.

이 말은 1839년에 영국의 불워 리튼(Edward George Bulwer Lytton, 1803~1873)이 최초로 쓴 말이다. 그는 고대도시 '폼페이'를 소재로 한 유명한 소설 〈폼페이 최후의 날(The Last Days of Pompeii, 1834)〉의 작가다. 그가 기록한 원문은 이러하다. Beneath the rule of men entirely great, the pen is mightier than the sword.(전적으로 위대한 사람의 지배 아래서는 펜의 힘이 칼의 힘보다 강하다)

'칼(무력)을 종식시키는 것은 펜이다'는 사실은 역사가 증명한다. 1945년 9월 2일 연합국 사령관 맥아더는 도쿄 만에 정박 중이던 전함 미주리호(the battleship USS Missouri)에서 항복문서(the Instrument of Surrender)에 펜으로 서명함으로써 태평양 전쟁을 공식적으로 종식시켰다. 당시 문서에 번갈아 사용한 펜은 모두 6개였다. 그가 20년 동안 사용해온 빨간색 파커 듀오폴드 만년필(Parker Duofold fountain pen)과 5개의 파커 듀오폴드 데스크 펜이었다.

데스크 펜 중 하나는 말라깽이(Skinny)란 별명의 웨인라이트(Jonathan Mayhew "Skinny" Wainwright IV, 1883~1953) 미국 장군에게, 하나는 퍼시발(Arthur Ernest Percival, 1887~1966) 영국 장군에게 주었다. 이 두 사람에게는 공통점이 있다. 웨인라이트는 필리핀에서, 퍼시발은 싱가포르에서 각각 일본군에 항복하여 포로가 되었던 인물이다. 맥아더는 항복했던 인물들을 일본을 항복시키는 식전에 참석시켜 서명에 사용한 펜을 선물로 준 것이다. 하나는 당시 7세의 외아들 아더 맥아더 4세(Arthur MacArthur IV) 몫으로 부인 진 페어클로스 맥아더(Mrs. Jean Faircloth MacArthur)에게 남겼다. 하나는 웨스트포인트 육군사관학교에, 마지막 하나는 국립문서보관소에 보내 보관시켰다. 50년 후인 1995년 파커사는 맥아더 장군을 기리기 위해 장군이 사용했던 만년필 모델을 한정 발매하는 행사를 가졌다.

만년필에 대한 아인슈타인의 일화를 살펴보자.

When asked where his laboratory was, Einstein simply produced a fountain pen and said: "It is here." <u>He might more accurately have tapped his head and made the same comment,</u> for his most significant contributions to science were a product not of the physics laboratory but the result of thorough experiments performed entirely in his mind.

'연구실이 어디입니까?'라는 질문을 받고 아인슈타인은 만년필 하나를 내보이면서 '여기에 있지요'라고 말했다. 그가 자신의 머리를 톡톡 치며 그 말을 했더라면 더 정확한 답변이 되었을 것이다. 과학에서 그의 중요한 업적은 물리학 연구실의 산물이 아니라 전적으로 그의 머릿속에서 이루어진 철저한 실험의 결과였기 때문이다.

해설 밑줄부분은 종속(조건)절을 함축한 가정법이다.

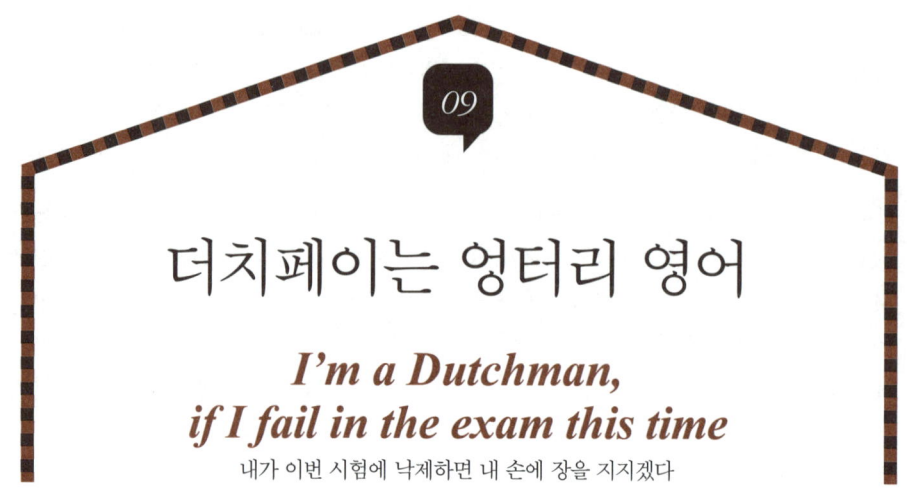

더치페이는 엉터리 영어

I'm a Dutchman, if I fail in the exam this time
내가 이번 시험에 낙제하면 내 손에 장을 지지겠다

Dutchman의 의미와 어원

'내가 이번 시험에 낙제하면 내 손에 장을 지지겠다!'를 영어로 표현해 보면, I'll eat my hat(=boots), if I fail in the exam this time! 또는 I'm a Dutchman, if I fail in the exam this time!이라고 할 수 있다. '내 손에 장을 지지겠다!'는 장담(壯談)을 첫 번째 문장에서는 I'll eat my hat[boots]!로 표현했다. 이 경우의 hat은 모자가 아니라 '머리(head)'를, boots는 구두가 아니라 '발(feet)'을 상징한다. '머리를 먹겠다', '발을 먹겠다'는 살벌한 표현 대신 '모자를 먹겠다', '구두를 먹겠다'고 대유법(代喩法)을 동원한 것이다. 두 번째 I'm a Dutchman은 '나는 네덜란드 사람이다'가 아니라 우리말의 '(그렇잖으면) 개자식이다', '(그렇잖으면) 내 성을 갈겠다', '(그렇잖으면) 내 목을 내놓겠다'에 해당하는 말이다.

'네가 나에게 요구하는 것을 하느니 차라리 내 성을 갈겠다'라는 말은 I would rather be a Dutchman than do what you ask me. 또는 I would rather call me a Dutchman than do what you ask me.라고 할 수 있다. 영국인들은 온갖 나쁜 것에다 Dutch라는 말을 붙여 놀림·경멸·증오·비하하는 데 사용한다. 네덜란드는 옛날 영국과 해외 진출을 경쟁했던 강국이었기 때문에 네덜란드인은 영국인에게 기분 나쁜 상대, 재수 없는 상대였다. 우리가 일본사람을 '쪽바리놈', 중국 사람을 '때국놈'이라고 하는 식이다. 그 어원(etymology)을 구체적으로 살펴보자.

[어원 1]

The Anglo-Dutch Wars were fought in the 17th and 18th centuries between England and the United Provinces for control over the seas and trade routes. They are known as the Dutch Wars in England and as the English Wars in the Netherlands. English rivalry with The Netherlands especially during the period of the Anglo-Dutch Wars gave rise to several phrases including Dutch that promote certain negative stereotypes.

해상권과 무역항로를 지배하기 위해 17세기와 18세기에 걸쳐서 영국과 네덜란드 사이에 전쟁이 있었는데 영국에서는 이를 the Dutch Wars라 하였고, 네덜란드에서는 the English Wars라 하였다. 특히 영란(英蘭)전쟁 동안 영국의 네덜란드에 대한 적대감으로 Dutch(네덜란드의)라는 단어가 들어간 여러 가지 어구가 생겨났는데, 이런 것들은 부정적인 면을 고착시키는 데 크게 기여하였다.

[어원 2]

The Dutch East India Company was established in 1602. It was the first multinational corporation in the world. It remained an important trading concern for almost two centuries. Phrases using Dutch were created because the Netherlands used to be a great rival to Britain. Generally these phrases containing "Dutch" show Dutch people in a bad light.

네덜란드 동인도회사가 1602년에 설립되었다. 세계 최초의 다국적 회사였다. 거의 2세기 동안 주요한 무역회사로 존속했다. 네덜란드가 영국의 숙적(宿敵)이었기 때문에 Dutch라는 말이 들어간 어구가 생겨났다. 보통 이 어구들은 네덜란드인들을 부정적인 시각으로 보는 것들이다.

영어의 품격을 2배 높이는 핵심 Tip

● **Netherlands**
네덜란드의 공식 명칭은 (the Kingdom of) the Netherlands이다. Netherlands는 '낮은 땅(Low Countries)'라는 뜻이고, 속칭인 Holland는 '나무의 나라'라는 뜻이다. 1581~1795년에는 공식 명칭이 The Republic of the Seven United Netherlands 또는 The Republic of the Seven United Low Countries였으며 약칭으로 the Dutch Republic 또는 the United Provinces라고 하였다. 한자권에서는 Holland에서 음을 차용하여 화란(和蘭)이라고 부르기도 한다.

● **the Anglo-Dutch Wars (영란전쟁)**
17세기 포르투갈과 스페인의 쇠퇴로 인한 식민지 쟁탈을 둘러싸고 영국과 네덜란드(화란)이 세 차례에 걸쳐 싸운 전쟁. 1651년 영국의 항해조례 발표를 계기로 일어났는데, 세 차례 모두 네덜란드가 패함으로써 영국에 해상 패권을 빼앗겼다.

Dutch가 들어간 어구

계속해서 Dutch가 들어간 어구들을 살펴보자. Dutch courage는 liquid courage의 동의어로 courage gained from intoxication by alcohol(술김에 부리는 허세), Dutch comfort[consolation]는 Things could be worse!(최악이군요!)라고 말하는 것과 같은 '별로 달갑지 않는 위안'이라는 뜻이다. Dutch gold는 cheap alloy resembling gold(금처럼 보이는 값싼 합금), Dutch metal은 fake gold leaf(모조 금박)나 fake gold(모조 금)이다. double Dutch는 gibberish, double talk, double speak와 동의어로 사용되는 '횡설수설' 또는 '도무지 알아들을 수 없는 말'이다.

Dutch concert는 noise(소음)이나 uproar(떠들어대는 소리), Dutch-bottomed는 empty(빈), Dutch act는 suicide(자살)이고, do the Dutch act는 commit suicide(자살하다)이다. Dutch auction은 mock auction과 동의어로 값을 차차 내려 부르는 '역(逆)경매'를 뜻한다. Dutch uncle은 '어른이나 손윗사람처럼 행세하며 가차 없이 엄하게 꾸짖는 사람'을 의미한다. Dutch wife는 long body-length pillow(등신대(等身大)의 긴 베개), prostitute(매춘부), sex doll(섹스 인형), hot water bottle(뜨거운 물병), bamboo wife(죽부인)의 뜻을 가지고 있다. Dutch wife의 어원을 알아보자.

 The origin of the English term "Dutch wife" is thought to be from the Dutch colony of Indonesia where Dutch traders would spend long periods away from their wives.

영어 용어 Dutch wife의 어원은 네덜란드 무역업자들이 아내 없이 장기간을 보내곤 했던 네덜란드의 식민지 인도네시아에서 비롯된 것 같다.

해설 인도네시아는 동남아시아에 있는 나라로, 제2차 세계대전 전 네덜란드령 동인도였는데, 1945년 8월 17일 독립을 선언했다. 1949년 네덜란드와의 협의로 네덜란드·인도네시아 연합이 성립되었고 1956년에야 완전한 독립국이 되었다.

더치페이는 엉터리 영어

우리는 식당에서 음식을 먹고 나서 각자 계산하자고 할 때 더치페이 하자고 말한다. 더치페이(Dutch pay)는 우리나라에서 사용되고 있는 대표적인 엉터리 영어(Broken English)다. Going Dutch, Dutch treat, Dutch date라고 해야 한다. 의미를 보도록 하자.

Going Dutch, also called Dutch date and Dutch treat, is a slang term that means that each person eating at a meeting pays for himself or herself, rather than one person paying for everyone.

Dutch date나 Dutch treat라고 불리기도 하는 Going Dutch(각자 계산하기)란 모임에서 한 사람이 모든 사람의 식대를 지불하는 것이 아니라 자기 몫은 자기가 지불하는 것을 의미하는 슬랭이다.

'각자 부담하자!'란 말을 Let's go dutch!라고 하는 것을 보면 개인주의가 발달한 서구사회에서도 '각자 부담'은 상대에 대한 배려가 아니라고 생각하는 것 같다. 위의 문장 뒤에 연결될 수 있는 말은 '내 몫이 얼마지?(What's my share? / How much is my share?)'이다.

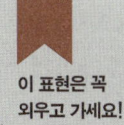
이 표현은 꼭 외우고 가세요!

잘못된 표현인 더치페이의 올바른 표현

각자 부담하자

- Let's go Dutch.
- Let's split[share] the bill.
- Let's pay by separate checks.
- This is a Dutch treat.

반반씩 부담하자

- Let's go fifty-fifty.
- Let's go half-and-half.
- Let's go halves on this.

so long이 작별 인사가 된 사연

So long
아주 긴 / 아주 길게

so long이 작별 인사가 된 사연

작별 인사 Goodbye(안녕히 계십시오[가십시오])는 God be with ye(you)!(하느님이 당신과 함께 하시기를)를 줄인 말이다. 이 말은 영국의 작가 가브리엘 하비(Gabriel Harvey, 1545~1630)가 1575년 한 편지에서 최초로 사용하였다. God이 good으로 바뀐 것은 good day, good night, good morning 등으로부터 유추(analogy)된다.

오랫동안 헤어질 때 쓰는 Farewell!(안녕! · 잘 가시오!)은 원래 Fare well!이라는 명령문에서 생성된 말이다. fare는 He fared forth on his journey.(그는 여행길을 떠났다)와 같이 go(가다), travel(여행하다)의 의미로 쓰인다. 명사로 사용되면 '(기차 · 전차 · 버스 · 배 등의) 운임'으로 사용된다. 예를 들어, a railway[taxi] fare는 '철도 운임[택시 요금]', a single[double] fare는 '편도[왕복] 요금'이다.

so long은 형용사구로 치면 '아주 긴'이란 의미이고, 부사구로 치면 '아주 길게'란 의미이다. 예문을 통해 확인해 보자.

- Forgive me for taking **so long** to answer your letter.
  답장이 늦어서 죄송합니다.

- You have been saying that **so long**!
  같은 말을 몇 번씩이나 되씹니!

- The rice was kept in the warehouse **so long** that it got stale from the heat.
  쌀을 창고에 너무 오래 두어 떠 버렸다.

So long에 느낌표를 붙여 So long!이라고 하면 작별 인사(parting[departure] salutation/ leave-taking phrase[formula])가 되어 '안녕!(Good-bye! / Farewell! / Adieu!)', '그럼 또!(See you later)'라는 의미가 된다. ⟨The Dictionary of American Slang⟩에서는 origin unknown(어원을 알 수 없음)이라고 되어 있는데, ⟨The Oxford English Dictionary⟩와 미국의 언론인 멩켄(Henry Louis Mencken, 1880~1956)의 ⟨The American Language⟩, 그리고 저명한 언어학자 겸 어원학자(etymologist)인 위클리(Ernest Weekley, 1865~1954) 등이 규명한 어원을 정리해 보면 이렇다.

- 어원학자들이 우선하는 어원은 독일어 adieu so lange이다. adieu는 프랑스말에서 차용한 작별 인사이고 so lange은 영어의 so long as we're apart(우리가 떨어져 있는 동안에)에서 as we're apart 부분이 생략된 접속사이다. 이는 노르웨이말 Farvel sa lenge(Farewell so long)과 스웨덴 말 Hej sa lange(Good-bye for now, 이제 그만 안녕)와 같은 의미이다.
- (It will seem) So long (till we meet again)(우리가 다시 만날 때까지 오래 걸릴 것 같다)에서 괄호 부분이 생략된 표현이라는 주장도 있다.
- 17세기에 '평안(peace)'이라는 의미의 아랍어 살람(Salaam!)과 히브리어(Hebrew) 샬롬(Shalom!)의 전와(轉訛 : corruption : 어떤 말이 본래의 뜻과 달리 전해져 그릇되게 굳어짐)이다. 또는 이슬람교도들이 만날 때마다 상투적으로 사용하는 인사말 '살라마리쿰(Assalamu alaikum)의 전와(轉訛)이다. Assalamu alaikum을 영어로 번역하면 Peace be upon you!(당신에게 평화가 깃들기를)나 Wishing you peace!가 된다.

so long을 처음 사용한 월트 휘트먼

출처: Wikipedia

미국 영어에서 So long!을 최초로 사용한 사람으로 공인(attestation)된 사람은 미국의 시인이자 수필가, 교사, 기자, 편집인, 사회 사업가로 활약한 월트 휘트먼(Walt Whitman)이다. 그는 자신이 문명을 날린 유명한 시집 ⟨Leaves of Grass(풀잎)⟩ 제3판(1860) 마지막 시 제목과 본문에서 So long을 썼다. 이 시는 죽음에 관한 시(Poetry of Death)로 모두 77행으로 이루어져 있다. 그 일부를 살펴보자.

I have pressed through in my own right,
I have sung the body and the soul, war and peace have I sung,
and the songs of life and death,
And the songs of birth, and shown that there are many births.

I have offered my style to every one, I have journeyed with confident step;
While my pleasure is yet at the full I whisper So long!
And take the young woman's hand and the young man's hand
for the last time.

I announce natural persons to arise,
I announce justice triumphant,
I announce uncompromising liberty and equality,
I announce the justification of candor and the justification of pride.

나는 천성적으로 밀어 헤치고 앞으로 나아갔다.
나는 영(靈)과 육(肉)을 노래했고 전쟁과 평화를 노래했다.
그리고 삶과 죽음의 노래를 불렀다.
그리고 탄생의 노래를, 그리고 많은 것들이 태어난다는 것을 말했다.

나는 나의 방식을 모든 사람에게 권했고, 나는 자신만만한 발걸음으로
삶의 행로를 걸었다. 즐거움이 아직 한창일 때 나는 '안녕!'이라고 가만가만 말한다.
그리고 젊은 남자와 젊은 여자의 손을 마지막으로 잡는다.

나는 사람들에게 영적으로 다시 태어나라고 큰 소리로 말했다.
나는 정의는 당당한 것이라고 큰 소리로 말했다.
나는 타협하지 않는 자유와 평등을 큰 소리로 말했다.
나는 정직을 큰 소리로 변호했으며 긍지를 큰 소리로 옹호했다.

— Walt Whitman

루비콘강을 건넌 시저

The die is cast
주사위는 던져졌다

루비콘강을 건넌 시저

그리스도(Christ)와 라마(Lama)는 원래 보통명사인데 고유명사(인명)처럼 사용된다. 반면에 고대 로마의 장군(Caesar, 영어 발음으로는 시저, 라틴 발음으로는 카이사르)는 '황제'를 의미하는 보통명사가 되었다.

마태복음 22장 Give to Caesar what is Caesar's, and to God what is God's.(카이사르의 것은 카이사르에게 돌리고 하느님의 것은 하느님께 돌려라.)에서의 Caesar는 고유명사가 아니라 '황제'를 의미한다. 러시아에서는 황제를 '차르(Czar)'라고 하고 독일과 오스트리아에서는 '카이저(Kaiser)'라고 하는데 모두 로마의 카이사르에서 연유했다. Shakespeare(셰익스피어)에 '극작가'라는 보통명사의 의미는 없다. Dante(단테)에도 '시인'이라는 보통명사의 의미는 없다. 카이사르는 그만큼 서양사에서 가장 큰 영향을 남긴 인물임을 알 수 있다.

한 세기도 전인 1856년에 창간된 〈The Honolulu Advertiser〉의 2004년 2월 8일(일요일)에 게재된 전 〈뉴욕 타임스〉 아시아 특파원 Richard Halloran(리차드 할로란)의 THE RISING EAST(떠오르는 동방)라는 글을 보자.

Japan has crossed the Rubicon, with surprisingly little opposition at home or abroad, by starting to dispatch armed soldiers to Iraq in their first deployment to a combat zone since World War II. In a departure ceremony, Prime Minister Koizumi and Self-Defense Minister Ishiba presented the colors, or flags, to a detachment of 500 soldiers in black berets, camouflage battle uniforms and black boots.

일본은 이라크에 군대를 파병하기 시작함으로써 루비콘강을 건넜는데, 이것은 2차 대전 이래 전투 지역에 첫 번째로 군대를 배치한 것이다. 놀랍게도 국내외에서 거의 반대하지 않았다. 출정식에서 고이즈미 수상과 이시바 방위청 장관은 검은 베레모를 쓰고 위장전투복과 검은 군화 차림의 500명 파병부대원에게 군기와 기(旗)를 수여했다.

'루비콘강을 건넜다', '주사위는 던져졌다', '왔노라, 보았노라, 이겼노라' 등 카이사르가 한 말이 오늘날에도 격언이나 격문(檄文)으로 많이 쓰인다. '붉은 강'이라는 뜻의 루비콘강은 동북 이탈리아를 흐르는 강으로 이탈리아 속주(屬州)인 갈리아 키살피나(Gallia Cisalpina, 로마에서 보아 알프스 남쪽에 위치한 이탈리아 북부 지방)와 이탈리아 본토(Italy proper)와 경계를 이루고 있다.

BC 49년 1월 9일 밤 카이사르는 루비콘강 부근에서 야영을 했다. 그날 밤 그는 루비콘강을 건너 로마로 되돌아가 황제가 되는 꿈을 꾸었다. 그는 This must be a dream! I can't cross the Rubicon River, the Senate has forbidden it!(이것은 꿈일 뿐이야! 나는 루비콘강을 건널 수 없어, 원로원이 그것을 금하지 않았는가!) 하고 생각하며 망설였다. 1월 10일 아침 그는 루비콘강 언덕으로 가서 강을 바라보았다. 그는 그의 꿈을 깊이 생각했다.

별안간 바람이 불더니 태양이 갑자기 구름 속에서 나타났다. 바람이 Follow your heart!(뜻대로 하여라)라고 말하는 듯했다. 총독 자리를 내놓은 자가 군대를 거느리고 이 강을 건넌다는 것은 바로 반란을 의미한다. 카이사르는 군대를 이끌고 이 강을 건넘으로써 사실상 로마 공화정과의 전쟁을 포고했다. 여기에서 cross[pass] the Rubicon은 '단호한 조처를 취하다', '중대 결의를 하다'라는 의미로 통용되게 되었다. 영영 사전에서는 다음과 같이 설명하고 있다.

If you say that someone has crossed the Rubicon, you mean that he has reached a point where he cannot change a decision or course of action.

누군가가 루비콘강을 건넜다고 말하면, 그가 결정이나 행동의 방향을 변경시킬 수 없는 상황에 도달했다는 것을 의미한다.

그는 루비콘강을 건넌 후 Jacta alea est!(약타 알레아 에스트!)라고 외쳤다. 영어로 하면 The die is cast!(주사위는 던져졌다!)가 된다. 카이사르는 이 구절을 '루비콘강을 이미 건넌 이상 이제는 돌아갈 수 없다'는 사실을 표현하는 은유(隱喩, metaphor)로 사용했다. 시저가 최초로 이 표현을 쓴 것은 아니다. 그리스의 희극시인 메난드로스(Menandros)(BC 342 ~ BC 292)의 대사를 인용한 것이다.

우리나라의 경우 1388년 이성계의 위화도회군(威化島回軍)에서 이와 비슷한 예를 볼 수 있다. 또한 1961년 5월 16일 새벽 한강을 건너는 박정희의 심경은 루비콘강을 건너는 카이사르의 심경과도 같았을 것이다. 사자성어로 하면 건곤일척(乾坤一擲), 즉 하늘이냐 땅이냐를 한 번 던져서 결정(決定)한다는 뜻으로, 운명과 흥망을 걸고 단판으로 승부나 성패를 겨룬다는 것을 말한다.

Veni, Vidi, Vici

I came here, I saw, I conquered.(왔노라, 보았노라, 정복했노라)라는 문장은 전형적인 1형식 문장으로 라틴어 Veni, Vidi, Vici의 영역(領域)이다. 접속사 and를 생략한 단 세 마디의 압축문은 시적일 뿐만 아니라 절박감마저 나타낸다.

BC 47년 9월 시저는 아나톨리아(Anatolia, 흑해와 지중해 사이에 있는 터키의 넓은 고원지대) 북동부에서 아버지 미트리다테스(Mithridates) 대왕의 폰투스(Pontus) 왕국을 되찾으려는 아들 파르나케스 2세(Pharnaces II)를 5일 만에 격파하고, 이 세 마디로 된 유명한 승전보고를 원로원으로 보냈다. 로마에 있는 그의 친구 아만티우스(Amantius)에게 보낸 편지라고 기록한 문헌도 있다.

이것은 간결한 문장의 전형으로서, 오늘날에도 특정 부분을 적절하게 바꿔 I(We/They) came, I saw, I hit(loved/passed/learned)와 같이 격문(檄文)이나 광고문 등으로 많이 사용한다.

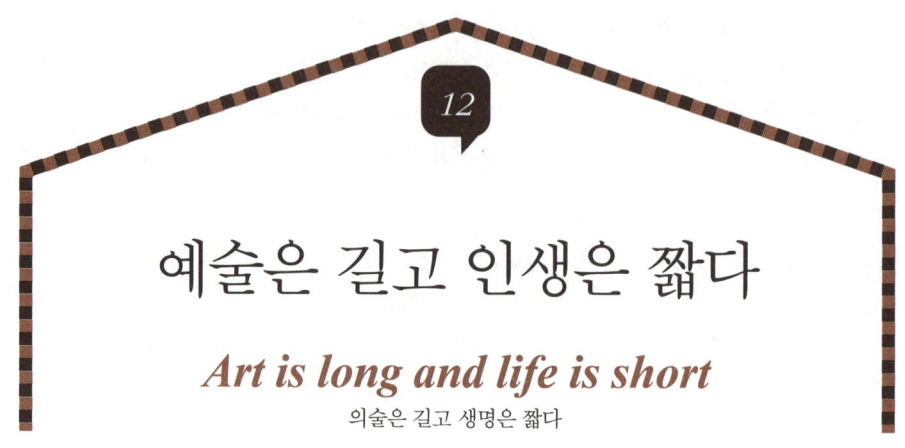

예술은 길고 인생은 짧다

Art is long and life is short

의술은 길고 생명은 짧다

Art is long; life is short의 숨은 의미

출처: Wikipedia

우리는 Art is long; life is short를 '예술은 길고 인생은 짧다'라고 옮긴다. 그런데 이 말을 최초로 한 사람이 The Father of Medicine(의학의 아버지)이라고 일컬어지는 그리스의 의학자 히포크라테스(Hippocrates, BC 460? ~ BC 370?)라는 것을 생각하면 뭔가 좀 이상해진다. 이 말은 그가 그리스어(희랍어)로 말한 것을 라틴어 Ars longa, vita brevis로 기록되었고, 다시 영어로 옮긴 것이다. art라는 말은 예술만을 의미하는 것이 아니라 광범위한 의미의 '술(術)'을 말한다. 다시 말하면 어떤 것을 만들거나 행하는 훌륭한 솜씨(fine skill in the making or doing of anything)를 뜻한다. the healing art는 '의술', the art of war는 '전술', the art of building은 '건축술', the art of self-defense는 '호신술', the art of loving은 '사랑하는 기법'을 뜻한다.

히포크라테스가 의사였다는 점을 감안한다면 art를 '의술'로, 좀 더 넓은 뜻으로는 학문·사업·예술을 포함한 '광범위한 의미의 술(術)'로 옮겨야 타당하다. art를 '의술'로 옮긴다면 life 또한 '생명'으로 옮겨야 앞뒤 문맥이 맞다. 따라서 적어도 히포크라테스가 의도한 본래의 의미는 '의술은 길고 생명은 짧다'였을 것으로 짐작된다.

⟨The New Dictionary of Cultural Literacy⟩(제3판, 2002)의 설명을 살펴보자.

Good work takes a long time to accomplish. The earliest version of this famous saying that we know of is by the great Greek medical doctor Hippocrates. It was repeated by many artists and writers including Seneca, Geoffrey Chaucer, Goethe, Longfellow, and Browning.

훌륭한 업적을 성취하는 데는 오랜 세월이 걸린다. 우리가 알고 있는 이 유명한 말의 최초 버전은 위대한 그리스의 의사 히포크라테스가 한 말이다. 이 말은 세네카, 초서, 괴테, 롱펠로우, 그리고 브라우닝 등 많은 예술가와 저술가에 의해서 반복되었다.

Art is lasting; time is fleeting.(라틴어로는 ars longa; tempus fugit)은 '예술은 길고 세월은 짧다'는 의미다. 롱펠로우(Longfellow, 1807~1882)는 ⟨psalm of life(인생 찬가)⟩에서 Art is long, and time is fleeting.(예술은 길고 세월은 짧다)라고 토로했다.

Art is long, and time is fleeting,	예술은 길고 세월은 빨리 간다.
And our hearts, though stout and brave,	우리의 심장은 튼튼하고 용감하나,
Still, like muffled drums, are beating	싸맨 북 소리처럼 둔탁하게
Funeral marches to the grave.	무덤 향한 장송곡을 울리고 있나니.

— Longfellow, *⟨Psalm of life⟩*

영국의 정치가 에이브베리 경(Lord Avebury)은 인생에 대해 이렇게 말했다.

The most important thing to learn in life, is how to live. There is nothing men are so anxious to keep as life, and nothing they take so little pains to keep well. This is no simple matter. Hippocrates said at the commencement of his medical Aphorisms, "Life is short, Art is long, Opportunity fleeting, Experiment uncertain, and Judgment difficult."

인생에서 알아야 할 가장 중요한 것은 어떻게 사느냐이다. 인생만큼 영위하고자 열망하는 경우도 없으면서도, 인생만큼 잘 영위하기 위하여 수고하지 않는 경우도 없다. 이것은 간단한 일이 아니다. 히포크라테스는 그의 의학 경구의 서두에서 "인생은 짧고 업적은 길다. 기회는 잠깐 동안이고, 경험은 불확실하고, 판단은 어렵다."고 말했다.

시저의 아내는 아무나 못한다

Caesar's wife must be above suspicion
시저의 아내는 혐의가 있어서는 안 된다

시저의 아내는 아무나 못한다

시저는 18세 때 13세의 코르넬리아(Cornelia)와 결혼했지만, 그녀는 해산하다 죽는다. 두 번째로 폼페이(Pompey)의 사촌 폼페이아(Pompeia)와 결혼하고, 세 번째는 피소(Piso)의 딸인 칼푸르니아(Calpurnia)와 결혼한다. 두 번째 결혼은 스캔들로 인하여 이혼으로 끝난다. 당시 시저가 폰티펙스 막시무스(Pontifex Maximus, 최고 제사장)가 되고 나서 그의 집에서 보나 데아(Bona Dea) 제사를 올리는데, 폼페이아와 시저의 어머니가 이 제(祭)를 주관한다. 남자는 이 의식에는 참석할 수 없다.

플루타크의 〈시저의 생애(Plutarch's Life of Caesar)〉에 등장하는 '보나 데아 스캔들(the Bona Dea Scandal)' 이야기는 이러하다.

폼페이아는 그때까지 푸블리우스 클로디우스 풀케르(Publius Clodius Pulcher, BC 92~BC 52)와 정사(情事)를 나누었다고 생각되는 인물이다. 푸블리우스 클로디우스 풀케르는 명문 귀족가문 출신이었지만 호민관으로 선출되기 위해 귀족 신분을 버리고 평민의 양자가 되었던 로마의 정치가였다. 30살쯤 되어 보이는 클로디우스는 여자 옷으로 변장을 하고 나타나 영락없이 여자로 보였으나 그의 목소리 때문에 시저의 어머니에게 탄로나고 말았다. 그의 침입으로 인하여 정결하고 성스러워야 할 의식이 파탄에 이르렀다.

폼페이아가 이 불경스러운 일을 교사했다는 소문이 돌았다. 그것은 신성 모독으로 간주되어 그녀는 법정에 서게 되었으나 무죄 방면되었다. 시저는 그의 부인에게 간통을 추궁하지는 않왔다. 그러나 그는 Caesar's wife must be above suspicion.(시저의 아내는 혐의가 있어서는 안 된다)라고 말하면서 이혼을 했다.

여기에서 Caesar's wife(남의 의혹을 살 행위를 해서는 안 될 사람)라는 관용어가 생겼다. 여성에게 국한된 문제만은 아니다. 군자는 재앙이 일어나지 않도록 미연에 방지할 지혜가 있어야 하며, 혐의를 받을 일이나 그런 곳에는 처신하지 말아야 한다. 즉, 외밭에서 신을 고쳐 신는 것을 멀리서 보면 외를 훔치는 것으로 보일 것이요, 오얏나무 아래서 갓을 바로 쓰면 오얏을 훔치는 것으로 의심받을 것이니 절대로 그와 같은 일을 해서는 안 된다. '외밭에서 신발 끈을 고쳐 신지 말라.(Walking through your neighbor's melon patch, don't tie your shoe)'는 말이 있지 않은가.

영어의 품격을 2배 높이는 핵심 Tip

- **Bona Dea (the good goddess)**
  로마의 기혼 부인들이 숭배하였던, 여성의 순결과 다산(多産)을 관장하는 로마의 여신으로 Bona Dea는 '좋은 여신'이라는 뜻이다. 제물로 바쳐지는 동물로 수컷은 사용하지 않았다. 이 여신은 코르뉴코피아(cornucopia 풍요의 뿔)를 손에 들고 옥좌에 앉아 있는 모습으로 묘사된다.

- **코르뉴코피아 (cornucopia)**
  풍요의 뿔(horn of plenty)이라는 뜻으로 어린 제우스에게 젖을 먹였다고 전해지는 염소의 뿔이다. 제우스(Zeus)는 그리스 올림푸스(olympus)산의 최고의 신.

wear the pants의 어원

She wears the pants
그 여자는 남편을 깔아뭉갠다

Pants에 관한 일화

일반적으로 남성은 바지를 입는다. 바지에 얽힌 역사 한 토막을 보자.

무대는 15세기 전반 영국과 프랑스 사이에 백년전쟁이 계속되는 중이다. 잔 다르크(Jeanne d'Arc, 1412~1431)는 얌전한 처녀였으나 힘세고 건장했다. 1429년의 어느 날 "프랑스를 구하라"는 신의 부르심을 듣고 샤를 황태자(뒷날의 샤를 7세)로부터 군사를 지원받아 영국군과 싸웠다. 흰 투구에 흰옷을 입고 지휘하는 잔 다르크의 모습만 봐도 영국군은 도망치곤 했다.

파리대학 신학과는 잔 다르크가 이단이라는 혐의를 걸어 프랑스 왕국 종교재판관이 심판하는 종교재판을 요청했다. 그녀는 신의 음성을 통해 프랑스를 유린하던 영국군을 축출하는 사명을 받았다고 주장했다. 그런데 이단 혐의의 근거는 교회 성직자의 중개를 거치지 않고 신과 직접 교통했다고 주장한 일에 있었다.

부(副)심문장 장 르메트르가 잔 다르크에게 바지를 벗고 여성의 옷으로 갈아입을 것을 명령했고 그녀는 이에 따랐다. 그러나 이삼일 후 재판관들을 비롯한 몇몇 사람들이 그녀를 방문했을 때 잔이 또다시 남자 복장(바지)을 하고 있는 것을 발견했다. 잔은 자신의 자유 의지에 따라 남자 옷을 입었노라고 말했다. 이것 또한 부심문장의 심기를 건드렸다. 그녀는 1431년, 재판에서 마녀로 낙인찍혀, 이단 선고를 받고 화형에 처해지게 된다. 가톨릭교회에서는 1920년 그녀를 성녀로 시성(諡聖)했다. 그녀가 화형당한 지 489년 만이다.

우리말에서 남자를 속되게 이르거나 여자의 연인을 속되게 이를 때 바지씨(氏)라 한다. 남편 대신 집안의 모든 것을 꾸려나가는 여장부(女丈夫)를 '치마만 둘렀지 남자다', '치마만 둘렀지 남자 몇 몫을 한다'고 말한다.

이에 딱 들어맞는 영어 표현이 wear the pants[trousers/breeches]다. 미국에서는 pants 라 하고 영국에서는 trousers라 한다. breeches는 원래 '승마바지'이나 구어에서 '바지'라는 의미로 사용된다. 속옷, 즉 팬티에 해당하는 영어는 panties다.

wear the pants(바지를 입고 있다)는 be the person in charge in a marriage or family(결혼생활이나 가족을 책임지는 사람이다)라는 의미다. 전통적으로 남자가 지배하고 바지를 입는다는 관념에서 기인한 표현이다. 이 관용어의 주어는 여성으로서 '아내가 모든 것을 꾸려가다', '아내가 주도권을 쥐다', '내주장(內主張)하다', '아내가 남편을 깔아뭉개다' 등의 의미를 갖는다.

- She has the best-paid job and she also **wears the pants** in the family.
  그녀는 최고의 봉급을 받는 일을 하며 또한 가족을 책임지고 있다.

- The woman who lives next door often **wears the pants**.
  옆집에 사는 여자는 종종 남편을 깔아뭉갠다.

- A Is Mr. Robert a happily married man?
  로버트 씨는 결혼생활이 행복한가요?

  B They say that Mrs. Robert **wears the pants** in the house.
  사람들 얘기로는 로버트 부인이 집에서 남편을 깔아뭉갠다고 하던데.

- A Who **wears pants** in your family?
  너희 집에서는 누가 주도권을 쥐고 있니?

  B My mother does.
  어머님이야.

Break a leg는 어떻게 행운을 비는 말이 되었을까?

Break a leg!
행운을 빕니다!

다리를 부러뜨리다

Break a leg!를 직역하면 경우에 따라서 '다리를 부러뜨려라!' 또는 '다리를 꺾어라!'인데 이 관용구가 '행운을 빕니다!'라는 의미라면 놀랍지 않은가? 먼저 다음 대화를 보자.

A How do you feel about your first day on stage?
첫 공연에 대한 느낌이 어때?

B I hope I won't forget my lines. I'm just keeping my fingers crossed.
대사를 까먹지 말아야 할 텐데. 그저 행운을 빌 뿐이지.

A **Break a leg.**
행운을 빌어.

어떻게 Break a leg가 행운을 비는 말이 되었는지 그 어원을 살펴보자.

 [어원 1]

Break a leg(다리를 부러뜨려라)는 좋은 의미의 말이 아니다. 그러나 극(劇)에서는 good luck(행운)을 의미하며 배우가 무대에 나갈 때 격려하는 전형적인 말이다. 이 표현은 Good luck causes bad luck, 즉 '행운이라는 말은 액운의 원인이 된다'는 극장의 미신(theatrical superstition)에서 비롯됐다. 이 표현은 극장 밖에서도 사용됨으로써 일반화되었다. 소위 antonym theory(반의어론)다.

[어원 2]
고대 로마 콜로세움(Colosseum, 원형경기장)에서 검투사(gladiator)가 사생결단으로 싸울 때 관중은 라틴어로 Quasso cruris! (Break a leg!)라고 외쳤다. 이 말은 good luck(행운)을 비는 말이다. 상대의 다리를 부러뜨려 절름발이로 만들어야 이길 수 있기 때문이다.

[어원 3]
고대 그리스에서는 환호할 때 applause(박수갈채)를 보내지 않고 stomping(발을 세게 구르기)을 했다. 너무 오래하다가 다리가 부러지기도 했다. 엘리자베스 1세 여왕 시대에도 환호할 때 박수 대신 의자를 세게 구름으로써 의자 다리가 부러지곤 했다.

[어원 4]
공연이 끝난 후 관중이 박수갈채를 보내 배우를 무대로 불러내는 것을 커튼콜(curtain call)이라 한다. 이때 배우는 bow(허리를 굽히는 절)를 하거나 curtsy(왼발을 빼고 무릎을 굽혀 몸을 약간 숙이는 절)를 한다. 이것을 다른 표현으로 breaking the line of the leg(똑바로 선 다리를 꺾는 것)라 한다. 때로는 관중이 앙코르 절(encore bow)을 요청한다. 이것은 배우에 대한 최대의 찬사(the highest compliment)다.

Welcoming tip을 줍다

셰익스피어는 자신의 극단을 위하여 전력을 다했다. 1599년 템스강 남쪽에 글로브 극장(The Globe Theatre)을 신축하고 제임스 1세의 허락을 받아 극단 이름을 〈Shakespeare's King's Men(셰익스피어의 국왕 극단)〉이라 칭했다. 때때로 배우들은 봉급 외에 팁을 받았는데 극단(company)이나 극장(theater)에서 직접 주는 것이 아니라 관중에게 위임했다.

커튼콜을 하는 동안에 관중은 공연을 얼마나 즐겼느냐에 따라 무대에 돈(주로 동전)을 던지곤 했다. 별 볼일 없는 공연에는 썩은 푸성귀를 던지기도 했다. 그때 배우들은 다리를 꺾고(무릎을 구부리고) 무대 위의 돈을 집어야 했다. 결국 누군가에게 break a leg라고 말하는 것은 wish them success in their performance so in the end they would have to kneel down and collect a welcoming tip(무릎을 구부리고 앉아 환영 팁을 수거할 수밖에 없을 정도로 공연에서 성공을 거두기를 기원한다)이라는 의미였다. 이러한 전통은 오늘날 꽃을 선사하거나 무대에 꽃을 던지는 것으로 바뀌었다.

인생에서 확실한 두 가지

Death and Taxes
죽음과 세금

인생에서 확실한 것 두 가지

출처: Wikipedia

They can't collect legal taxes from illegal money.(불법으로 번 돈에서 합법적인 세금을 징수할 수 없다)라는 명언(?)을 남긴 사람은 누구일까? 뺨에 있던 흉터로 스카페이스(Scarface)란 별명을 가진 알 카포네(Al Capone, 1899~1947)가 1930년 미국 국세청(the U.S. Bureau of Internal Revenue)의 거액 미납 세금(unpaid back tax) 추징에 이의를 달면서 한 말이다.

그는 미국 시카고를 중심으로 조직 범죄 집단을 이끌고 밀주·밀수·매음·도박 등의 불법산업으로 순식간에 돈을 벌었다. 그를 잡기 위해 재무성에 The Untouchables(뇌물로도 매수할 수 없고 그 어떤 공갈 협박도 통하지 않는 사람들)라는 특별수사팀이 구성된다. 수사관들이 죽음을 당하는 등 우여곡절 끝에 알 카포네를 탈세 혐의로 법정에 세우는 데 성공한다. 이 전설적인 실화는 〈The Untouchable〉이란 제목으로 1987년에 영화화됐다.

영국의 철학자이자 경제학자인 애덤 스미스(Adam Smith)는 '국부론(The Wealth of Nations)'에서 다음과 같이 일갈한다.

- There is no art which one government sooner learns of another than that of draining money from the pockets of the people.
  국민의 주머니를 훑어내는 기술을 빼놓으면 정부가 아는 다른 기술은 없다.

No taxation without representation.(대표 없이는 과세도 없다)는 미국 독립전쟁의 슬로건(rallying cry)이었다. 식민통치 시절 조너선 메이휴(Jonathan Mayhew) 목사가 매사추세츠주 보스턴에 있는 Old West Church라는 교회에서 한 설교에서 처음으로 이 말이 쓰였다. 매사추세츠의 변호사 제임스 오티스(James Otis)도 Taxation without representation is tyranny. If we are not represented, we are slaves.(대표 없는 과세는 폭정이다. 우리에게 대표권이 주어지지 않는다면 우리는 노예이다)'라는 비슷한 발언을 했다. 제임스 오티스는 독립전쟁 즈음에 활약했으며, 특히 식민지 주민의 권리를 보장하는 법적 원칙들을 마련하는 데 중요한 역할을 했다.

1700년대부터 death and taxes는 '죽음과 마찬가지로 세금을 피할 수 없다'는 의미로 쓰이기 시작했다. 영국의 저널리스트이자 소설가인 다니엘 디포(Daniel Defoe)는 〈The Political History of the Devil〉(1726)에 Things as certain as death and taxes, can be more firmly believed.(죽음과 세금만큼 확실하게 믿을 수 있는 것은 없다)라고 적고 있다.

미국의 정치가요 과학자인 벤저민 프랭클린(Benjamin Franklin)이 1789년 11월 13일 Jean-Baptiste Leroy에게 쓴 편지에도 death and taxes에 관한 언급이 있다. 문헌에 따라 표현이 약간씩 다르다. 어느 것이 원문인지는 알 수 없다.

- The only two certainties in life are **death and taxes**.
  인생에서 확실한 것은 죽음과 세금뿐이다.

- In this world nothing can be said to be certain, except **death and taxes**.
  이 세상에 죽음과 세금 외에 확실한 것은 아무것도 없다.

- There are two certainties in life: **death and taxes**. While death comes just once a lifetime, tax day pays a visit every year.
  삶에는 확실한 것 두 가지가 있다. 죽음과 세금. 죽음은 평생에 단 한 번 오지만, 세금은 매년 한 번씩 찾아온다.

미국의 여류작가 마가렛 미첼(Margaret Mitchell)의 소설 〈바람과 함께 사라지다(Gone with the Wind)〉에는 Death and taxes and children! There's never any convenient time for any of them.(죽음과 세금과 분만! 그 어느 것에도 편안한 시간은 없다)라는 구절이 있다. 뿐만 아니라 Marvin Gaye의 노래 〈Trouble Man〉에는 There's only 3 things for sure: Taxes, death and trouble.(확실한 것은 세 가지뿐이다. 세금, 죽음 그리고 고통)이라는 소절이 있다.

Just like death and taxes, there is no escaping spam.(죽음, 세금과 마찬가지로 스팸도 피할 길이 없다)처럼 오늘날 like death and taxes는 definitely, certainly, surely, to be sure, for sure, for certain 등을 대신하는 숙어로 사용된다.

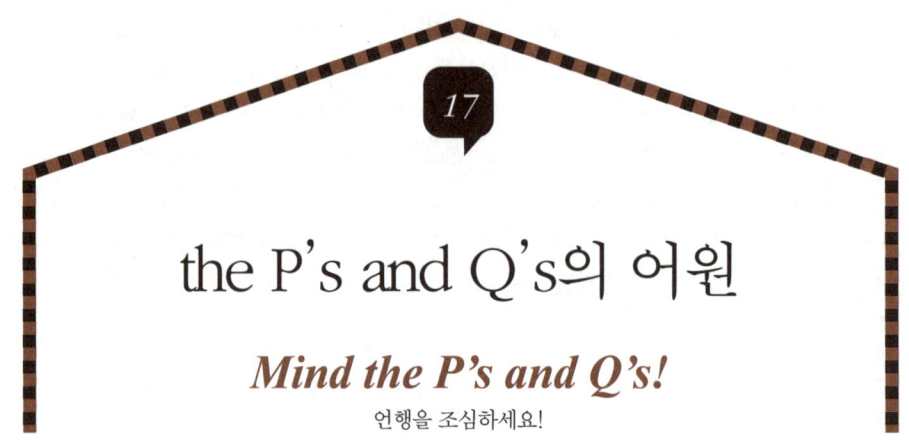

the P's and Q's의 어원

Mind the P's and Q's!
언행을 조심하세요!

Mind the P's and Q's의 어원

Mind the P's and Q's라는 표현은 주로 '언행을 조심하세요'라는 뜻으로, Mind 대신 Watch를 쓰기도 한다. 이와 비슷한 표현으로 어떤 것이 있는지 살펴보자.

- Dot your i's!
  i자를 쓸 때는 윗점을 찍어라!

- Cross your t's!
  t자를 쓸 때는 가로줄을 그어라!

- Mind[Watch] P's and Q's.
  p와 q를 혼동하지 말아라.

위의 세 문장은 '신중하세요!', '얌전하게 굴어요!', '언행을 조심하세요!', '예의범절을 지키세요!', '행동거지를 조심하세요!' 등의 뜻으로 사용되는 관용표현이다. Mind[Watch] the P's and Q's의 어원에 대해 살펴보자.

[어원 1]

In English pubs, ale is ordered by the pint and by the quart. So in old England, when customers got unruly, the bartender would yell at them to mind their own pints and quarts and settle down. It's where we get the phrase "Mind your P's and Q's."

영국의 선술집에서 에일 맥주는 파인트(pint)와 쿼트(quart)를 단위로 주문한다. 옛날에도 그랬다. 고객이 난폭한 행동을 하면 종업원들은 Mind your own pints and quarts and settle down.(파인트잔과 쿼트잔을 조심하시고 진정하세요)이라고 소리지르곤 했다. 여기에서 Mind your P's and Q's란 말이 생겨났다.

[어원 2]

The phrase comes from the practice of maintaining a tally in pubs and taverns. Marks under column P, for pint, or Q, for quart, would be made on a blackboard. To tell a bartender to mind his Ps and Qs would be to tell him to mind his own business and get back to work.

이 관용어는 선술집에서 계정(計定)을 하기 위해 칠판의 P난에 파인트를 Q난에 쿼트를 표시한 관습에서 나왔다. 종업원에게 Mind your Ps and Qs라고 말하는 것은 "네 일이나 신경 써서 하세요."를 의미했다.

[어원 3]

Typesetters had to be skilled in reading letters backward, as the blocks of type used to have mirror images of the letters. The lower-case letters p and q were particularly difficult to distinguish because they are mirrors of one another and located in bins next to one another. Typesetters had to be particularly careful not to confuse the two.

식자공들은 글자를 거꾸로 읽는 데 익숙해야만 했다. 활자인재(活字印材)가 거울상(mirror image)을 이루고 있었기 때문이다. 특히 소문자 p와 q는 식별하기가 어려웠다. 이것들은 서로 거울상을 이루고 있을 뿐만 아니라 바로 옆에(알파벳 순서로) 자리 잡고 있기 때문이다. 식자공들은 이 둘을 혼동하지 않기 위해 특히 신경을 써야 했다.

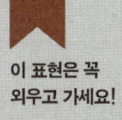 이 표현은 꼭 외우고 가세요!

언행을 조심하세요! / 얌전하게 굴어요! / 신중하세요!

- Behave yourself!
- Be careful what you say!
- Dot your i's and cross your t's!
- Watch your language[tongue / mouth]!

낙타는 왜 바늘귀에 들어갔을까?

Camel and the eye of a needle
낙타와 바늘귀

성경에 나오는 낙타와 바늘귀 이야기

기독교인이 아닌 사람도 아래와 같은 성경 구절을 한 번은 들어봤을 것이다. 부자는 천국에 가기에 힘들다는 것을 비유한 말인데 왜 그 비유로 낙타와 바늘귀를 사용했을까?

 It is easier for a camel to go through the eye of a needle than for a rich man to enter the kingdom of God.

낙타가 바늘귀로 들어가는 것이 부자가 하나님의 나라에 들어가는 것보다 더 쉽다.

— (NASB) 마태복음 19장 24절 / 마가복음 10장 25절 / 누가복음 18장 25절

성경의 고본(稿本)을 옮기는 과정에서 밧줄(thick rope)이 낙타(camel)로 바뀌었다는 주장이 있다. 낙타(camel)를 밧줄(thick rope)로 바꾸면 그 비유는 자연스럽고, 그 논리는 합리성을 갖는다. 바늘귀로 들어가는 것은 실이므로 바늘귀와 실의 관계를 감안하면, 낙타가 아니라 밧줄이어야 한다는 주장을 들이대니 그럴 듯한 얘기다. 온라인 백과사전 '위키피디아'에 있는 내용이다.

The gospels of Matthew, Mark, and Luke were written in Greek. The Greek word for "thick rope" is KAMILON, but the Greek word for "camel" is KAMELON. "Which is the correct word?" The answer is KAMELON which means "camel."

마태복음, 마가복음, 누가복음은 희랍어로 쓰였다. 밧줄(thick rope)에 해당하는 희랍어는 KAMILON이고, 낙타(camel)에 해당하는 희랍어는 KAMELON이다. 어느 것이 옳은가? 답은 낙타(camel)를 의미하는 KAMELON이다.

Why? KAMELON is correct because the vast majority of ancient manuscripts contain the word KAMELON and not KAMILON. Only a few manuscripts contain the KAMILON. It is not likely that manuscripts from many different geographical areas of the world would have all been modified.

왜? 고대의 고본(稿本) 대다수에는 KAMILON이 아니라 KAMELON을 쓰고 있기 때문이다. 극소수의 고본만 KAMILON을 담고 있다. 전 세계의 여러 다른 지역의 고본들이 모두 바뀌었을 가능성은 없기 때문이다.

오랜 역사를 이어 온 성경에 번역상의 오류가 있다면 진작 고쳤을 것이라고 확신하기 때문에 밧줄이라는 말은 신빙성이 없는 수장이다. NIV / NASB / GWT / KJV / ASV / BBE / DBY / ERV / WEY / WBS / WEB / YLT / XREF / GSB / PREV 등 수많은 영어 성경 어디에도 밧줄로 번역된 버전은 단 하나도 없다.

'밧줄이 바늘귀에 들어가기보다 힘들다', '낙타가 바늘귀에 들어가기보다 힘들다', '고래가 쥐구멍에 들어가기보다 힘들다' 등은 모두 과장 비유법이라고 한다. 정통한 배경 설명은 이렇다.

옛날 이스라엘에서는 해가 지면 성문을 닫았다. 그러나 긴급한 상황에 대비하기 위하여 성곽 정문 이외에 별도의 작은 쪽문을 만들어 놓았는데, 이 문을 바늘귀(the eye of a needle)라고 했다. 이것은 매우 좁아서 한 사람이 간신히 통과할 만한 문이었다. 해가 진 후에 성에 들어가려고 하면 낙타를 억지로 밀어 넣어야 했다. 여기서 낙타와 바늘귀의 비유가 나왔다.

하늘은 스스로 돕는 자를 돕는다?
Heaven helps those who help themselves
하늘은 자신을 돕는 자를 돕는다

하늘은 자신을 돕는 자를 돕는다

Heaven never helps the men who will not act.(하늘은 행동하지 않는 자를 결코 돕지 않는다)가 있다. 고대 아테네의 비극 시인 소포클레스(Sophocles)의 말이다. Heaven helps those who help themselves란 말도 있다. '하늘은 스스로 돕는 자를 돕는다'라고 번역되어 금과옥조로 사용되고 있다. 그런데 이 번역은 '스스로 자신을 돕는다'는 말인지, '스스로 남을 돕는다'는 말인지 불분명하다. 분명한 것은 themselves가 help의 목적어로 사용되었다는 것이다. 따라서 '하늘은 스스로[를] 돕는 자를 돕는다'처럼 [를]을 반드시 추가해야 한다. 아니면 '하늘은 (자기) 자신을 돕는 자를 돕는다'로, 혹은 '하늘은 스스로 노력하는 자를 돕는다'로 번역해야 한다.

훌륭한 번역은 source language(번역되기 전의 원어)와 target language(표현하고자 하는 언어) 간의 아름다운 조화이다. 그렇게 하려면 2개 언어의 정확한 이해에서 출발해야 가능한 일이다. 특히 영시의 번역은 작가의 정신세계와의 만남이다. 따라서 단어 하나하나가 아킬레스건(Achilles' tendon)이다. 화가는 색을, 음악가는 음을, 시인은 언어를 매체(medium)로 한다.

시인은 산문 작가들처럼 뜻을 일일이 설명하지 않고 상징적 표현을 통해 독자들에게 전달하기 때문에 단어 하나하나에 의미가 응축될 수밖에 없다. 2004년 12월 20일자 조선일보 [장영희의 영미시 산책]에 실린 글로리아 밴더빌트(Gloria Vanderbilt)의 시 〈Love Quietly Comes(사랑은 조용히 오는 것)〉의 첫 번째 연(stanza)을 예로 들어 보자.

Love quietly comes
Long in time
After solitary Summers
And false blooms blighted.

사랑은 조용히 오는 것
외로운 여름과
거짓 꽃이 시들고 나서도
기나긴 세월이 흐를 때
(장영희 교수 옮김)

→ 사랑은 조용히 오는 것
→ 고요한 여름이 지나고
→ 꽃들이 일시 피었다가 시들고 나서
→ 기나긴 세월을 거쳐
(필자 옮김)

이 시는 천천히, 그리고 조금씩 커지는 사랑을 자연과 사랑의 유사점(similarity)을 찾아 시적으로 생생하게 기술하는 기술적 직유법(記述的 直喩法, descriptive simile)을 쓰고 있다. 그런데 이 시의 번역은 시인의 의도를 배반하고 있다. 자연과 사랑 사이의 정확한 연관성을 깨닫게 함으로써, 시인이 지니고 있는 정확한 사상과 감정을 우리들 마음속에 영상처럼 선명하게 나타내게 하는 데 실패한 것 같다.

이 시는 계절이라는 시간적 자연현상과 농촌이라는 공간적 자연현상을 사랑과 비유하고 있다. 세 번째 시행(verse) solitary Summers를 '외로운 여름'으로 옮긴 것과, 네 번째 시행 false blooms blighted를 '거짓 꽃이 시들고 나서도'로 옮긴 것은 독자가 납득할 수 없어 괴상한(grotesque) 느낌마저 준다. 달콤한 참외를 표현하는데 '참외가 소금처럼 달다'라고 하는 것과 같다. 따라서 이를 각각 [고요한 여름]으로 [꽃들이 일시 피었다가 시들고 나서]로 바꾸어야 할 것이다. false에는 not permanent(일시적인)란 의미가 있는데 false supports for a bridge는 '임시 교각(橋脚)'이라는 의미이다.

이 시인은 섬세한 감수성을 갖고서 오감 아니 육감까지를 동원하여 자기 주변의 자연과 — 길옆에 핀 작은 한 송이 꽃에 이르기까지 — 인간 속에서 일어나는 가지가지의 변화를 모두 상세히 관찰했던 것이다. 이러한 섬세한 묘사를 번역상의 부조화로 인해서 파괴당한다면 안타까운 일이다. 번역자는 최고도의 식별력을 가지고 시인 못지않게 화가가 물감을 고르듯 어휘를 잘 골라 써야 한다. 그렇지 않으면 번역은 언어에 대한 반역(反逆)이 되고 만다. 번역이란 원문이 말하고자 하는 의미의 무게와 부피를 정확히 헤아리고, 그 의미를 담고 있는 포장의 모양까지도 정확히 전달해야 한다.

문화의 중심에 번역이 있다. 번역은 시공(時空)을 초월한 문화계승의 매개(媒介)이다. 실제로 우리가 읽는 책의 3분의 2가 번역물이다. 그런데 오역으로 가득 찬 번역물이 판치고 있다. 한 나라가 갖고 있는 올바른 지식의 질과 양은 곧 그 나라의 국력이다. 오도된 지식으로 국가 경쟁력을 제고하는 일은 요원하다.

미란다 원칙의 유래

Miranda Rules
미란다 원칙

미란다 원칙

현대의 사법제도는 묵비권(the right to remain silent / the right of silence)을 인정한다. 형사 피의자(defendant)가 부당한 심문을 당하는 것을 막고 경찰관의 위법적인 증거수집 배제를 위해서다. 역사적으로 수없이 겪었던 인권침해에 대한 극복의 결과다. 영화에서 경찰이 범인을 체포하면서, 특히 영화 〈로보캅(Robocop, 1987)〉에서 로봇 경찰관인 머피(Murphy)가 범인을 박살내면서 You have the right to remain silent and … Do you understand?(당신은 묵비권을 행사할 수 있으며 … 아시겠지요?)하고 고지하는 장면이 나온다. 명칭이 여러 가지다. Miranda Warnings(미란다 고지), Miranda Rights(미란다 권리), Miranda Rules(미란다 원칙). 이를 알려주지 않고 얻은 심문 진술은 증거 능력이 없다. 이 권리의 고지 내용은 다음과 같다.

- You have the right to remain silent and refuse to answer questions. Do you understand?
  질문에 대해서 묵비권을 행사할 권리와 답변을 거부할 권리가 있습니다. 아시겠지요?

- Anything you do say may be used against you in a court of law. Do you understand?
  당신이 진술한 것은 법정에서 당신에게 불리한 증언으로 쓰일 수 있습니다. 아시겠지요?

- You have the right to consult an attorney before speaking to the police and to have an attorney present during questioning now or in the future. Do you understand?
  경찰에서 진술하기 전에 변호사를 선임할 수 있으며, 지금이나 향후 심문하는 과정에서 변호사를 참석시킬 수 있습니다. 아시겠지요?

- If you cannot afford an attorney, one will be appointed for you before any questioning if you wish. Do you understand?
  변호사를 고용할 능력이 없을 경우 원한다면 국선 변호사를 선임받을 수 있습니다. 아시겠지요?

- If you decide to answer questions now without an attorney present you will still have the right to stop answering at any time until you talk to an attorney. Do you understand?
  변호사 없이 지금 심문에 응한다 할지라도, 변호사가 도착할 때까지는 언제라도 답변을 중단할 권리가 있습니다. 아시겠지요?

- Knowing and understanding your rights as I have explained them to you, are you willing to answer my questions without an attorney present?
  당신의 권리에 대해 충분히 설명을 드렸는데, 변호사가 없는 상태에서 지금 심문에 응하시겠습니까?

경찰이 이렇게 물었을 때, 묵비권을 행사하고 싶다면 I'll take the Fifth.라고 말하면 된다. the Fifth는 the Fifth Amendment(자기에게 불리한 증인을 거부할 수 있다고 명시한 미국 수정 헌법 제5조)를 말한다. 변호인 선임을 원할 때는 I want a lawyer.라고 하면 된다.

'미란다(Miranda)'는 사람 이름이다. 1963년 3월 미국 애리조나 주에서 납치 강간 혐의로 체포된 22세의 청년 미란다는 2시간 동안 수사를 받은 뒤 범죄를 자백했다. 피해자도 그를 범인으로 지적해 1심에서 유죄 판결을 받았다. 그는 연방대법원에 항소했고 연방대법원은 1966년 6월 13일 5대 4의 표결로 그에게 무죄를 선고했다. 항소 과정에서 경찰이 Miranda에게 헌법으로 보장받은 권리를 알려주지 않았다는 것이 문제가 됐던 것이다.

연방대법원의 판결 이후 그는 재심에 회부돼 유죄 선고를 받고 11년간 복역했다. 출소 후 미란다 원칙을 적은 카드에 자필 서명을 해서 1.5달러에 팔기도 했던 그는 싸움에 휘말려 목숨을 잃었다. 그를 살해한 용의자도 체포될 때 예외 없이 미란다 원칙을 고지받았다.

범죄자에 대한 공권력의 집행보다 절차적 정당성이 더 중요하다는 원칙을 대변하는 역설적 상징이 되었다. 우리나라 헌법 제12조 2항에는 '모든 국민은 고문을 받지 아니하며, 형사상 자기에게 불리한 진술을 강요당하지 아니한다'고 명시되어 있다.

역사를 알면
영어가 두 배 더 재미있다

Chapter 2

명언 속 숨은 의미

케네디 가문의 명언

Don't get mad, get even
억울하면 출세하라

Kennedy 가문이 명가가 되기까지

출처 : Wikipedia

19세기 중반 아일랜드(Ireland) 사람들은 '아일랜드 감자 기근 (The Irish Potato Famine)'을 피해 미국으로 쏟아져 들어왔다. 미국에 와서도 잉글랜드(England) 출신은 아일랜드 출신을 무시했다. 아일랜드계 집안에서 태어난, 케네디 대통령의 아버지 조셉 케네디(Joseph Patrick "Joe" Kennedy, 1888~1969)는 종종 이런 말들을 했다고 한다.

- **If you want to make money, go where the money is.**
  돈을 벌려거든 돈이 있는 곳으로 가라.

- **Don't get mad, get even.**
  화내지 말고 보복하라.

그는 이 자극적인 구호(catch phrase)를 모두 실천에 옮겼다. 보잘것없는 아일랜드 농부가 미국에 이민 온 지 4대 110년 만에 케네디를 대통령으로 만들어 미국의 정치 명가(名家)로 깃발을 날리게 했다.

조셉 케네디는 돈이 도는 할리우드에 진출하여 영화 제작자가 된다. 그는 흔히 WASP이 지배하는 사회로 불리는 미국에서 자식들을 최고의 엘리트로 만드는 데 성공한다. WASP은 White Anglo-Saxon Protestant(백인·앵글로색슨족·개신교)에서 머리글자를 딴 말이다. 아일랜드 출신에다 가톨릭 신자였던 케네디 가문은 소위 The Establishment(기득권층)가 아니었다.

우리말 '억울하면 출세하라'에 딱 들어맞는 영어는 Don't get mad, get even.이다. 사전의 풀이는 이렇다.

 "Don't get mad, get even." is something that you say in order to tell someone not to be angry when someone has upset them, but to do something that will upset them as much.

Don't get mad, get even.은 화가 날 때 화내지 말고, 화나게 한 장본인에게 똑같이 화나게 하는 일을 하라고 말할 때 사용하는 표현이다.

Don't get mad, get even.의 사용 실례를 살펴보자. This is my advice to wives whose husbands have left them for a younger woman – don't get mad, get even!(젊은 여자 때문에 떠나 버린 남편의 부인에 대한 나의 충고는 이렇다. 화내지 말고 당신도 그렇게 하라) 〈Don't Get Mad, Get Even.〉은 2001년 '올해의 미국음악상(Year's American Music Awards)' 국제가수상(International Artist Award)을 수상한 에어로스미스(Aerosmith)가 부른 노래 제목이기도 하다.

콜린 파월(Colin Luther Powell)의 좌우명

 흑인 최초의 미국합동참모본부의장으로서 파나마전쟁 및 걸프전쟁을 승리로 이끌어 65대 미국 국무장관이 되었던 콜린 파월(Colin Luther Powell, 1937~)은 1970년대 후반에 한국의 동두천에서 잠시 복무한 적이 있다.

1995년 작가 조셉 퍼시코(Joseph E. Persico)와 공동으로 출간한 〈My American Journey(나의 미국 인생)〉라는 자서전에 나와 있는 그의 좌우명을 소개한다. 그의 좌우명 중에 Don't get mad, get even.과 비슷한 말이 있다.

- Get mad, then get over it.
  화나는 일이 생기면 화를 내라. 그런 다음 그것을 극복하라.

- Be careful what you choose. You may get it.
  신중하게 선택하라. 그러면 그것을 얻을 수 있다.

- You can't make someone else's choices. You shouldn't let someone else make yours.
  당신이 다른 사람의 선택을 해 줄 수 없는 것과 마찬가지로 당신이 해야 할 선택을 다른 사람이 선택하게 해서는 안 된다.

- Remain calm. Be kind.
  변함없이 침착하라. 친절하라.

- Have a vision. Be demanding.
  비전을 가져라. 대망을 가져라.

- Don't take counsel of your fears or naysayers.
  반대자들을 두려워하지도 말고 가까이하지도 마라.

- Perpetual optimism is a force multiplier.
  낙천주의로 일관하면 힘을 증가시킨다.

콜린 파월은 뉴욕에서 자메이카 출신 이민자의 아들로서 빈곤 속에서 자라나 오직 극기로써 아메리칸 드림을 성취한 상징적 인물이다. 콜린 파월은 그의 저서 〈My American Journey〉에서 자신의 성공에 대해 다음과 같이 말했다.

> I have lived in and risen in a white-dominated society and a white-dominated profession, but not by denying my race, not by seeing it as a chain holding me back or an obstacle to be overcome. Others may use my race against me, but I will never use it against myself. My Blackness has been a source of pride, strength, and inspiration, and so has my being an American. I started out believing in an America where anyone, given equal opportunity, can succeed through hard work and faith. I still believe in that America.
>
> 난 백인이 지배하는 사회에서, 그리고 백인이 지배하는 전문직 종사자들 속에서 살고 성공했는데, 그것은 나의 인종을 나의 길을 막는 사슬로 보지 않음으로써 혹은 극복해야 할 장애물로 여기지 않음으로써 가능했다. 남들은 나의 인종을 나에게 악용할지 모르지만 난 결코 나에게 불리하도록 하지 않는다. 내가 흑인이라는 것은 자존심과 힘과 영감의 원천이었고, 내가 미국인이라는 것 또한 그랬다. 난 미국이라는 나라는 누구나 동등한 기회를 부여받기 때문에 신념을 갖고 노력하면 누구나 성공할 수 있는 좋은 나라라고 믿기 시작했다. 난 여전히 이러한 미국이 좋다고 믿고 있다.

— Colin Luther Powell

여기에서 so has my being an American(내가 미국인이라는 것 또한 그랬다)는 my being an American has also been a source of pride, strength, and inspiration(내가 흑인이라는 것 역시 자존심과 힘과 영감의 원천이었다)의 축약형이다.

이 문장 구조를 정확히 이해하기 위해서는 다음 사항을 이해해야 한다. 앞 문장과 연결하여 '~또한 그렇다'에 해당하는 영어는 too나 also이다. 도치구문에서는 so를 사용한다. 부정문에서는 either(보통구문)나 neither(도치구문)를 사용한다. 아래의 대화를 참고하자.

- A I like coffee.
     나는 커피를 좋아한다.

  B I like it, too. / I also like it. / Me[Mine], too. / So do I.
     나도.

- A You've kept a dog without a license. You know your old license expired on January 31st? Why do you refuse to renew the license?
     귀하는 허가장 없이 개를 길렀어요. 귀하의 구 허가장은 1월 31일부로 만기가 된 것 아시죠? 왜 갱신하지 않았죠?

  B I know. And so did the dog.
     알고 있습니다. 그러나 저의 개도 만기가 되었거든요(저의 개도 죽었거든요).

- A Dearest, now that we are married, I have a secret to tell you! My left eye is made of glass.
     여보, 우리가 결혼한 이상, 당신에게 말할 비밀 한 가지가 있어요. 나의 왼쪽 눈은 유리로 된 눈이에요.

  B Never mind. So are the diamonds in your engagement ring!
     걱정 말아요. 당신에게 준 약혼반지의 다이아몬드도 그래요!

이 표현은 꼭 외우고 가세요!

사장이 진짜 열 받았어!

'화가 난'을 angry라고 하지만, 영어권에서는 mad라는 단어를 더 자주 사용한다. 따라서 get mad라고 하면 '화를 내다'의 의미가 되고, Don't get mad. 하면 '화내지 마라'가 된다. mad 외에도 어떤 표현들이 있는지 알아보자.

- My boss got mad!
- My boss got enraged!
- My boss got so angry!
- My boss hit the ceiling!
- My boss went through the roof!
- My boss was hot under the collar!

부시 대통령의 명언

Read my lips
제 말을 믿어 주세요

'Read my lips'의 위력

선거 구호는 유권자의 귀에 착 달라붙어야 한다. 우리나라의 선거 구호 역사는 1956년 치러진 제3대 대통령선거로 거슬러 올라간다. 당시 이승만(李承晚) 후보의 구호는 "갈아봤자 별 수 없다"였고, 신익희(申翼熙) 후보의 구호는 "못살겠다 갈아보자"였다.

제43대 미국 대통령인 조지 W. 부시의 아버지인 제 41대 미국 대통령 조지 H. W. 부시(George Herbert Walker Bush, 1924~)는 1988년 8월 18일 뉴올리언스(New Orleans)에서 미국 공화당 대통령 후보 지명 수락 연설을 할 때, 왼손 집게손가락으로 자신의 입술을 가리키며 이렇게 말했다.

 The Congress will push me to raise taxes, and I'll say "No", and they'll push, and I'll say "No", and they'll push again, and I'll say to them, "**Read my lips**: no new taxes."

의회가 세금 인상을 강요하더라도 나는 '아니오'라고 말할 것입니다. 그리고 그들이 강요하더라도 나는 '아니오'라고 말할 것입니다. 그리고 그들이 거듭 강요하더라도 나는 거듭 그들에게 '내 말을 믿어 주세요. 세금 인상은 없습니다'라고 말할 것입니다.

― George H. W. Bush

Read my lips를 직역하면 '나의 입술을 읽어라'지만, 이미 한 말을 상대가 의아해 할 때, 자기가 말한 대로 기어이 하겠다는 것을 다짐하는 말로서 '약속합니다', '내 말을 믿어 주세요'라는 뜻이 된다. I will never break my pledge of no new taxes.(세금 인상은 없다는 약속을 꼭 지키겠다)를 이렇게 장황하게 표현한 그의 연설은 세금에 시달리던 유권자들에게 단단히 약발이 들어서 대통령 당선에 도움이 되었다. 그러나 그가 재임하는 중에 미국 경제는 침체의 골이 더 깊어지면서 재정 적자가 눈덩이처럼 불어났다. 지출을 줄이려면 의료·사회보장비까지 깎아야 할 형편이었다. 1991년 예산에서 부시는 소득세율을 대폭 인상했으며, 휘발유·담배·주류에 대한 과세를 인상했다.

뉴욕 포스트는 이런 제목의 기사를 게재했다. Read my lips. I lied.(공약(公約)을 했습니다만, 공약(空約)이 되고 말았습니다) 영악한 민주당 후보 클린턴이 이를 놓칠 리 없었다. It's the Economy, Stupid.란 슬로건 한 방으로 부시를 날려 버렸다. 이 슬로건이 1992년 선거에 효자노릇을 한 것이다. 우리나라 언론은 It's the Economy, Stupid.를 대부분 "문제는 경제야, 이 바보야"라고 번역했다. "문제는 경제야, 뭘 몰라"라고 번역했더라면 하는 아쉬움이 남는다.

한편, 그의 아들 조지 W. 부시(George Walker Bush)는 텍사스 주지사 시절(1995~2000) 만찬석상에서 How did you turn a deaf ear to your wife's entreaties that you purchase new formal wear for the event?(만찬에 입을 새로운 턱시도를 구입해야 한다는 부인의 간청에 관심이 없다는 것을 어떻게 표현했느냐?)라는 질문에 다음과 같이 답했다. Read my lips. No new tuxes. 그는 아버지가 했던 말을 그대로 따라 한 것이다, taxes를 tuxes로 바꿔서. 그는 아버지의 대를 이어 대통령이 되었다. 부시 부자(父子)는 Read my lips란 말을 참 좋아한다.

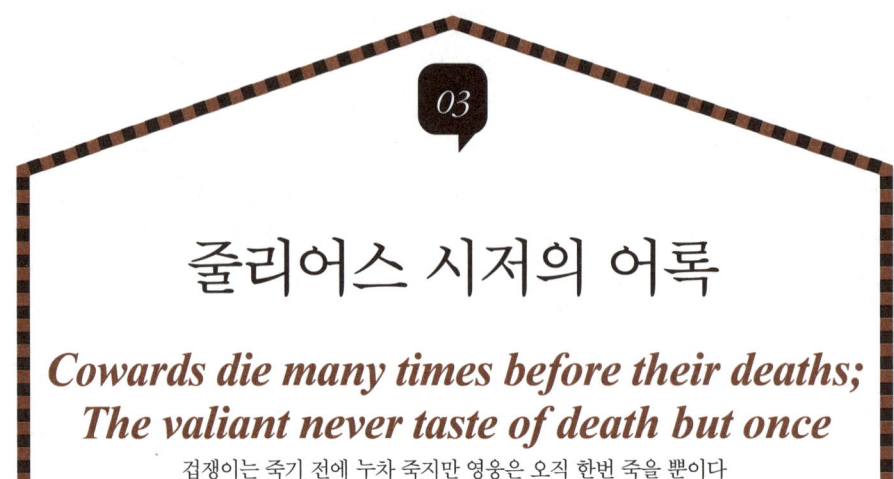

줄리어스 시저의 어록

Cowards die many times before their deaths;
The valiant never taste of death but once

겁쟁이는 죽기 전에 누차 죽지만 영웅은 오직 한번 죽을 뿐이다

줄리어스 시저 어록

셰익스피어의 〈줄리어스 시저〉를 바탕으로 시저의 암살 직전 장면을 재연해 보자. 시저의 암살은 여러 징후에서 예견됐다. 시저의 부인 칼푸르니아(Calpurnia, Julius Caesar의 세 번째 아내)가 남편이 참살당하는 꿈을 꾸었다. 시저의 요청으로 성직자들은 동물 한 마리를 산 제물로 바쳤는데 절개해 보니 심장이 없었다. 그들은 시저에게 집을 나서지 말라는 전갈을 보냈다. 이날이 예언자(soothsayer)가 미리 경고했던 바로 운명의 그날 the ides of March(3월 15일: 라틴어로 Idus Martiae, 이탈리아어로 Idi di marzo)이다. 그가 죽은 날은 BC 44년 3월 15일이다. Beware the Ides of March(3월 15일을 경계하라)라는 말이 생겼다. '3월 15일'이란 말은 시저 암살의 날로 예언되었던 고사(故事)에서 나온, 흉사의 경고로 쓰인다.

시저는 신(神)이 일어나기를 바라는 것을 인간이 어떻게 피할 수 있겠는가? — What can be avoided Whose end is purposed by the mighty gods?(원문) / How can we avoid what the gods want to happen?(현대 영어) — 라고 생각에 잠겨서 부인에게 말한다. (*Julius Caesar* 2장 2절 26~27행)

이에 부인은 When beggars die, there are no comets seen; The heavens themselves blaze forth the death of princes.(거지가 죽을 때는 혜성이 보이지 않지만, 하늘은 군주의 죽음을 포고한다)라고 답한다. (*Julius Caesar* 2장 2절 30~31행)

2장 2절 32~37행에서 시저는 이렇게 말한다.

<u>Cowards die many times before their deaths; The valiant never taste of death but once.</u> Of all the wonders that I yet have heard, It seems to me most strange that men should fear; Seeing that death, a necessary end, Will come when it will come.

겁쟁이는 죽기 전에 여러 번 죽지만 영웅은 오직 한 번 죽을 뿐이다. 죽음이란 필연적인 것이어서 그것이 올 때 오는 법인데도 인간이 죽음을 두려워하다니! 이것이 내가 지금까지 들어본 모든 경이(驚異) 중에서 가장 이상하다고 생각하는 것이다.

― Julius Caesar

다음은 Julius Caesar(줄리어스 시저)의 어록이다.

- I love the name of honor, more than I fear death.
  나는 죽음을 두려워하는 것보다 더 많이 명예라는 이름을 사랑한다.

- Which death is preferably to every other? "The unexpected."
  어떤 죽음이 가장 바람직한가? "불시의 죽음".

- I love treason but hate a traitor.
  나는 반역은 좋아하지만 반역자는 싫어한다.

- I had rather be first in a village than second at Rome.
  로마에서 2인자가 되기보다는 차라리 한 마을에서 1인자가 되겠다.

- If you must break the law, do it to seize power; in all other cases observe it.
  권력을 잡는 경우를 제외하고는 법을 준수하라.

- As a rule, men worry more about what they can't see than about what they can.
  대개 남성들은 볼 수 있는 것보다는 볼 수 없는 것에 대해서 고민한다.

- It is not these well-fed long-haired men that I fear, but the pale and the hungry-looking.
  내가 두려워하는 사람들은 이처럼 잘 먹은 얼굴에 긴 머리를 가진 사람들이 아니고 창백하고 배고파 보이는 사람들이다.

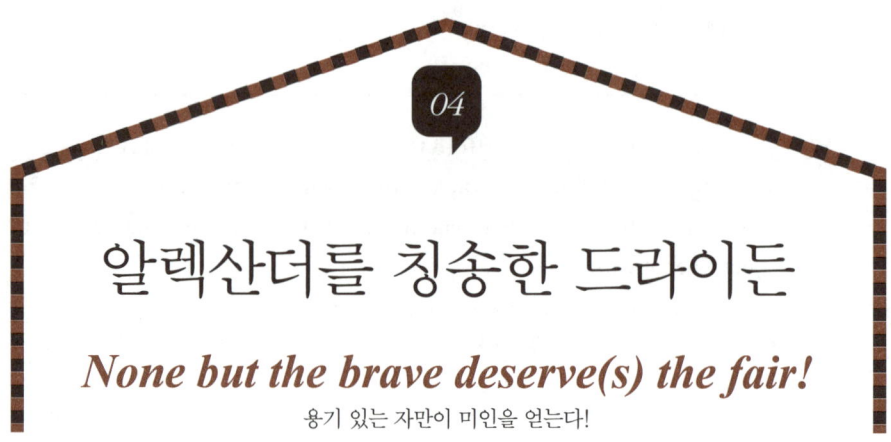

알렉산더를 칭송한 드라이든

None but the brave deserve(s) the fair!
용기 있는 자만이 미인을 얻는다!

none은 단수인가 복수인가?

영국의 시인 드라이든(John Dryden, 1631~1700)은 〈Alexander's Feast(알렉산더의 향연)〉(1697) 9~15행에서 이렇게 노래한다. 이 시는 음악의 수호성인(the patron saint of music)인 성 세실리아(Saint cecilia)의 축일(11월 22일)을 기리는 송시(訟詩, ode)로 1697년에 쓰였다.

출처: Wikipedia

> The lovely Thais by his side
> Sate like a blooming Eastern bride
> In flower of youth and beauty's pride:
> Happy, happy, happy pair!
> None but the brave
> None but the brave
> **None but the brave deserves the fair!**

> 아름다운 타이스는 그(알렉산더 대왕)의 옆에
> 활짝 핀 꽃처럼 젊음과 아름다움을 과시하며
> 꽃 같은 동방의 새색시처럼 앉아 있었다.
> 행복한, 행복한, 행복한 한 쌍!
> 용감한 자만이
> 용감한 자만이
> 용감한 자만이 미인을 얻을 자격이 있다!
>
> —John Dryden

이 시는 20대의 알렉산더 대왕(Alexander the Great, BC 356~BC 323)이 기원전 331년 페르시아를 패배시킨 후 연회를 열어 승리를 축하하는 장면을 재연한 것이다.

타이스(Thais)는 유명한 아테네(Athens)의 기생(hetaera)으로서 알렉산더 대왕의 애첩(mistress)이다. 대왕이 죽은 뒤 Ptolemy I(프톨레마이오스 1세)의 애인이 되었다. 기생(hetaera)이란 ancient Greek courtesan or concubine(고대 그리스의 기생이나 첩)을 뜻한다.

드라이든의 원문에는 deserve에 [s]가 붙어 있다. 그는 None을 단수로 취급했다. 현대 영어에서는 None이 사람을 나타낼 경우에는 복수로 취급하여 deserve에 [s]를 붙이지 않는다. 인용할 때는 deserve에 [s]를 붙이지 않는 것이 일반적이다. 그래서 사전에는 '~ deserve(s) ~'라고 표기한다. 드라이든은 당대를 '드라이든 시대(Age of Dryden)'라고 부를 만큼 당시의 문학계를 주도한 문인이었다.

옛날부터 내려온 속담(old-fashioned saying) 중에 None but the brave deserve(s) the fair! 와 같은 내용의 말이 있다.

- **Faint heart never won fair lady.**
  용기 없는 사람이 미인을 얻는 예는 없다.

여기서는 faint heart와 fair lady가 대구를 이루기 때문에 관사는 쓰이지 않는다.

05

미국 지폐에 새겨진 IN GOD WE TRUST

In God We Trust
신에게 우리 자신을 맡깁니다

왜 In God인가?

미국 지폐를 보면 IN GOD WE TRUST라는 문구가 있다. WE TRUST IN GOD에서 IN GOD를 도치시켜 놓은 것이다. 이 말은 We trust ourselves in God.(우리는 우리 자신을 신에게 맡긴다)에서 재귀목적어 ourselves가 생략된 말이다.

미국 국가(The National Anthem of the United States of America)인 〈The Star-Spangled Banner(별이 반짝이는 국기)〉의 마지막 구절을 보자.

> Then conquer we must, for our cause it is just,
> And this be our motto: "In God is our trust."
> And the star-spangled banner forever shall wave
> O'er the land of the free and the home of the brave!
>
> 우리는 정복합니다, 우리의 목적을 위해서라면 그것은 정당합니다.
> 우리의 좌우명은 "우리는 신에게 맡깁니다"입니다.
> 별이 반짝이는 국기는 영원히 펄럭이리라.
> 자유의 땅과 용감한 사람들의 나라의 하늘에서!

그러나 trust에 반드시 전치사 in이 수반되는 것은 아니다. 미국의 시인 롱펠로우(Henry Wadsworth Longfellow, 1807~1882)의 시 〈A Psalm of Life(인생 찬가)〉의 한 소절을 보자.

Trust no Future, however pleasant!
Let the dead Past bury its dead!
Act, act in the glorious Present!
Heart within, and God over head!

아무리 좋아 보인들 '미래'를 믿지 말라!
죽은 '과거'가 죽은 자들을 파묻게 하라!
행동하라, 살아 숨쉬는 '현재'에 행동하라!
안에는 마음이, 위에는 신(神)이 있다.

— Henry Wadsworth Longfellow

believe in의 의미(1)
think that something exists(~의 존재를 믿다)

Do you believe in a god?(신의 존재를 믿느냐 → 신[종교]을 믿느냐?) 언젠가 KBS의 기획 프로그램에서 미국의 사법제도에 대해서 방영한 적이 있었다. 그때 해설을 맡은 PD가 미국 어느 법원의 건물 정면에 새겨져 있는 We believe in God이라는 글귀를 소개하면서 '우리는 신(神) 속에서 믿는다'라고 옮겼다. 이것은 지나치게 단어를 좇아서 한 번역(translating word for word)이다. '우리는 하느님을 믿는다'라고 옮기면 충분하다. 사실 이 문장의 정확한 의미는 '우리는 재판을 하는 데 있어서 우리 자신을 신에게 맡긴다' 또는 '우리는 신의 공명정대함을 믿는다'는 의미이다.

프랑스의 시인·소설가·극작가·저술가·복싱 매니저·영화 제작자인 장 콕토(Jean Maurice Eugene Clement Cocteau, 1889~1963)는 Do you believe in luck?(운이라는 것이 있는가?)이라는 물음을 받자 Certainly, how else do you explain the success of those you don't like?(확실히 있지, 만약에 없다면 좋아하지 않는 사람들의 성공을 어떻게 설명할 수 있단 말인가?)라고 대꾸했다고 한다. Do you believe in luck?은 Do you think that luck exists?(운이라는 것이 있다고 생각하는가?)라는 의미이다. 미국의 제3대 대통령 제퍼슨(Thomas Jefferson, 1743~1826)은 행운에 대해 이렇게 말했다.

I'm a great **believer in** luck, and I find the harder I work, the more I have of it.
나는 행운을 크게 믿는데, 더 열심히 일하면 더 많은 행운이 따를 것이라고 생각한다.

— Thomas Jefferson

believe in의 의미(2)
have faith or trust in somebody(~를 신뢰/신용하다)

There's all the difference between believing someone and believing in him.는 '누군가의 말을 믿는다는 것과 그 사람 자신의 인격[능력]을 믿는다는 것은 전혀 다른 문제다'라는 의미이다. 축구선수 펠레가 말한 Players must believe in themselves if they are to win.은 '경기에 이기려면 선수는 자신의 능력을 믿어야한다'는 의미이다. 미국의 철학자 에머슨(Ralph Waldo Emerson)의 글에서 쓰인 believe in을 살펴보자.

> The glory of friendship is not the outstretched hand, nor the kindly smile nor the joy of companionship; it is the spiritual inspiration that comes to one when he discovers that someone else **believes in** him and is willing to trust him.
>
> 우정의 기쁨은 악수하자고 내민 손도, 친절한 웃음도, 어울림의 즐거움도 아니다. 누군가가 자신의 인격을 믿는다는 것과 자기를 기꺼이 신뢰한다는 것을 알 때 자신에게 오는 정신적 감화이다.
>
> ― Emerson

believe in의 의미(3)
have the confidence in the value of something(~의 가치를 인정/신뢰하다)

- I don't believe in all these so-called health foods.
  이 건강식품이라고 하는 것들의 가치를 인정하지 않는다.

감기에 걸려 아스피린을 먹으면서 I believe in Aspirin.이라고 말하면 '나는 아스피린의 약효를 믿는다'라는 의미이다. I believe in this method of teaching.이라고 하면 '나는 이 교수법이 좋다고 생각한다'라는 의미가 된다. 아래 문장에서 believe in의 의미를 다시 한번 확인해 보자.

> There are lots of people in the United States who give donations to charities just because they **believe** strongly **in** what the charity is doing.
>
> 미국에는 자선사업에 기부하는 사람들이 많다. 자선행위의 가치를 강하게 신뢰하기 때문이다.

사랑은 주는 것

Love is …
사랑은 …

Love is giving(사랑은 주는 것)

출처: Wikipedia

미국의 저명한 정신분석학자이자 사회심리학자인 에리히 프롬(Erich Fromm, 1900~1980)의 저서 〈The Art of Loving(사랑하는 기법)〉의 19페이지를 보면 한 단락에 give 동사가 무려 13번이나 등장한다. 주로 타동사로 사용되었는데 자동사로 사용된 경우도 있다. 그는 'Love is giving(사랑은 주는 것)'이라고 주장하고 있다. 그 단락을 살펴보자.

> The culmination of the male sexual function lies in the act of giving; the man gives himself his sexual organ to the woman. At the moment of orgasm he gives his semen to her. He cannot help giving it if he is potent. If he cannot give, he is impotent. For the woman the process is not different, although somewhat more complex. She gives herself, too; she opens the gates to her feminine center; in the act of receiving, she gives. If she is incapable of this act of giving, if she can only receive, she is frigid. With her the act of giving occurs again, not in her function as a lover, but in that as a mother. She gives of herself to the growing child within her, she gives her milk to the infant, she gives her bodily warmth. Not to give would be painful.

남성의 성적인 기능의 최고 절정은 준다는 행동에 있다. 남성은 여성에게 자기 자신을, 즉 자신의 성기를 준다. 오르가즘의 순간에 그는 여성에게 자신의 정액을 준다. 그가 성적인 능력이 있는 한 그는 그것을 주지 않을 수 없다. 만약 줄 수 없다면 그는 성적 불구이다. 여성에게 있어서도 약간 복잡하기는 하지만 그 과정은 별로 다름이 없다. 여성도 역시 자기 자신을 준다. 여성은 여성의 중심에 이르는 문을 연다. 받는 행위 속에서 그녀는 주는 것이다. 만일 여성이 이와 같은 행위를 하지 못하고 오직 받기만 한다면 그 여성은 불감증 환자이다. 여성에게 준다는 행동은 사랑하는 사람으로서의 그녀의 기능에서가 아니라 어머니의 기능으로 다시 발생한다. 여성은 자기 스스로 자신의 뱃속에서 자라고 있는 아이에게 자신을 주며, 유아에게 그녀의 젖을 주며 자신의 몸의 따뜻함을 준다. 주지 않는다면 오히려 고통스러운 일일 것이다.

— Erich Fromm

영국 출신의 전설적인 록그룹 퀸(Queen)의 〈Let Me Live〉의 가사와 우리의 유행가에서 보이는 '사랑은 주는 것, 아낌없이 주는 것'도 같은 맥락이다.

 <Let Me Live>

Oooh, take a piece of my heart.	오오오, 내 마음을 다 가져가 버려요
Oooh, take a piece of my soul.	오오오, 내 영혼을 다 가져가 버려요
Let me live, oh yeah.	날 살아가게 해 줘요, 정말
Why don't you take	내 마음 나머지 작은 한 조각마저
another little piece of my heart?	가져가는 게 어때요?
Why don't you take it and break it,	내 마음을 빼앗아 조각내고
And tear it all apart?	갈가리 찢어 버리는 게 어때요?
All I do is give.	내가 할 일은 오로지 주는 것뿐.
All you do is take.	네가 할 일은 오로지 받는 것뿐.

Love is blind.(사랑은 맹목적이다)라는 말과 To love a thing makes the eye blind, the ear deaf.(사랑한다는 것은 사람으로 하여금 눈이 멀고, 귀가 먹게 한다)라는 말이 있다. There's no physician or physic for love.(사랑에는 의사도 약도 없다)는 아일랜드의 속담도 있다.

그래서 셰익스피어는 〈A Midsummer Night's Dream(한여름 밤의 꿈)〉에서 Love looks not with the eyes, but with the mind. And therefore is winged Cupid painted blind.(사랑은 눈이 아니라 마음으로 보는 것, 그래서 날개 달린 사랑의 전령 큐피드는 장님으로 그려지는 거야)라고 말했다. 그리고 미국의 평론가요 언론인인 헨리 루이스 멩켄(Henry Louis Mencken, 1880~1956)은 Love is the delusion that one woman differs from another.(사랑이란 한 여자가 다른 여자들과는 다르다고 생각하는 착각이다)라고 말했다.

그러나 현실적인 말도 있다. 폴란드 속담에 Without bread and salt love cannot exist.(빵과 소금 없이는 사랑은 존재하지 않는다)라는 말이 있다. 스페인 속담에 Love is like soup, the first mouthful is very hot, and the ones that follow become gradually cooler.(사랑은 수프와 같은 것, 처음 한 입은 뜨거우나 다음부터는 점차 식어진다)라는 말이 있는가 하면, 인도 속담에 Young lovers wish, and married men regret.(젊은 연인들은 희망을 갖고, 기혼자는 후회를 갖는다)라는 말이 있다.

프랑스의 작가요 비행사인 생텍쥐페리(Antoine de Saint-Exupery, 1900~1944)는 Love does not consist in gazing at each other, but in looking together in the same direction.(사랑은 두 사람이 마주 쳐다보는 것이 아니라 함께 같은 방향을 바라보는 것이다)'라고 말했다. 비행사다운 말이다.

가장 귀담아 두어야 할 말이 있다. We waste time looking for the perfect lover, instead of creating the perfect love.(우리는 완전한 사랑을 창조하는 것이 아니라 완전한 연인을 찾느라 시간을 낭비한다) 미국의 작가 톰 로빈스(Thomas Eugene Robbins, 1936~)의 말이다.

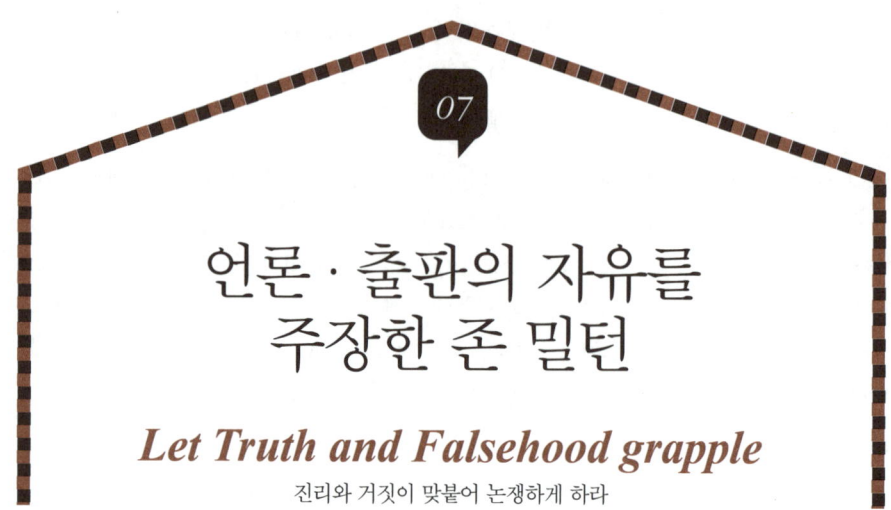

언론·출판의 자유를 주장한 존 밀턴

Let Truth and Falsehood grapple
진리와 거짓이 맞붙어 논쟁하게 하라

적극적 언론 자유

말이나 글로 자기의 사상을 발표하는 일을 '언론'이라 한다. 언론·출판의 자유란 국민의 언론과 출판을 국가로부터 제한받지 아니하는 자유를 말한다. 넓은 뜻으로는 표현의 자유의 별칭이며, 좁은 뜻으로는 표현의 자유 중 언어와 인쇄를 매체로 하는 것을 가리킨다.

우리나라 헌법 제21조 1항 '모든 국민은 언론·출판의 자유와 집회·결사의 자유를 가진다.(All citizens shall employ freedom of speech and the press, and freedom of assembly and association)'에서 보는 것처럼, 헌법은 언론·출판의 자유를 보장하고 있다. 언론·출판의 자유는 민주정치에 필수적인 사상 표현의 자유이며, 소극적인 자유이기보다는 적극적인 민주정치의 구성 원리로서의 의미를 가진다.

언론의 자유는 근대 이후 언론 행위에 대한 정부의 통제로부터의 자유를 의미하는 '소극적 언론 자유'에서 시작하여 오늘날은 단순히 정부 간섭의 배제가 아니라 정부가 말할 기회와 수단을 보장해야 한다는 '적극적 언론 자유'의 개념으로 발전해왔다. 이러한 언론의 자유를 최초로 헌법에 명시한 것은 다음의 미국의 수정헌법 제1조(The First Amendment: 종교, 언론 및 출판의 자유와 집회 및 청원의 권리)다.

> Congress shall make no law respecting an establishment of religion, or prohibiting the free exercise thereof; or abridging the freedom of speech, or of the press; or the right of the people peacefully to assemble, and to petition the government for a redress of grievance.

연방 의회는 종교 설립을 배려하거나 또는 자유로운 신앙 행위를 금지하는 법률을 제정할 수 없다. 또한 언론·출판의 자유나 국민이 평화로이 집회할 수 있는 권리 및 고충 처리를 위하여 정부에 청원할 수 있는 권리를 제한하는 법률을 제정할 수 없다.

출처: Wikipedia

존 밀턴(John Milton, 1608~1674)은 1638년 5월 이탈리아의 천문학자 갈릴레오를 방문했는데 그때 갈릴레오는 그의 우주관이 로마 교회의 교리와 상충된다는 이유로 반감금 상태에 있었다. 밀턴은 1643년 6월 14일 영국의회에서 검열 없는 언론·출판의 자유를 주창(主唱)하는 연설을 했으며, 1644년 11월 25일 그의 주장을 책으로 출판했다. 이 책의 제목이 그 유명한 〈Areopagitica(아레오파지티카)〉이다. Areopagitica는 라틴어로 대법관을 뜻한다. 그는 언론의 자유를 맨 먼저 주창한 명실상부한 선구자가 되었다. 그 내용 일부를 살펴보자.

> The temple of Janus with his two controversial faces might now not insignificantly be set open.

논쟁을 좋아하는 두 얼굴을 가진 야누스의 신전이 지금 무의미하게 열려 있는 것은 아닐 것이다.

And though all the winds of doctrine were let loose to play upon the earth, so Truth be in the field, we do injuriously, by licensing and prohibiting, to misdoubt her strength.

그리고 모든 주의·주장의 온갖 허튼소리가 이 땅에서 자유롭게 활개치게 하고 진리가 이에 맞서게 하면 좋으련만, 우리는 진리의 힘을 믿지 못하고 허가하고 금지하는 부정한 짓을 한다.

Let her and Falsehood grapple; who ever knew Truth put to the worse, in a free and open encounter? Her confuting is the best and surest suppressing.

진리와 거짓이 맞붙어 논쟁하게 하라. 자유롭고 공개적인 대결에서 진리가 진 적은 없다. 진리가 거짓을 논박하는 것이 거짓을 억제하는 가장 좋고 확실한 방법이다.

해설 her는 위 문장에 있는 Truth(진리)를 받는다.

밀턴을 추모함

그는 '사상의 자유로운 공개 시장(free and open market of ideas)'과 '자기 수정의 원리(self-righting principle)'를 제시함으로써 언론 자유의 정당성을 강조했다. 이는 20세기 초에 들어와서 '사상의 자유 시장(free marketplace of ideas)'이라는 원리로 구체화되었다. 그의 자유 시장과 자율 조절의 개념은 오늘날 사상과 표현의 자유에 대한 이론적 근거가 되고 있다.

그는 1652년 43세에 시력(視力)을 잃었다. 그는 실명의 어려움 속에서 영국 문학의 대표적 대서사시 〈Paradise Lost(실낙원)〉을 썼다. 평론가들은 그의 작품 〈Samson Agonistes(투사 삼손)〉를 가장 완벽한 작품으로 보기도 한다. 그것은 방앗간에서 눈이 뽑힌 채 있는 삼손이 비탄과 치욕으로부터 벗어나 겸손과 새로운 영적 용기를 가지면서 다시 한번 신의 선택된 전사임을 확신하게 되는 과정을 그리고 있다.

워즈워스(William Wordsworth, 1770~1850)는 밀턴을 흠모해서 그 심정을 시로 남겼다. 밀턴을 별과 바다에 비유함으로써 그가 이루어 놓은 업적과 그의 위대함을 나타내고 있다.

MILTON! you should be living at this hour:
England has need of you: she is a fen
Of stagnant waters: altar, sword, and pen,
Fireside, the heroic wealth of hall and bower,
Have forfeited their ancient English dower
Of inward happiness.

밀턴! 그대는 지금 이 순간에 살아 있어야 하오.
영국은 그대를 필요로 하오. 영국은 괴어있는
물의 늪지. 제단, 검, 그리고 펜, 노변(爐邊),
장원(莊園)과 정사(亭子)가 있는 웅대한 부는
행복의 본질인 오래된 영국의 유산을 잃어버렸소.

We are selfish men;
Oh! raise us up, return to us again;
And give us manners, virtue, freedom, power.
Thy soul was like a Star, and dwelt apart:
Thou has a voice whose sound was like the sea:

우리는 이기적인 사람들이오.
오! 우리를 일으켜 주오, 본래의 우리로 돌려보내 주오.
그리고 우리에게 풍습, 미덕, 자유, 권능을 주오.
그대의 영혼은 별처럼 멀리 떨어져 있고
그대의 음향은 바다 같은 음향을 지녔소.

— William Wordsworth

자유의 정신의 소유자들

피신, 체포, 연금, 추방, 망명, 두 번에 걸친 바스티유 감옥에의 투옥. 이것이 프랑스의 작가요 사상가인 볼테르(Voltaire, 1694~1778)의 인생이었다. 저항과 언쟁과 논쟁이 그 주된 동기였다. 3년 가까운 영국에서의 망명 생활 동안 영어 공부를 계속하는 한편, 문필가인 알렉산더 포프(Alexander Pope), 조너선 스위프트(Jonathan Swift)와 교류했다. 특히 셰익스피어 연극에 매료된 그는 다음과 같은 유명한 말을 남겼다.

I disapprove of what you say, but I will defend to the death your right to say it.(나는 당신이 말하는 내용에 찬성하지 않으나 당신이 그것을 말할 권리는 나의 목숨을 걸고 보장한다) 그는 사람들에게 명확하게 생각하는 법을 가르치는 데 그치지 않았고, 그의 정신은 스스로 엄격함과 동시에 너그러웠다.

영국의 존 스튜어트 밀(John Stuart Mill, 1806~1873)은 경제학자였지만 정치학 관련 저서들도 출판했다. 1859년에 〈On Liberty(자유론)〉, 〈Thoughts on Parliamentary Reform(의회개혁에 관한 구상)〉, 1861년에 〈Considerations on Representative Government(대의제 정부에 대한 고찰)〉가 출판되었다. 그는 〈자유론〉의 [제2장: 사상과 토론의 자유(Chapter Ⅱ: Of The Liberty Of Thought And Discussion)]에서 다음과 같은 불멸의 말을 남겼다.

 If all mankind minus one were of one opinion, and only one person were of the contrary opinion, mankind would be no more justified in silencing that one person, than he, if he had the power, would be justified in silencing mankind.

한 명을 뺀 모든 인류가 같은 의견이고, 단 한 사람만 반대 의견을 갖고 있다 할지라도, 인류가 그 한 명을 침묵시키는 것은 정당화되지 않는다. 그것은 그 한 사람이 인류를 침묵시키는 힘을 갖고 있다고 할지라도, 그가 인류를 침묵시키는 것이 정당화되지 않는 것과 마찬가지다.

인생에 대한 교훈

Life is juggling five balls in the air
인생은 공중에 다섯 개의 공을 돌리는 묘기

일 · 가족 · 건강 · 친구 · 영혼의 조화

영국에서는 졸업식을 graduation ceremony라 한다. graduation은 동사 graduate(시작하다)에서 나온 말이다. 미국에서는 commencement라고 하는데, commencement에는 시작(beginning)이라는 의미도 포함되어 있다. commencement가 동사 commence(시작하다)에서 나온 말이기 때문이다. 졸(卒) 또는 종(終)은 곧 시(始)와 맞물린다는 점에서 보면 graduation은 마감의 뜻을 중시한 반면, commencement는 시작을 지향하고 있다.

미국 조지아(Georgia)의 주도(州都) 애틀랜타(Atlanta)에 본사를 둔 코카콜라(Coca-Cola Enterprises)는 전 세계에서 아메리카니즘의 대명사다. 1991년 9월 6일 이 회사의 회장 겸 최고경영자(CEO) 다이슨(Brian G. Dyson)은 같은 지역(애틀랜타)에 위치한 조지아 공대(Georgia Institute of Technology)의 172회 졸업식에서 졸업식 연설(commencement address)을 했다. 그는 Life is juggling five balls in the air.(인생은 공중에 다섯 개의 공을 돌리는 묘기)라고 정의했는데, 무엇이 그로 하여금 이런 생각을 갖게 했는지 알아봄으로써 스스로의 인생을 돌아보는 것은 어떨까?

우리나라에 이미 소개되어 있으나 부분적으로 오역이 많아 제대로 된 번역을 발췌해서 소개하고자 한다.

Imagine life as a game in which you are juggling five balls in the air. You name them: work, family, health, friends, and spirit, and you're keeping all of them in the air.

인생을 공중에서 5개의 공을 돌리는 것이라고 상상해 보라. 각각의 공을 일, 가족, 건강, 친구, 그리고 영혼이라고 이름 붙이고, 그것들을 모두 공중에서 떨어뜨리지 않고 있다.

You will soon understand that work is a rubber ball. If you drop it, it will bounce back. But the other four balls—family, health, friends, and spirit are made of glass.

일이라는 공은 고무공이어서 그 공을 떨어뜨리면 되튀어오른다. 그러나 나머지 4개의 공 — 가족, 건강, 친구, 그리고 영혼의 공은 유리로 되어 있다.

If you drop one of these, they will be irrevocably scuffed, marked, nicked, damaged, or even shattered. They will never be the same. You must understand that and strive for balance in your life.

이 가운데 하나라도 떨어뜨리게 되면 떨어진 공은 상하고, 흠집이 생기고, 상처입고, 손상되고, 심지어 산산이 부서져서 결코 다시는 이전과 같지 않다. 당신은 이러한 사실을 깨닫고, 인생에서 이 다섯 개의 공이 균형을 유지하도록 힘써야 한다.

How?

어떻게?

Don't undermine your worth by comparing yourself with others. It is because we are different that each of us is special.

당신 자신을 다른 사람과 비교함으로써 당신의 가치를 과소평가하지 말라. 우리는 제각기 고유하므로 우리는 서로가 특별하기 때문이다.

Don't let your life slip through your fingers by living in the past or for the future. By living your life one day at a time, you live all the days of your life.

과거나 미래에 살면서 당신의 인생이 손가락 사이로 빠져나가게 하지 말라. 당신의 인생은 한번에 하루를 살면서, 인생의 모든 날을 살게 된다.

Don't give up when you still have something to give. Nothing is really over until the moment you stop trying.

아직 기울일 것(정신·정열·주의)이 남아 있다면 포기하지 말라. 당신이 노력을 멈추지 않는 한 아무것도 진정으로 끝난 것은 아니다.

Don't be afraid to admit that you are less than perfect. It is this fragile thread that binds us together.

당신이 부족하다는 것을 인정하기를 두려워 말라. 우리를 서로 맺어 주는 것은 우리가 실처럼 연약하기 때문이다.

Don't be afraid to encounter risks. It is by taking chances that we learn to be brave.

위험에 맞서기를 두려워 말라. 위험을 무릅쓰고 행함으로써 용감하게 된다.

Don't forget that a person's greatest emotional need is to feel appreciated.

사람의 가장 큰 감정적 욕구는 남한테 인정받는 것이다.

Don't use time or words carelessly. Neither can be retrieved.

시간을 허비하지 말고 말을 함부로 하지 말아라. 둘 다 다시 주워담을 수 없다.

Life is not a race, but a journey to be savored each step of the way. Yesterday is History, Tomorrow is a Mystery, and Today is a gift; that's why we call it—the Present.

인생은 경주가 아니라 그 길을 한 걸음 한 걸음을 음미하는 여행이다. 어제는 역사, 내일은 신비, 오늘은 선물. 그러기에 우리는 현재(Present)를 선물(it=a gift)이라고 부른다.

— Brian G. Dyson

탁월한 연설가 케네디

These fellows in the foreign service have no cojones

국무부의 이 친구들은 불알이 없어

피그즈만 침공 & 쿠바 미사일 위기

미국 제35대 대통령 케네디(John Fitzgerald Kennedy)의 재임기간 약 3년(1961.1.20~1963.11.22) 동안에 피그즈만(灣) 침공(The Bay of Pigs Invasion)과 쿠바 미사일 위기(The Cuban Missile Crisis)가 있었다. 1959년 1월 카스트로가 쿠바의 정권을 잡았다. 쿠바 정부는 개인 재산을 몰수했는데, 그 대부분은 미국 기업이 쿠바에서 소유하고 있던 자산이었다. 1960년 5월부터 미 CIA는 쿠바 침공 계획을 세우기 시작했다. 계획이 최종적으로 실행에 옮겨지기 직전 취임한 존 F. 케네디 행정부 내에서는 침공을 둘러싸고 논쟁이 벌어졌다.

1961년 4월 16일에 카스트로가 사회주의 국가 선언을 하자 다음날인 4월 17일 미 중앙정보국(CIA) 주도로 쿠바 망명자 출신 1,500명의 부대로 쿠바를 침공했으나, 100여 명이 숨지고 1,000여 명은 체포되는 대실패(fiasco)로 끝났다. 침공에 호응하여 쿠바인의 민중 봉기가 일어날 것이라는 정보에 근거를 두고 시행됐으나 아무도 봉기하지 않았다.

1961년 5월 케네디 행정부는 포로의 몸값을 치르고 그들을 석방시키기 위해 비공식적인 접촉을 시도했다. 힘겨운 협상 끝에 마침내 카스트로는 5,300만 달러에 해당하는 식량·의약품을 받고 포로를 풀어주는 데 동의했다. 케네디는 피그즈만(灣) 사건에 대해 다음과 같은 명언을 남겼다.

Victory has a hundred fathers, but defeat is an orphan. I am the responsible officer of the government.

승리할 땐 자기 덕이라고 나서는 사람이 많지만, 실패할 땐 내가 했다고 나서는 사람이 없다. 내가 정부의 책임자다.

Victory has a hundred fathers, but defeat is an orphan.과 같은 의미의 우리말 속담은 '잘 되면 제 탓, 못 되면 조상 탓'이다. 미국 역대 대통령이 내린 최악의 10개 결정 중 하나로 꼽히는 피그즈만(灣) 침공 사건에 대해 케네디는 이와 같이 자신이 실패 책임자라고 인정했다. 케네디는 1년 후 더 어려운 결정에 직면했다. 1962년 10월 14일 중거리 탄도미사일 발사대가 쿠바에 건설되고 있는 사실을 공중 촬영으로 확인하였다. 22일 케네디는 쿠바에 대하여 해상 봉쇄 조치를 취하고, 소련의 흐루시초프 서기장에게 공격용 무기를 철거할 것을 요구했다. 28일 흐루시초프는 미사일의 철거를 명령하고 쿠바로 향하던 16척의 소련 선단의 방향을 소련으로 돌림으로써 위기는 사라졌다.

'미국의 대통령들(American Presidents)'을 연구한 미국의 저명한 역사학자 — 전 컬럼비아대·UCLA·옥스퍼드대 교수, 현 보스턴대 교수 — Robert Dallek(1934~)이 두 사건과 관련하여 케네디와 군부에 대해서 언급한 바가 있는데 흥미롭다.

In brief, JFK had a visceral distrust of the American military. It began during WWII when he was in the Navy and was increased by his experience over the Bay of Pigs. It was further deepened by his experience during the Cuban Missile Crisis. There's a wonderful tape at the JFK library in which he said "These fellows in the foreign service have no cojones. Now these fellows in the military have cojones, but they don't have any brains." So he had big doubts about the military.

간단히 말해서, 케네디는 미 군부에 대해서 노골적인 불신을 갖고 있었다. 이 불신은 그가 해군에 있었던 2차 대전 동안에 시작되었으며 피그즈만 경험으로 증대되었다. 그것은 쿠바 미사일 위기 동안의 경험으로 한층 더 심화되었다. 케네디 도서관에 테이프가 보관되어 있는데 여기서 그는 "국무부의 이 친구들은 불알(용기)이 없어. 요새 국방부에 있는 놈들은 불알(용기)은 있으나 두뇌(지력)가 없어."라고 언급했다. 그런 걸 보면 그는 군부에 큰 불신을 갖고 있었다.

해설 WWII: Second World War(제2차 세계대전)
the foreign service: 외교부서(재외 공관을 통괄하는 미국 국무부)
cojones: (1) 고환(睾丸, 불알) (2) 용기

탁월한 연설가 케네디

케네디 미국 대통령의 연설문은 그의 입을 통해 전해질 때 한층 더 짙은 호소력으로 듣는 사람을 압도한다. 그가 연설하는 장면을 담은 필름을 보면 테이블 위에 손을 얹고 장단을 맞추는 모습을 볼 수 있다. 파도를 타는 듯 출렁이고 바람결에 휘날리는 듯한 리듬은 노랫가락에 가깝다. 이것은 Sentence Stress, Intonation, Phrasing(끊어 읽기)에 기인한다. 다음은 케네디 대통령의 취임 연설(Inaugural Address)의 대목이다.

We observe today / not a victory of party / but a celebration of freedom / — symbolizing an end / as well as a beginning / —signifying renewal / as well as change.

우리는 오늘 당파의 승리를 축하하는 것이 아니라 자유를 — 개막과 아울러 폐막을 상징하고 변화와 더불어 쇄신을 의미하는 자유를 — 축하합니다.

a victory of party / a celebration of freedom / an end—a beginning / renewal—change가 대구(對句)를 이루고 있기 때문에 party가 보통명사임에도 관사가 없다.

My fellow Americans, / ask not / what your country can do for you; / ask / what you can do for your country.

친애하는 미국 국민 여러분, 국가가 국민 여러분을 위하여 무엇을 할 수 있는가를 묻지 말고, 국민 여러분이 국가를 위하여 무엇을 할 수 있는가를 묻기 바랍니다.

what your country can do for you / what you can do for your country가 대구(對句)를 이루고 있다. 미국 정치사(政治史)의 3대 명문장(名文章)으로 꼽힌 20세기 최대의 웅변가 존 F. 케네디 대통령의 1961년 1월 20일 취임 연설(Inaugural Address)의 한 대목이다.

〈The Quote Verifier: Who said What, Where, and When, 인용문 출처 확인: 누가 무엇을 어디에서 그리고 언제 말했는가〉의 저자이면서 연설문 전문가인 랄프 키스(Ralph Keyes)가 2006년 6월 4일자 〈워싱턴 포스트(WP)〉에 기고한 〈Ask not where this quote came from(이 인용문의 출처를 묻지 마라)〉이라는 제목의 기고에서 위의 케네디 명언과 비슷한 내용의 말을 제29대 대통령인 워런 하딩(Warren Gamaliel Harding)이 1916년 공화당 전당대회에서 했다고 썼다.

다음은 하딩이 말한 내용이다. We must have a citizenship less concerned about what the government can do for it and more anxious about what it can do for the nation. (우리는 국민이 정부가 무엇을 해줄지보다는 국민이 나라를 위해 무엇을 할 것인가를 걱정하는 국민을 원합니다)

케네디 대통령의 연설 원고 작성자였던 시어도어 소렌센(Theodore Sorensen)은 Kennedy was the chief source of his own best quotations.(케네디가 가장 좋아하는 인용문의 주요 출처는 케네디 자신이었다)고 말한 바 있다. 케네디는 좋은 말을 하려고 면면히 이어 내려온 역사 속에서 그 정수(精髓)를 찾으려고 무던히 애썼던 사람인 것만은 분명하다.

케네디는 상원의원 시절 1959년 4월 12일 인디애나폴리스(Indianapolis) 연설에서 이렇게 말한다. When written in Chinese, the word "crisis" is composed of two characters. One represents danger and the other represents opportunity.(crisis(위기, 危機)라는 단어를 중국어로 쓰게 되면 하나는 위험(危險, danger)을 의미하고, 다른 하나는 기회(機會, opportunity)를 의미하는 두 개의 문자로 구성되어 있다.)

미국 국민을 감동시킨 New Frontier(새로운 개척자)를 표방한 케네디 대통령의 취임 연설(inaugural address)에는 주옥같은 교차대구법을 구사한 대목이 한둘이 아니다.

- Let us never negotiate out of fear. But let us never fear to negotiate.
  두려워 협상해서도 안 되며 협상을 두려워해서도 안 된다.

- Mankind must put an end to war, or war will put an end to mankind.
  인류가 전쟁에 종지부를 찍지 않으면 전쟁이 인류에 종지부를 찍을 것이다.

- No one has been barred on account of his race from fighting or dying for America. There are no "white" or "colored" signs on the foxholes or graveyards of battle.
  누구든 인종을 불문하고 미국을 위하여 싸우고 죽는 것이 절대적으로 보장되어 왔습니다. 전쟁터의 참호(塹壕)나 전몰장병 묘지에는 백인 전용도 없고 유색인종 전용도 없습니다.

- Let every nation know, whether it wishes us well or ill, that we shall pay any price, bear any burden, meet any hardship, support any friend, oppose any foe to assure the survival and the success of liberty.
  우리는 자유의 생존과 성공을 담보하기 위하여 우리는 어떤 대가도 치르겠다는 것을, 어떤 곤란도 마다하지 않겠다는 것을, 어떤 우방도 도와주겠다는 것을, 어떤 적이라도 대항하겠다는 것을 우리에게 우호적이든 아니든 간에 모든 국가에게 천명하는 바입니다.

예술을 아는 케네디

1963년 10월 27일, 케네디 대통령의 '로버트 프로스트(Robert Frost) 추모 연설'은 미국 사회에서 예술의 가치를 논한 기념비적 연설로 평가받는다. 그는 이 연설을 한 뒤 한 달이 못된 11월 22일 암살당했다.

When power leads man toward arrogance, poetry reminds him of his limitations. When power narrows the areas of man's concern, poetry reminds him of the richness and diversity of his existence. When power corrupts, poetry cleanses.

권력이 인간을 오만으로 몰고 갈 때 시(詩)는 인간의 한계를 일깨워 줍니다. 권력이 인간의 관심 영역을 좁힐 때 시는 인간 존재의 풍요와 다양성을 일깨워 줍니다. 권력이 부패할 때 시는 정화해 줍니다.

For art establishes the basic human truths which must serve as the touchstones of our judgment. The artist, however faithful to his personal vision of reality, becomes the last champion of the individual mind and sensibility against an intrusive society and an officious state.

예술은 인간의 판단의 기준이 되는 진리의 기초를 확립합니다. 예술가가 현실에 대한 자신의 비전을 충실히 따른다 해도, 결국 그는 사회의 침입과 국가의 개입에 맞서 개인적 정신과 감성을 옹호하는 마지막 보루가 됩니다.

The great artist is thus a solitary figure. He has, as Frost said, "a lover's quarrel with the world." In pursuing his perceptions of reality, he must often sail against the currents of his time. This is not a popular role.

따라서 위대한 예술가는 고독한 인물입니다. 프로스트의 말대로 예술가는 '세상과 사랑싸움'을 합니다. 예술가가 현실에 대한 자신의 인식을 추구하다 보면 시대의 조류를 거스를 수밖에 없습니다. 이것은 인기 있는 역할이 아닙니다.

가장 좋은 것은 이제 시작

The best is yet to be
가장 좋은 것은 아직 오지 않았다

The best is yet to be의 의미 분석

yet이 be to나 have to와 함께 사용되면 미래를 예측하며 '이윽고', '앞으로', '언젠가는', '이제부터'라는 의미로 사용된다. 예문들을 살펴보며 의미를 확인하자.

- **The point is yet to come.**
  이야기의 핵심은 이제부터다, 아직 이야기의 핵심이 나오지 않았다.

- **The worst is yet to come.**
  최악의 사태가 이제 올 것이다, 최악의 사태는 아직 오지 않았다.

- **The time is yet to come.**
  때는 이제 올 것이다, 때는 아직 오지 않았다.

아래는 스코틀랜드 목사인 오스왈드 챔버스(Oswald Chambers, 1874~1917)가 한 말이다.

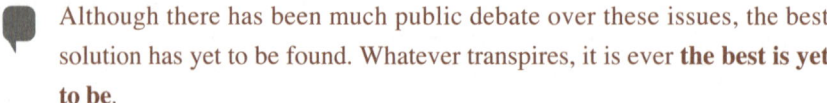 Although there has been much public debate over these issues, the best solution has yet to be found. Whatever transpires, it is ever **the best is yet to be**.

이 문제에 관해 많은 공개토론이 있었지만, 최선의 해결책을 아직도 찾지 못했다. 어떤 여건 속에서도 '가장 좋은 것은 아직 오지 않았다'라는 사실에는 변함이 없다.

― Oswald Chambers

영국 빅토리아 시대의 대표 시(時)인 로버트 브라우닝(Robert Browning, 1812~1889)의 32연(聯) 192행(行)에 이르는 장시 *Rabbi Ben Ezra*(랍비 벤 에즈라)는 그의 시집 〈Dramatis Personae(등장인물, 1864)〉에 실려 있다. 첫 연을 보자.

Grow old along with me!
The best is yet to be,
The last of life, for which the first was made:
Our times are in His hand
Who saith "A whole I planned,
Youth shows but half; trust God: see all, nor be afraid!"

나와함께 늙어가세!
가장 좋은 부분은 이제부터네,
인생의 말년 – 인생의 초년은 말년을 위해 만들어진 것.
우리의 일생은 하느님의 손 안에 있네. 그분은 말씀하셨네.
"모든 것은 내가 계획하였노라. 젊은 시절은 반절만을 보여줄 뿐.
나를 믿어라, 전체를 보아라, 두려워하지 말라."

— Robert Browning

스페인계 유대인 Ben Ezra(1092~1167)는 저명한 학자인데, 이 시는 Ben Ezra의 전기(傳記)가 아니라 그의 삶과 작품이 Browning에게 던진 사상의 자의적 해석이다. 그는 단지 시상(詩想)의 대변자(the mouthpiece of the ideas of the poem)로서 성경에 정통한 유신론자(有神論者, theist)가 필요했던 것이다.

이 시의 관점은 찰나(刹那, passing moment)를 추구하는 향락주의(Epicureanism)와 무신론(skepticism)과는 정반대다. 시인의 기독교 신앙을 표현한 것이다. 그의 작품은 도덕적인 강장제로 비친다. 특히 이 시는 The Oration of the Last of Life(생애 최후의 기도)다. Fred C. Shanaman의 저서에서도 제목으로 〈Best Is Yet to Come: Retirement, a Second Career(인생은 이제부터: 퇴직, 또 하나의 인생)에 등장한다. Grow old along with me. The best is yet to be.는 수많은 작곡가들이 곡을 붙이는 단골 소재인데, 존 레논(John Lennon)은 Grow Old with Me.(나와 함께 늙어가요)를 제목 삼아 곡을 만들었다.

Grow old along with me   나와 함께 같이 늙어가요
The best is yet to be   가장 좋은 때가 아직 남아 있어요
When our time has come   우리의 시간이 올 때
We will be as one   우리는 하나가 될 거예요
God bless our love   하느님 우리의 사랑을 축복하여 주소서!
God bless our love   하느님 우리의 사랑을 축복하여 주소서!

레이건의 명언

You ain't seen nothing yet
아직 아무것도 보지 못했다

이중부정은 강한 긍정

'여러분은 아직 어떤 것도 보지 못했습니다'를 바꾸어 말하면 '여러분에게 곧 뭔가 보여드리겠습니다'이다. '여러분, 지금부터가 진짜입니다'를 영어로 표현하면 You have seen nothing yet이나 You haven't seen anything yet이 된다. 그런데 이와 똑같은 의미로 You ain't seen nothing yet이 일상에서 빈번히 사용된다. '보지 못했습니다'를 강조하기 위해 부정어(ain't)를 하나 더 추가한 것이다. 그런데 이 문장을 단어를 좇아 그대로 옮기면 '여러분은 아직 어떤 것도 보지 못한 것이 아닙니다'가 되어 의도한 바와는 정반대의 의미가 되고 만다. 비록 문법적으로는 옳지 않지만 이 말은 일상에서 굳어진 표현(set phrase)이 되어 버렸다.

1970년대에 활동한 바크만 터너 오버드라이브(Bachman Turner Overdrive·BTO)의 대표곡 중에 You ain't seen nothing yet이 있다. 비슷한 예가 또 있다. I have nothing.(나는 아무것도 가진 게 없다)이라고만 해도 되는데, '없다'는 것을 강조하기 위해 부정어를 추가하여 I don't have nothing.이라고 곧잘 쓴다.

레이건(Reagan) 전 대통령(재임기간 1981~1989)은 1992년 공화당 전당대회에서 조지 H. 부시(George. H. Bush)에게 힘을 실어 주기 위해 다음과 같이 연설했다.

And let us all renew our commitment. Renew our pledge to, day by day, person by person, make our country and the world a better place to live. Then when the nations of the world turn to us and say, "America, you are the model of freedom and prosperity." We can turn to them and say, "**you ain't seen nothing, yet!**"

우리 모두는 우리의 약속을 새롭게 합시다. 날마다, 사람마다 우리의 맹세를 새롭게 합시다. 우리나라와 세계를 더 살기 좋은 곳으로 만듭시다. 전 세계가 우리에게 "미국이여, 당신네는 자유와 번영의 귀감입니다"라고 말할 때, 우리는 그들을 향하여 "뭔가 보여드리겠습니다"라고 말할 수 있을 것입니다.

— Reagan

그러나 아버지 부시는 1992년 재선에서 클린턴에게 패했다. 클린턴은 It's the Economy, Stupid(문제는 경제야, 뭘 몰라)'란 구호 한 방으로 부시를 날려 버렸다. 8년 동안 클린턴-고어 행정부는 경제를 되살렸다. 2000년 선거 당시 민주당 대통령 후보 앨 고어(Al Gore)의 주제가(theme song)는 My pledge to you is you ain't seen nothing yet(뭔가 보여드리겠다는 것을 여러분에게 맹세합니다)'이었다. 앨 고어에 맞선 아들 부시는 이렇게 대응했다.

My opponent says you ain't seen nothing yet. He's right. I believe the reason our economy is so strong today is because of the Ronald Reagan tax cuts of the '80s.

저의 상대는 아직 어떤 것도 보여준 게 없다고 말합니다. 옳은 말입니다. 우리의 경제가 오늘날 이렇게 탄탄한 이유는 1980년대 로널드 레이건의 세금 삭감이라고 믿습니다.

— George Walker Bush

이와 같이 You ain't seen nothing yet은 잘못된 어법임에도 불구하고 대중문화에서나 정치 현장에서 서슴없이 구사된다. '부정×부정=강한 긍정'이지만 때로는 '강한 부정'이 되기도 한다는 어법 규정을 새로 마련해야 할 판이다. 국어·영어를 막론하고 효과를 증대시키기 위해서 이중부정(二重否定) 어법을 많이 사용한다. Two nos makes a yes.(두 번 부정하면 긍정이 된다), Double negation is equal to strong affirmation.(이중부정은 강한 긍정과 같다)이기 때문이다.

설득과 협상의 처칠

To jaw-jaw is better than to war-war
협상이 전쟁보다 낫다

jaw의 기본적인 의미

조스(Jaws)란 영화가 있다. 1975년 개봉된 이 영화는 관객을 긴장으로 몰아넣는 데 가장 완벽한 교과서적인 작품으로 평가받았다. 식인상어에 대한 이 영화는 훗날 '할리우드의 흥행 보증수표'와 동의어로 불릴 정도로 전 세계적인 성공을 거둔 영화다. 굵직굵직한 블록버스터들을 잘도 찍어내는 스필버그(Steven Spielberg, 1946~) 감독의 첫 상업 영화 데뷔작이자 대표작이다.

jaw란 '턱'을 뜻한다. 복수형 jaws는 '(동물의) 입', '(집게의) 물건을 잡는 부분', '(기계의) 죄는 부분'을 말한다. 따라서 영화 제목 Jaws를 직역하면 '아가리'다. 식인상어(ground shark / great white shark / man-eater)를 Jaws라고 한 것은 King을 Crown으로, ship을 sail로 표현하는 것과 같은 metonymy(환유)다.

jaw에는 명사로 '수다', '잔소리', '설교'라는 의미가 있고, 동사로 '지껄이다', '설교하다', '타이르다'라는 의미가 있다. '잠자코 있어! 조용히 해! 떠들지 마! 입 닥쳐!'라고 말할 때 Hold your jaw!, Hold your noise!, Hold your tongue!이라고 쓸 수 있다. jawbone은 '턱뼈'인데 on jawbone은 '외상으로'라는 의미를 가진다. 예를 들면, I bought it on jawbone.(그것을 턱뼈만 움직여서 샀다 → 그것을 (돈 안 내고) 말로 샀다 → 그것을 외상으로 샀다)라는 의미이다. jaw-jaw는 명사로 '장황한 이야기', '장시간의 논의'이며, 동사로는 '장황하게 이야기하다'란 의미다.

설득과 협상

노벨 문학상 수상자이기도 한 윈스턴 처칠(Winston Leonard Spencer Churchill, 1874~1965)은 1954년 6월 26일 백악관의 오찬석상에서 To jaw-jaw is better than to war-war.(협상이 전쟁보다 낫다)라고 말했다. 사실 그가 말한 정확한 문장은 알려진 바가 없다. 그날의 오찬모임은 기자들에게 공개되지 않았기 때문이다.

1954년 6월 27일자 뉴욕타임스(The New York Times)는 1면의 부제(副題, sub-heading)에 It is better to jaw-jaw than to war-war라고 인용했으며, 3면에서는 To jaw-jaw always is better than to war-war라고 인용했다. 6월 27일자 워싱턴포스트(The Washington Post)는 1면에 better to talk jaw to jaw than have war라고 인용했고, The Star, Washington, D.C.는 1면에서 It is better to talk jaw to jaw than to have war.라고 인용했다. talk jaw to jaw은 '턱과 턱을 맞대고 말하다'라는 뜻이다.

jawboning and arm twisting(턱뼈 움직이기와 팔 비틀기)이라는 표현이 있다. 이미 알다시피 jawboning은 '열심히 자기 턱뼈를 놀려 상대편을 설득하기'란 의미이고, arm twisting은 twist a person's arm(~의 팔을 비틀다, ~에게 강요하다)에서 생성된 말로 '상대방의 팔을 비틀어 가며 강력하게 요청하기'란 의미다. 결국 jawboning and arm twisting은 '설득과 협상'이란 의미다. 예를 들어보자. To succeed in business you should be good at jawboning and arm twisting.(사업에 성공하려면 설득과 협상에 능해야 한다)

모세 다얀(Moshe Dayan, 1915~1981)은 이스라엘의 국민 영웅이다. 제2차 세계대전 중 영국군에 참가하여 시나이에서 싸우다 한쪽 눈을 잃었는데, 그 한쪽 눈을 가린 검은 안대로 유명했다. 1967년 5월 아랍과의 긴박한 분위기 속에서 국민의 여망과 지지를 받아 국방장관에 취임했고, 육·해·공군의 전력을 결집시킴으로써 중동전쟁에서 단기간에 압도적 승리를 거두었다. 그는 이런 말을 남겼다.

 If you want to make peace, you don't talk to your friends. You talk to your enemies.

평화를 원하면 친구에게 말을 걸 것이 아니라 적에게 말을 걸어라.

— Moshe Dayan

역사를 알면
영어가 두 배 더 재미있다

Chapter 3

유명인사들의 실수담

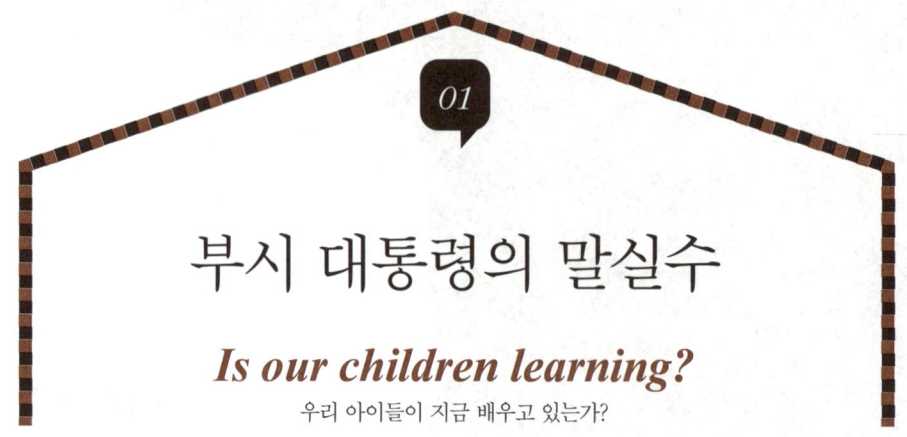

부시 대통령의 말실수

Is our children learning?

우리 아이들이 지금 배우고 있는가?

George W. Bush의 말실수 1

출처: Wikipedia

2000년 1월 공화당 지명(Republican nomination)을 따내기 위한 사우스 캐롤라이나(South Carolina) 선거유세(campaign trails / campaign swing)에서 주지사 부시(Governor Bush)는 2,000여명의 열성 공화당원들(loyal Republicans) 앞에서 연설하다가 미군 증강(strengthened U.S. military) 필요성을 역설하는 대목에서 청중들을 어리둥절하게 만들었다. 그 대목은 이렇다.

 This is still a dangerous world. It's a world of madmen and uncertainty and potential **mential** (pronounced [men-shul]) losses.

지금은 여전히 위험한 세계입니다. 미치광이들과 불확실성, 그리고 잠재적 정신병자들(potential mental losses)의 세상입니다.

— George W. Bush

mental[멘틀]을 mential[멘셜]로 발음했던 것이다. 바로 이것이 부시의 첫 번째 말실수(Bushism) 기록이다.

George W. Bush의 말실수 2

역시 2000년 1월 사우스 캐롤라이나 플로렌스(Florence) 도심(civic center)에서 수백 명의 군중에게 부시는 단수 주어(singular subject)와 복수 주어(plural subject) 둘이 포함된 문장을 말한다. 문법적 혼란(grammatical mixup)을 겪음으로써 헷갈리는 실수(flub)를 저질렀다. 부주의(inadvertence)하게도 문법 실력 부족을 순간적으로 드러내고 만 것이다.

더욱이 아이러니컬하게도 교육 문제에 관한 가두연설(stump speech)이었다. 어떠한 결과도 없는 교육 프로그램에 대해 무관심한 사람들을 비난하면서였다. 그가 실수한 부분은 이렇다. "What's not fine is rarely is the question asked, are, is our children learning?"(잘못된 것은 우리의 아이들이 지금 배우고 있는가?라는 질문이 거의 안 되는 것 아니냐는 것입니다) are로 말했다가 틀린 줄 알고 is를 들이댄 것이다.

대통령 취임(2001년 1월 20일) 후인 3월 29일 워싱턴 힐튼호텔(Washington Hilton Hotel)에서 열린 백악관 라디오-TV 특파원 협회(White House Radio-Television Correspondents Association) 57차 연례 만찬(Annual Dinner)에서 부시는 다음과 같이 연설했다.

> **Then there is my most famous statement: "Rarely is the question asked, is our children learning." (Laughter) Let us analyze that sentence for a moment. (Laughter) If you're a stickler, you probably think the singular verb 'is' should have been the plural are. But if you read it closely, you'll see I'm using the intransitive plural subjunctive tense. (Laughter) So the word 'is' are correct. (Laughter and applause)**
>
> 그런데 제가 말한 것 중에 아주 유명한 게 있습니다. "우리의 아이들이 지금 배우고 있는가?"라는 질문이 거의 되지 않고 있는 것 아닙니까? (폭소) 잠시 이 문장을 따져 봅시다. (폭소) 여러분께서 꼼꼼한 분들이시라면 아마 단수 동사 is를 복수동사 are로 했어야 한다고 생각하실 겁니다. 그러나 주의 깊게 보면 제가 자동사 복수 가정법시제(intransitive plural subjunctive tense)를 사용하고 있다는 것을 알게 될 것입니다. (웃음) 그래서 is라는 단어가 옳습니다. (폭소·박수갈채)
>
> ― George W. Bush

부시는 가정법으로 보면 is가 복수 주어도 받으므로 자기가 고쳐 말한 is가 옳다고 해명하는 재치를 발휘했다. 그러나 가정법 동사에는 is가 없다. 제대로 쓰려면 be를 써야 한다. 또 한 번의 실수를 한 셈이다. 맨 마지막 문장 So the word 'is' are correct도 문제다. 부시는 '가정법으로 보면 is가 복수 주어도 받으므로 is도 복수형이다'라고 생각하여 are correct라고 말하는 나름의 재치를 발휘했다. 그러나 이 또한 문법적 오류다. 이 문장의 주어는 is가 아닌 the word이기 때문이다. is는 the word의 동격에 불과하다. 결론적으로 So the word is are correct는 그냥 조크로 받아들여야 한다.

영원한 숙제, 영작문

Rules for Writers

글 쓰는 사람의 규칙

제럴드 섀튼 교수의 이메일

미국인들에게도 작문은 골치 아픈 과제다. 섀튼(Gerald P. Schatten) 미국 피츠버그 의대 교수의 이메일을 예로 들어 보자. 2005년 〈사이언스〉 지(誌) 줄기세포 논문에 관련하여 2005년 12월 16일 2명의 한국 인사에게 보낸 것으로 언론에 보도된 대로 옮기면 다음과 같다.

 This month has been one of tragedy following tragedy—and please help to ensure (1) <u>that if any of the authors should be protected from harming themselves</u>, (2) <u>that the appropriate psychiatric experts are informed quickly</u>. Many of us here in Pittsburg, especially my own Dean, has personally asked that I write to you both to be alert if any co-author might be at risk of attempting suicide.

이번 달은 비극의 연속이었다. 그리고 공동 저자들 중 누군가의 자해(自害)를 막기 위해 적합한 정신과 전문의에게 빨리 알리도록 하십시오. 여기의 학장을 비롯해 피츠버그에 있는 많은 분들은 논문 공동 저자 중 누군가가 자살을 시도할 위험이 있을지도 모르니 두 분(황우석·노성일)에게 경고의 글을 보내야 한다고 개인적으로 요청해 왔습니다.

— Gerald P. Schatten

이 편지를 보면 비록 native speaker가 작성했다고 하나 접속사 that의 사용에 오류를 범하고 있다. (2)의 that 이하는 (1)의 that절 속에 포함된 문장이다. 따라서 (2)의 that은 전혀 불필요한 것이 들어간 것이므로 빼야 옳다. 그래야 if 이하가 종속절이 되고 the appropriate psychiatric~이 주절이 된다.

미국의 정치 칼럼니스트 윌리엄 새파이어(William Safire)

윌리엄 새파이어(William Safire, 1929~2009)는 미국의 정치 칼럼니스트이다. 저널리스트가 되기 전에는 리처드 닉슨(Richard Nixon)과 스피로 애그뉴(Spiro Agnew)의 연설원고 작성자였다. 1973년부터 〈뉴욕타임스〉에 정치 칼럼을 쓰기 시작했고 1978년에 Pulitzer Prize(퓰리쳐 상)를 수상한 바 있다. 2005년에 은퇴를 발표하자 〈뉴욕타임스〉의 발행인 아서 설츠버거 2세(Arthur Sulzberger Jr., 1926~)는 다음과 같이 말했다.

The New York Times without Bill Safire is all but unimaginable. Bill's provocative and insightful commentary has held our readers captive since he first graced our Op-Ed Page in 1973. Reaching for his column became a critical and enjoyable part of the day for our readers across the country and around the world. Whether you agreed with him or not was never the point, his writing is delightful, informed and engaging.

새파이어 없는 〈뉴욕타임스〉는 결코 상상할 수 없다. 그의 자극적이고 통찰력 있는 논평은 1973년 Op-Ed Page를 빛나게 해 주었으며 독자를 사로잡았다. 그의 칼럼을 읽기 위해 신문을 집으려고 손을 내미는 것은 미국 전역과 전 세계의 독자들에게 하루의 중요하고도 즐거운 일과가 되었다. 그의 견해에 동의하고 않고는 문제가 안 된다. 그의 글은 재미있고, 정보가 많고, 사람의 마음을 끈다.

해설   Op-Ed Page(opposite editorial page): 신문의 사설 반대쪽 페이지의 논설란

— Arthur Sulzberger

그는 언어학자(linguist)요 어원학자(etymologist)이기도 하다. 〈The New York Times Magazine〉의 〈On Language(언어에 관하여)〉 고정 기고자이다. 이 칼럼은 문법, 어원, 새로운 어법(new usage), 특이어법(unusual usage) 등 언어 관련 주제에 관한 것이다.

원샷은 콩글리시

The President's One Shot
대통령의 원 샷

잘못 쓰이고 있는 One shot

우리는 술자리에서 '건배', '한번에 마셔!', '쭉 들이켜!'라는 의미로 흔히 '원 샷(One shot)'을 외친다. 2006년 4월 4일 한국계 미식축구 영웅 하인즈 워드가 청와대로 노무현 대통령을 방문했을 때, 노무현 대통령은 하인즈 워드에게 녹차를 권하면서 '원샷'이라고 말했다. 그러나 영어권 사람들은 이 말을 이해하지 못한다. 건배(乾杯: 마를 건, 잔 배)는 '잔에 담긴 술을 한번에 쭉 들이켜 잔을 마르게 하자'는 의미이다.

shot은 동사 shoot(총·활·화살 등을 쏘다)의 명사형으로 one shot은 다음과 같은 경우에 쓴다. A player gets only one shot per hole.(선수는 홀마다 샷을 한 번만 칠 수 있다). 또한 '영화의 1회 공연', '한 사람의 확대 사진', '1회로 끝나는 거래', '한 번만 섹스를 허락하는 여자'를 가리킬 때도 one shot을 쓴다. 방송에서는 '한 화면 내에 한 사람만이 등장하는 화면', '1회 방송용 프로그램'을 one shot이라고 한다.

그렇다면 '건배'를 의미하는 One shot을 대체할 올바른 영어는 무엇인가? 가장 기본적인 표현은 Drink up이다. 그리고 Bottoms up은 bottom(술잔의 밑바닥)을 위로 하여 술이 남아 있지 않도록 하자'란 의미로 One shot을 대체할 수 있는데, 반드시 복수형인 bottoms으로 해야 한다. 여럿이 마시기 때문이다. 대화를 통해 쓰임을 확인해 보자.

A This has been a great trip.
   정말 멋진 여행이었어요.

B Ah, here are our drinks.
   자, 한 잔 마시죠.

A Let's make a toast! To many happy memories.
   축배! 많은 추억을 위하여.

B I'll drink to that! **Bottoms up!**
   네, 마시죠. 원 샷!

Bottoms up 외에 또 다른 표현으로는 Knock back, Drink it all at once, Slam it 등이 있다. 술자리에서 One shot!보다는 이러한 표현들을 사용해 보자. 여기서 slam은 본래 '문을 쾅 닫다'란 의미다. 그런데 Slam it!이 술자리에서 쓰이면 '입에 술을 확 쏟아부어라'라는 뜻이 된다. 하지만 이것은 가까운 친구 사이에서만 써야 하는 표현이다.

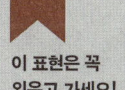
이 표현은 꼭 외우고 가세요!

'건배/축배'에 해당되는 여러 가지 표현

- Let's toast!
  축배를 듭시다!

- Let's drink (to) the President.
  대통령을 위해 건배합시다.

- Let's drink success to our enterprise.
  우리 회사의 성공을 빌며 건배합시다.

- Let's drink a toast to the bride and groom.
  신부와 신랑을 위해 건배합시다.

- I'd like to offer(propose) a toast.
  축배를 제의하고 싶은데요.

- May I propose a toast?
  건배를 제의하고 싶은데 괜찮을까요?

- Cheers to the happy new couple!
  이 행복한 신혼부부를 위하여 건배!

- Our project has been a great success! Here's to us!
  우리 프로젝트가 큰 성공을 거두었어요! 건배합시다!

- Here's to your health!
  당신의 건강을 위하여 건배!

| Chapter 3 | 유명인사들의 실수담   107

Section 2

영어의 품격은
기초 문법에서 시작한다

Chapter 1

동사의 다양한 쓰임새

come의 방향성

come의 방향성

'나는 너에게 간다'를 영어로 바꾸면 I'm going to you.가 아니라 I'm coming to you.다. 이는 우리말과 달리 말하는 이가 아닌 듣는 이, 즉 상대방 중심으로 표현하는 영어의 특성을 보여주는 대표적인 예다. 방 밖에 있는 사람이 밖에 있는 제3자에게 "들어가도 돼요?"라고 물을 때는 May I go in?이라고 하지만, 방 안에 있는 사람에게 물을 때는 May I come in?이라고 말한다. 방 안에 있는 사람이 방 밖에 있는 사람 쪽으로 나갈 수 없을 때는 I can't come out.이라고 한다.

어떤 파티의 관계자(주최자 또는 출석자)가 말할 때는 Are you coming to the dance tomorrow?(내일 댄스파티에 오시겠습니까?)라고 하는 반면, 화자가 파티와 직접적으로 관련 없는 사람(주최자도 아니고 출석자도 아닌 사람)일 때에는 Are you going to the dance tomorrow?(내일 댄스파티에 가시겠습니까?)라고 묻는다. 한편 I'm coming.(곧 가겠습니다)은 부름을 받아 상대가 있는 곳으로 간다는 의미이고, I'm coming with you.(함께 가겠습니다)는 상대가 가는 쪽으로 동행하겠다는 의미이다. 어떻게 쓰이는지 대화를 살펴보자.

> A Would you like to go out for dinner with me?
> 저와 함께 저녁 식사하러 가시겠습니까?
> B I'd really love to come, but I'm afraid I can't.
> 정말 가고 싶지만 안 되겠는데요.

'집으로 갑니다'를 영어로 표현할 때는 I'm going home.과 I'm coming home. 둘 다 쓸 수 있는데, 전자는 '지금 내가 있는 곳'에 중점을 둔 표현이고, 후자는 '집'에 중점을 둔 표현이다.

아래 대화를 보자.

A Do you know where the Intercontinental Hotel is?
   인터콘티넨탈 호텔이 어디 있는지 아세요?
B Take the third exit, you come to.
   3번 출구로 나가시면 됩니다. (you come to는 목적지에 중점을 둔 표현)

come의 특수한 의미

come의 용례 또 하나를 보자. 1998년 작 미국 영화 〈와일드 씽(Wild Things)〉은 두 여자와 두 남자가 속고 속이면서 놀라운 반전(startling plot twist)을 거듭하는 예측불허의 영화이다.

상류사회 자녀들이 다니는 해변의 한 초호화 고등학교의 상담교사인 샘 롬바르도(Sam Lombardo: Matt Dillon 분)는 잘생기고 매력적인 인물이다. 그는 많은 여학생들의 애간장을 녹이는 짝사랑의 대상이다.

여학생 켈리(Kelly Van Ryan: Denise Richards 분) 역시 샘의 관심을 끌려고 애쓴다. 드디어 기회를 잡은 켈리는 샘 앞에 나타나 요염한 몸짓으로 유혹한다.

다음날 켈리는 학교를 결석하고 경찰에 출두해 샘한테 강간당했다고 호소한다. 결국 법정에 선 샘, 그는 'I didn't come.'이라며 결백을 주장하는데…

여기서 come은 우리가 흔히 알고 있는 뜻과 다르다. I didn't come은 '사정(射精)하지 않았다'는 의미다.

동작동사와 상태동사

'동작동사'와 '상태동사'로 쓸 때의 의미 차이

〈모란이 피기까지는〉으로 유명한 김영랑(金永郎, 1903~1950)은 순수 서정시의 새로운 경지를 개척한 한국 현대문학 초창기의 시인이다. 그는 잘 다듬어진 언어로 섬세하고 영롱한 서정을 노래했는데, 그는 학창 시절 영국의 여류 시인 로제티(Christina Georgina Rossetti, 1830~1894)의 시를 탐독하며 서정의 세계를 넓혔다고 한다. 시심(詩心)은 지역과 언어를 초월하는 인류 공통의 재산이라 아니할 수 없다. 이쯤에서 로제티의 시 〈My Heart Is Like A Singing Bird〉를 보자.

 My heart is like a singing bird Whose nest is in a watered shoot;
My heart is like an apple tree Whose boughs are bent with thickset fruit;
My heart is like a rainbow shell That paddles in a halcyon sea;
My heart is gladder than all these Because my love is come to me.

내 마음은 물오른 새로 나온 가지에 둥지를 튼 한 마리 노래하는 새입니다.
내 마음은 무성한 열매로 가지가 휘어진 사과나무입니다.
내 마음은 평온한 바다에서 춤추는 무지갯빛 조가비입니다.
내 마음은 이 모든 것들보다 더 행복합니다. 나의 사랑이 나에게 와있어요.

— Rossetti

My heart is gladder than all these because my love is come to me.(내 마음은 이 모든 것들보다 더 행복합니다. 나의 사랑이 나에게 찾아왔으니까요)에서 특이한 점은 has come을 쓰지 않고 is come을 썼다는 것이다. 전자나 후자 모두 현재완료이다. 다른 점은 has come은 동작의 완료에 중점을 두는 표현이고, is come은 동작완료 후의 상태에 중점을 두는 표현이다. 전자는 1형식 문장이고, 후자는 2형식 문장이다. has come을 쓰면 어쩐지 왔다가 사라져 버릴 것 같은 느낌이 들지만, is come을 쓰면 '사랑이 내게로 와서 영원히 현실로 존재할 것이다'는 행복의 영속을 보장하는 느낌이 든다.

휘트니 휴스턴(Whitney Houston, 1963~2012)의 노래 〈I'll Always Love You(영원히 당신만을 사랑하겠어요)〉의 가사를 보면 I hope life treats you kind.(당신 삶이 순조롭기를 빌어요)라는 구절이 나온다. kindly라는 부사를 쓰지 않고 형용사를 썼다. 이러한 표현은 사람의 마음에 휘감기어 여운을 남기는 묘미가 있다. 맛있는 음식을 먹은 뒤에까지도 혀에 감기듯이 남는 맛깔스러운 그 뒷맛.

'이 새가 아름답게 노래한다'를 영어로 하면 The bird sings beautifully.가 되고, '이 새가 아름답게 보인다'를 영어로 하면 The bird looks beautiful.이 된다. 우리말로는 똑같이 '아름답게'이지만 영어로는 전자의 경우는 beautifully이고, 후자의 경우는 beautiful이다. sing은 동작동사이나, look은 is를 대신한 상태동사이기 때문이다.

'나의 아이에게 따뜻히 입혀 주세요.'란 우리말을 잘 음미해 보자. 이 문장에서 '따뜻히'란 단어가 함축하는 의미는 아이에게 옷을 입히는 '동작의 과정'을 말하는 것이 아니라 옷을 입힌 후의 '따뜻함의 상태'를 말한다. 따라서 이 말을 영어로 옮기자면, Please wrap up my baby warm.이라고 해야지 warmly를 쓰면 안 된다.

'희망의 샘은 영원히 샘솟는다'를 영어로 옮기면 Hope springs eternally.보다 Hope springs eternal.이 훨씬 더 감칠맛 있는 표현이다. '나의 직업은 나를 행복하게 한다'의 영어 표현은 My job makes me happily.가 아니라 My job makes me happy.이다. '나는 6시까지 거기에 갈 것이다'를 영어로 표현하면 I will go there by six, I will be there by six.가 된다. 전자는 '6시까지 거기에 도착하겠다'라는 개념이지만, 후자는 '6시까지 거기에 도착하여 거기에 있겠다'라는 개념이다. 후자가 보다 포괄적이고 함축적이다. 그래서 영어를 모국어로 말하는 사람들은 후자를 더 선호하는 언어 습관이 생겼다.

'금년 봄은 늦게 왔다'를 Spring is come late this year.로 표현하면 틀린 문장이 된다. 이 문장에서 come은 과거분사로 형용사적 성격을 갖게 되므로 동작동사를 수식하는 부사 late를 사용하면 잘못이다. Spring has come late this year.가 옳은 문장이다.

원형부정사를 쓰는 이유

지각동사의 목적격 보어로 원형부정사를 쓰는 이유 ●─────

영어 학습자는 지각(知覺)동사나 사역(使役)동사의 목적격 보어로는 원형부정사(to 없는 부정사)를 쓴다고 배운다. 그러나 그 이유에 대해서는 들어본 바가 없을 것이다. 그 이유를 여기서 밝히고자 한다.

I found him steal something and I think him to be dishonest.에서 found가 지각동사이기 때문에 목적격 보어로 to가 없는 부정사 steal을 썼고, think가 인식동사이기 때문에 목적격 보어로 to가 있는 부정사 to be를 썼다. 그런데 see, find, know, perceive 등은 지각동사로도 쓰이고 인식동사로도 쓰인다. 다음 예문을 살펴보자.

> I **found** the business pay. (지각동사)
> 나는 그 장사가 잘 되는 것을 보았다.
>
> I **found** the business to pay. (인식동사)
> 나는 그 장사가 잘되는 것을 알았다.

그러면 왜 지각동사의 목적격 보어에는 'to가 없는 부정사'를 쓰고, 인식동사의 목적격 보어에는 'to가 있는 부정사'를 쓰는가? 그 이유는 간단하다. 위에서 예로 든 find처럼 지각동사로도 쓰이고 인식동사로도 쓰이는 단어들 때문이다. 같은 단어가 지각동사로 쓰일 때와 인식동사로 쓰일 때를 구분하기 위해 목적격 보어의 형태를 달리한 것이다. 다음 예문들을 보자.

- I **felt** a cold shuddering pass all through me.
  나는 차디찬 전율을 전신에 느꼈다.

  I **felt** a strong emotion well up inside me.
  나는 내면에 격한 감정이 치밀어 오르는 것을 느꼈다

  I **felt** him to be a queer fellow.
  나는 그가 괴짜라는 것을 알았다

  → 첫 번째, 두 번째 문장의 felt는 지각동사로, 세 번째 문장의 felt는 인식동사로 사용되었다.

- I **know** him to be honest.
  나는 그가 정직하다고 알고 있다.

  I **knew** him smile.
  나는 그가 미소 짓는 것을 보았다.

  I **knew** him laugh.
  나는 그가 웃는 소리를 들었다.

  → 첫 번째의 경우는 knew가 인식동사로, 나머지는 knew가 지각동사로 사용되었다.

  I **knew** him to tell a lie.
  나는 그가 거짓말하는 것을 알았다.

  I **knew** him tell a lie.
  나는 그가 거짓말하는 것을 들었다.

  → 첫 번째 문장의 knew는 인식동사로, 두 번째 knew는 지각동사로 사용되었다.

- Did you **perceive** him turn pale?
  너는 그가 얼굴이 창백해지는 것을 보았느냐?

  We at once **perceived** him to be a man of taste.
  나는 즉각 그가 풍류를 즐기는 사람이라는 것을 알았다.

  → 첫 번째 perceive는 지각동사이고, 두 번째 perceive는 인식동사이다.

왜 사역동사의 목적격 보어로 원형부정사를 사용하는가?

사역동사란 무엇인가? 사역(使役)이란 '남에게 어떤 동작을 하게 하다'는 뜻이다. 영어로는 Causative Verb(일을 일으키는 원인이 되는 동사)라 한다. 사역동사는 다음과 같이 세 가지로 분류된다.

(1) 목적격 보어에 to를 쓰는 경우
    get, allow, permit, leave, compel, force, oblige, tell, order, command

(2) 목적격 보어에 to를 쓰거나 쓰지 않는 경우
    bid, help

(3) 목적격 보어에 to를 쓰지 않는 동사
    have, let, make

일반적으로 (1)의 동사를 '일반동사'라고 칭하고, (2)의 동사를 '준(準)사역동사'라고 칭하며, (3)의 동사를 '사역동사'라 칭한다.

그렇다면 왜 사역동사의 목적격 보어에 원형부정사를 쓰는가 그 이유를 알아보자.

- **I have** a man to wash my car. (부정사 구문)
  나는 나의 차를 세차하는 사람을 두고 있다.
  해설 have: 3형식 동사 (소유동사)
  to wash my car: 형용사 수식용법

- **I have** a man who washes my car. (관계사 구문)
  나는 나의 차를 세차하는 사람을 두고 있다.

- **I have** a man wash my car.
  (목적어) (목적격 보어)
  나는 그 사람에게 나의 차를 세차해 달라고 의뢰한다.
  해설 have: 5형식 동사 (사역동사)
  to wash my car: 형용사 서술용법

to가 없으면 have는 사역동사(5형식 동사)이고, to가 있으면 to는 소유동사(3형식 동사)이다. to부정사는 수식용법이고, 원형부정사는 서술용법이다. to의 유무(有無)가 have의 성격을 구분하는 잣대가 된다.

다음 글은 make와 let이 어떠한 의미상의 차이로 쓰이는가를 잘 보여주는 예문이다.

Foolish and weak people believe in luck while wise and strong people believe in cause and effect. And winners **make** things happen while losers let things happen.

> 어리석은 자와 약한 자는 운이라는 것이 있다고 믿지만, 현명한 자와 강한 자는 원인과 결과만이 있을 뿐이라고 믿는다. 그리고 승자는 일을 벌이지만, 패자는 일이 되는 대로 그냥 내버려둘 뿐이다.

help의 경우를 보자. help는 일반동사로도 쓰이고 사역동사로도 쓰인다. I help a man to wash my car.는 '나는 차를 닦기 위해 그 사람을 돕는다'이고, I help the man wash my car.는 '나는 그 사람이 차를 닦는 것을 돕는다'는 의미이다. 이처럼 help의 경우는 to가 있으나 없으나 의미상 차이가 별로 없기 때문에 to가 있어도 좋고 없어도 그만이다. 그래서 help를 '준사역동사'라 한다.

영어의 품격을 2배 높이는 핵심 Tip

● **사역동사의 의미상의 차이**
- have(의뢰하여 하게 하다) = get
- let(허용하여 하게 하다) = allow · permit
  (방임하여 하게 하다) = leave
- make(강제하여 하게 하다) = force · oblige · compel
- bid(명령하여 하게 하다) = tell · order · command
- help(도움주어 하게 하다)

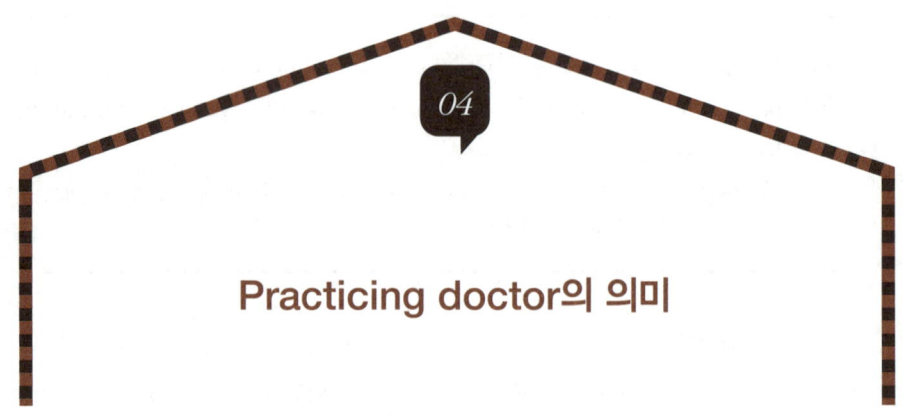

Practicing doctor의 의미

'개원의사'를 왜 Practicing doctor라고 하는가?

Practice의 의미는 크게 세 가지다. 아래 예문들을 보면서 의미를 구분해 보자.

- 실행하다

  He does not **practice** what he preaches.
  그는 설교만 하지 그것을 실천하지 않는다.

- 연습하다

  She has been **practicing** the same tune on the piano for nearly an hour.
  그녀는 근 한 시간 동안 피아노로 같은 곡을 연습하고 있다.

- 개업하다

  He is now **practicing** as a doctor. / He is now **practicing** medicine.
  그는 개원의를 하고 있다.

'교사 실습생'을 practice teacher, '개원의사'를 (medical) practitioner 또는 practicing doctor(=physician)라고 하는 반면 '숙련된 운전기사'를 practiced driver라 한다. practicing은 '연습하고 있는', '개업하고 있는'이란 의미이고, practiced는 '연습이 완료되어 숙련된'이란 의미이다. 운전 연습과 피아노 연습은 실제와 똑같은 상황을 재현하는 완전한 모의훈련이 가능하다. 축구는 연습 게임도 있고 친선 게임도 있다. 의료(醫療)는 그렇지 않다. 완전한 모르모트(marmotte)는 살아 있는 인간일 수밖에 없기 때문이다. 의사에게는 연습이 곧 실전이요, 실전이 곧 연습이다. practicing doctor의 practicing은 '개원한'이라고 하는 개념과 '연습하고 있는'이라는 개념이 합쳐진 듯하다. 물론 개원의사들은 practicing doctor의 practicing의 의미를 '개원하고 있는'이라고 주장하지만.

복문이 되면 의미가 변하는 동사들

suspect & doubt

복문이 되면 의미가 변하는 동사들이 있다. suspect는 라틴어로 '아래로부터 보다'라는 뜻이다. '아래로부터 본다'는 의심의 눈초리로 본다는 의미이다. doubt는 라틴어로 '두 가지 중에서 골라야 한다'는 뜻이다. 하나의 사실을 놓고 확실성이 없기 때문에 이것이냐 저것이냐 갈팡질팡하는 모습을 나타내는 말이다. 결국 이 두 단어는 같은 의미이다. 그러나 용법에서는 차이가 있다.

I suspect that he is a spy.는 '그는 스파이인 것 같다'이며, I doubt that he is a spy.는 '그는 스파이가 아닌 것 같다'가 된다.

hope & wish

I hope to speak English.와 I wish to speak English.는 똑같이 '나는 영어를 말하고 싶다'를 의미한다. 그러나 복문으로 바꿀 경우, I hope that I can speak English.는 '나는 영어를 말할 수 있기를 희망한다'로 희망을 나타내지만, I wish I could speak English.는 '영어를 말할 수 있으면 좋으련만'으로 현재 영어를 못하는 현실에 대한 원망(怨望)이 담겨 있다. I wish I could speak English.에서 주의할 것은 could가 '가정법의 could'라는 사실이다.

I wish I could speak English.는 다음과 같이 바꿔 쓸 수 있다.

> It is pitiful that I can't speak English.
> It is a pity that I can't speak English.
> I am sorry that I can't speak English.
> It's a shame that I can't speak English.

I could do it yesterday.라고 하면 직설법(Fact Mood) 문장으로 '어제 그것을 할 수 있었다'를 의미하지만 yesterday 같은 과거를 나타내는 부사 없이 'I could do it.'이라고 하면 가정법(Thought Mood) 문장으로 '(상황이 다르면) 그것을 할 수 있을 텐데'라는 의미이다. 과거시점을 나타내는 부사 없이 '나는 그것을 할 수 있었다'를 영어로 하면 I was able to do it, I managed to do it, I succeeded in doing it으로 표현할 수밖에 없다.

see & see to

'나는 그녀가 위층으로 올라오고 있는 것을 보았다'라는 문장을 보자.

- I **saw** her coming upstairs. (o)
  I **saw** that she was coming upstairs. (x)

위 문장에서 목적어로 절이 나올 때 'see'는 단순히 '보다'라는 지각(知覺)의 의미가 아니라 '잘 보다', '살펴보다', '확인하다'는 인식(認識)의 의미가 된다. see의 목적어가 절인 경우의 예문들을 보자.

- **See** who is at the door.
  누가 문에 있는가 확인해 보아라.

- **See** if the door is locked.
  문이 잠겨 있는가를 확인해 보아라.

- **See** how I operate this machine.
  내가 이 기계를 어떻게 조작하는지 잘 보아라.

see의 목적어로 절이 올 때 의미가 달라지는 이유는 무엇일까? 이때의 see는 see to에서 전치사 to가 생략된 것이다. 앞에서 알아본 것처럼 접속사 that 앞에는 전치사를 둘 수 없기 때문이다.

- **See** that everything is ready.
  See to it that everything is ready.
  모든 준비가 다 되어있는가를 확인하라.

첫 번째의 경우는 접속사 that 앞에는 전치사 to를 쓸 수 없기 때문에 to가 생략된 경우이고, 두 번째의 경우는 that절을 형식 목적어 it으로 받은 경우이다. 결국 to it은 있어도 되고 없어도 된다.

see to에는 두 가지 의미가 있는데, 첫 번째는 attend to, take care of(돌보다, 챙기다, 처리하다), 두 번째는 make sure to[of·that], make certain of[that](확인하다, 꼭 …하다)이다.

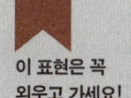
이 표현은 꼭 외우고 가세요!

See to : 돌보다, 챙기다, 처리하다

- Would you see to the patient?
  저 환자를 돌보겠습니까?

- Would you see to buying tickets?
  입장권 사는 일을 맡으시겠습니까?

- That's my job. Let me see to it.
  그건 내 일이야. 내가 처리할게.

- Leave it to me and I'll see to it.
  그것을 제게 맡기면 처리하겠습니다.

- See (to it) that you don't catch your foot.
  채여서 비틀거리지 않도록 주의해라.

- He saw (to it) that his aged father lived in comfort.
  그는 고령의 아버지가 편안하게 살 수 있도록 보살폈다.

See to : 꼭 …하다

- Please see (to it) that the door is closed, when you go out.
  외출할 때는 꼭 문단속하세요.

- See (to it) that you bring your science text book with you tomorrow.
  내일 잊지 말고 과학 교과서를 가져오렴.

미래를 대신하는 현재진행형

현재진행형의 여러 얼굴

출처: Wikipedia

세상에 확실한 게 어디 있는가? 프랑스 사실주의 문학의 창시자인 소설가 플로베르(Gustave Flaubert, 1821~1880)는 I doubt about everything, even about my doubt.(나는 모든 것을 의심한다, 심지어 나의 의심까지도)라고 말했다. 확실한 것은 눈앞에 보이는 일이다. 국어든 영어든 미래에 일어날 일을 현재로 끌어와서 마치 현재 일어나고 있는 일처럼 둔갑시키는 경향이 있다. 미래의 일을 현재의 일로 서술하는 것은 확실성을 효과적으로 표현하기 위한 의도적인 조작이다.

할리우드 영화에서 등장인물이 종종 총을 맞고 죽어가면서 I'm dead.(나는 이미 죽었어)라고 말하는 장면이 나온다. 엄밀히 말해 아직 죽지 않았지만 그만큼 죽음을 확신하고 있음을 표현하는 것이다. 동서를 막론하고, 특히 대화에서 미래의 일을 말하는 데 현재시제를 사용하는 경우가 많다. 이것이 미래의 현재화이다.

예를 들어 정해진 시간표나 계획상 미래에 확실히 일어날 일을 말할 때는 현재형으로 표현한다. 비행기 이착륙 시간을 알리는 기내방송을 들어보자.

> You start from New York at five in the morning and arrive in Paris after six and half an hour of flying.
> 여러분은 오전 5시에 뉴욕을 출발해 6시간 30분 후 파리에 도착하게 됩니다.

하지만 일기예보에서 내일 비가 올 확률이 높다 하더라도 'It rains tomorrow.'라고 하지는 않는다. 내일 비가 올지 안 올지는 신이 아니고서는 100% 확신할 수 없기 때문이다.

미래에 일어날 일을 현재진행형으로 표현하면 현재시제를 쓸 때보다 확실성이 더욱 강조된다. '나는 내일 파티에 (꼭) 간다'를 I go to the party tomorrow.라고도 하지만, I am going to the party tomorrow.라고 하면 확실성이 더 강하게 드러나는 표현이 된다. 의미 전달에서 효과의 극대화다. 따라서 현실적 개념의 시간(time)과 심리적 개념의 시제(tense)를 혼동해서는 안 된다. 시제는 마음의 심리 상태에 따라 조작(manipulation)이 가능하여 말하는 사람의 주관에 따라 시간과 무관하게 표현할 수 있기 때문이다. 다음의 글을 보자.

> This coming Saturday I <u>am beginning</u> my vacation of a lifetime. The first place I <u>am going</u> to is Bali. My plane <u>leaves</u> at 6:30 Saturday morning. I <u>arrive</u> in Bali late that afternoon. I am going to stay at the Intercontinental Hotel. I leave Bali on the fifteenth, and <u>travel</u> to the Philippines.
>
> 오는 토요일 생애 처음의 휴가를 시작합니다. 내가 가는 첫 번째 장소는 발리입니다. 비행기는 토요일 아침 6:30분에 떠납니다. 그날 오후 늦게 발리에 도착합니다. 인터콘티넨탈 호텔에서 머무릅니다. 15일 발리를 떠납니다. 그리고는 필리핀으로 갑니다.

미래의 일임에도 불구하고 am beginning(현재진행), am going(현재진행), leave(현재), arrive(현재), travel(현재) 등 모든 동사를 현재형이나 현재진행형으로 썼다. 국내 대부분의 영어 학습서들은 '서술동사가 왕래발착시종(往來發着始終) — go, come, return, start, leave, depart, reach, arrive, begin, embark, commence, end, finish — 을 나타낼 때, 확실한 시점을 나타내는 미래부사와 함께 쓰이면, 그 형태가 현재나 현재진행형이라고 하더라도 미래를 뜻한다'고 설명하고 있지만 반드시 그런 것만은 아니다.

What are we having for dinner?는 미래부사가 없기 때문에 현재진행형으로 옮겨 '우리는 저녁으로 무엇을 먹고 있는가?'로 해석할 경우 상황에 맞지 않는데, 이 역시 미래를 말하는 것으로 '저녁엔 뭘 먹지?'라는 의미가 된다. I'm having dinner with my wife.는 두 가지의 상황이 가능하다. What are you doing?(뭐하고 있니?)의 답일 때는 '아내랑 저녁 먹고 있어'가 되고, Why are you going?(왜 가니?)의 답일 때는 '아내랑 저녁 먹기로 했어'가 된다.

바(Bar)에서 웨이터가 술을 마시고 있는 여자 손님에게 What are you drinking, madam? 이라고 하면 무슨 술을 마시고 있느냐고 묻는 게 아니라 "한잔 더 하시겠습니까?" 하고 묻는 것이다. 이럴 때 더는 마시고 싶지 않으면 'No more, thanks.'라고 하면 된다.

will을 사용한 명령문

will로 만들 수 있는 강력한 명령문

1945년 9월 2일 도쿄만에 정박 중인 미주리호 함상에서 연합군 최고사령관 맥아더(Douglas MacArthur, 1880~1964)는 연합국 대표를 한 사람씩 호명하여 항복문서에 조인하게 한다. The representative of Canada will now sign.(이제 캐나다 대표 서명하여 주시지요) The representative of Australia will now sign.(이제 호주 대표 서명하여 주시지요)

다음은 광복 직후 남한에 내려진 맥아더(Douglas MacArthur) 점령군 사령관의 포고문 제3조이다.

 All persons will obey promptly all my orders and orders issued under my authority. Acts of resistance to the occupying forces or any acts which may disturb public peace and safety will be punished severely.

주민은 본관 및 본관의 권한으로 발표한 명령에 즉각 복종한다. 점령군에 대한 모든 반항행위 혹은 공공의 평화와 안전을 교란하는 행위를 감행하는 자는 엄벌에 처한다.

조동사 will은 '(아랫사람에게) ~하는 거다' 또는 '(윗사람에게) ~해 주시는 겁니다'식의 부드러운 명령이다. 형태는 평서문이지만, 상대의 행동을 아예 정해 놓은 것 같은 여운을 풍기며, 정중한 것 같으면서도 실은 거부할 수 없는 명령에 사용한다.

● 내가 말한 대로 하세요

You will (please) do as I tell you. (어세가 가장 강함)

You must do as I tell you. (어세가 가장 강함)

You have to do as I tell you. (어세가 강함)

You ought to do as I tell you. (어세가 강함)

Do as I tell you. (어세가 다소 강함)

You should do as I tell you. (어세가 약한 권고에 가까운 표현)

해설 '내가 말한 대로 하세요'를 영어로 표현할 때 어떤 조동사를 쓰느냐에 따라 각기 다른 어세(語勢)를 띤다.

영어의 품격을 2배 높이는 핵심 Tip

명령문은 오직 2인칭에 국한되지만 will을 활용하면 모든 인칭에 명령문 뉘앙스를 풍길 수 있다. 다음의 1인칭, 2인칭, 3인칭에 사용된 will 의 예문들을 보고 명령문 뉘앙스를 느껴 보도록 하자.

● 1인칭에 사용된 경우

We will now say grace.
자 감사 기도를 드립시다. (*say grace: 식전[식후]의 감사 기도를 드리다)

Seeing (that) it is 9 o'clock, we will wait no longer.
벌써 9시가 됐으니 더 이상 기다리지 맙시다.

● 2인칭에 사용된 경우

You will have to fill out some forms.
몇 가지 서류를 작성해 주시지요.

You will have to pay the penalty, ma'am.
부인, 벌금을 내셔야 합니다.

All that I ask of you is that you will be a true lover.
내가 당신에게 바라는 단 한 가지는 진정으로 사랑하는 사람이 되어 달라는 겁니다.

● 3인칭에 사용된 경우

The class will arise.
(교실에서) 전원 일어나세요.

All students will attend roll call at 9 o'clock.
9시에 출석을 부를 테니 전원 참석하세요.

The secretary will please read the minutes of the last meeting.
서기는 지난번 모임의 회의록을 읽어 주세요.

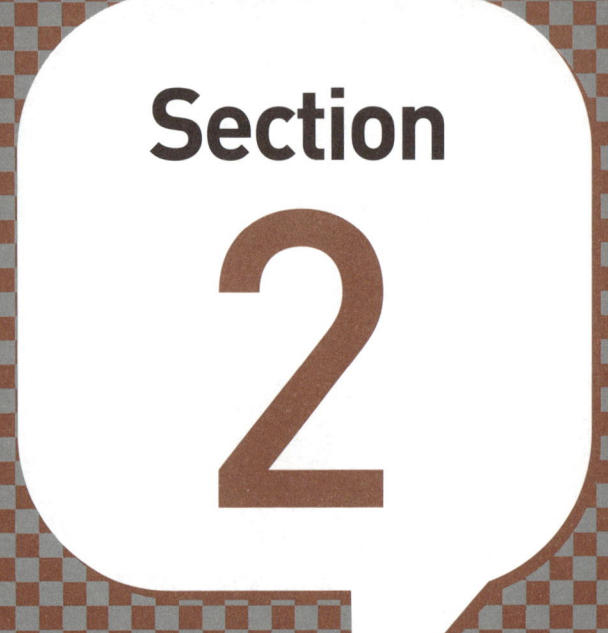

Section 2

영어의 품격은
기초 문법에서 시작한다

Chapter 2

전치사로 착각할 수 있는 부사

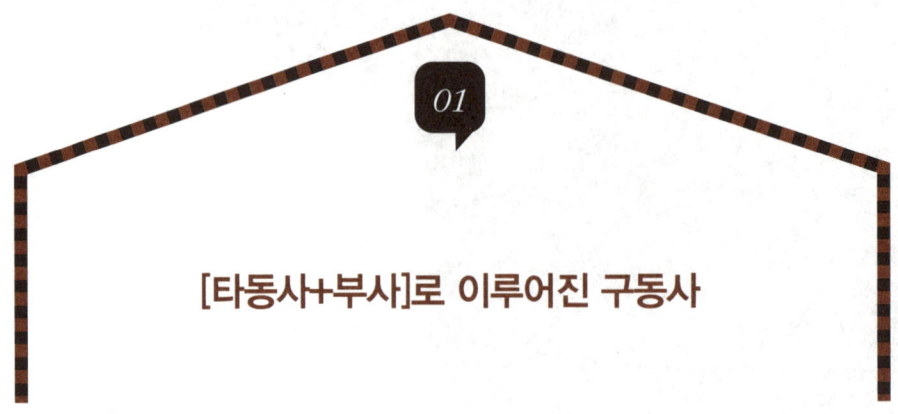

[타동사+부사]로 이루어진 구동사

동사구의 형태

동사구(verb phrase)에는 [자동사+전치사]로 이루어진 '전치사 수반 동사(prepositional verb)'와 [타동사+부사]로 이루어진 '구동사(phrasal verb)'가 있다. 전치사 수반 동사(자동사+전치사)는 보통 하나의 뜻을 가지는데 비해 구동사(타동사+부사)는 여러 가지 뜻을 가지고 있다. 먼저 [자동사+전치사]의 예를 들어 보자.

- He is **looking at** the picture.
  그는 그 그림을 보고 있다.

- The moon **turns around** the earth.
  달은 지구 주위를 돈다.

[타동사+부사]로 사용된 turn out의 경우를 보자.

- He **turned out** the light.
  그는 전등을 껐다.

- The dog **turned out** the stranger.
  개가 낯선 사람을 내쫓았다.

- The factory **turned out** 300 cars a day.
  그 공장은 하루 300대의 자동차를 생산한다.

- The duchess **turned out** herself elegantly.
  그 공작부인은 우아하게 차려입었다.

첫 번째 문장에서 turn out은 extinguish(불을 끄다)라는 의미다. He turned the light out (of electric current)에서 괄호 부분이 생략된 상태에서 out이 동사 다음으로 도치된 것이다. 두 번째 문장의 turn out은 expel(내쫓다)의 의미다. The dog turned the stranger out (of the house)에서 괄호 부분이 생략된 상태에서 out이 동사 다음으로 도치된 것이다. 세 번째 문장의 turn out은 produce(생산하다)의 뜻이다. The factory turned 300 cars out (of the factory) a day에서 괄호 부분이 생략된 상태에서 out이 동사 다음으로 도치된 것이다. 네 번째 문장의 turn out은 dress(옷을 입히다)의 의미인데, 주로 수동형으로 상태를 나타내는 데 쓰인다. She was turned out elegantly.(그녀는 우아하게 차려입고 있었다)처럼 쓰인다.

put on

on의 목적어가 살아 있는 경우를 보자.

- Dad is a familiar parent who knows how to fix a little girl's hair and how to put shoes **on** a three-year-old.
  아빠는 어린 딸의 머리를 손질할 줄 알며 세 살짜리 아기에게 신발을 신겨 주는 일도 할 줄 안다.

이어서 on의 목적어가 생략됨으로써 on이 전치사에서 부사로 바뀐 경우를 살펴보자.

- Keep your hat **on** (your head).
  (머리에) 모자를 쓴 채로 있어라.

- Have your coat **on** (your body).
  (몸에) 코트를 입고 있어라.

- I am very thin. I would like to put weight **on** (my body).
  나는 몹시 말랐다. (몸에) 무게를 늘리고 싶다.

목적어가 생략되면서 on이 put(동사) 다음으로 도치되는 과정을 알아보자.

- He **put** his socks **on** his feet and ankles wrong side out.
  → He **put on** his socks wrong side out.
  그는 양말을 뒤집어 신었다.

- He **put** an expression of dismay **on** his face.
  → He **put on** an expression of dismay.
  그가 당황한 표정을 지었다.

[타동사+부사]와 [자동사+전치사]의 구분 요령

[타동사+부사]와 [자동사+전치사]의 구분 요령

같은 단어가 타동사로도 쓰이고, 자동사로도 쓰이는 데다, 부사도 되고 전치사도 되는 경우가 있어 [타동사+부사]와 [자동사+전치사]를 구분하기가 모호하다. 혼동하지 않고 정확히 구분해내는 방법을 제시한다.

get through

- She **got through** the examination. [자동사+전치사]
  그녀는 시험을 통과했다.

- She **got through** the thread. [타동사+부사]
  그녀는 실을 (바늘귀에) 꿰었다.

첫 번째 문장은 [자동사+전치사]로 '통과했다'라는 뜻이고, 두 번째 문장은 [타동사+부사]로 '실을 꿰었다'라는 뜻이다. 두 번째 문장의 got through를 [자동사+전치사]로 간주할 경우 '그녀가 실을 통과했다'라는 의미가 되어 논리가 맞지 않다. 따라서 [타동사+부사]로 해석할 수밖에 없다. He got the thread through the eye of the needle.(그는 실을 바늘귀에 꿰었다)에서 the eye of the needle 생략되고 through가 앞으로 도치된 것이다.

turn on

- She **turned on** the man. [자동사+전치사]
  그녀는 그 남자에게 대들었다.

- She **turned on** the microwave. [타동사+부사]
  그녀는 전자레인지를 켰다.

앞 문장은 [자동사+전치사]로 '대들었다'라는 뜻이고, 다음 문장은 [타동사+부사]로 '켰다'라는 뜻이다. 만약 두 번째 문장의 turned on을 [자동사+전치사]로 간주할 경우 '그녀가 전자레인지에 대들었다'는 의미가 되어 자연스럽지 못하다. 그래서 [타동사+부사]로 해석한다. She turned the microwave on the current.(그녀는 전자레인지의 스위치를 돌려서 전류에 접속시켰다)에서 the current가 생략되고 on이 앞으로 도치된 것이다.

The plan, codenamed "operation Blacklist," **turned on** separating Hirohito from the militarists, retaining him as a figurehead and using his image to bring about a transformation of the Japanese people.
"블랙리스트 작전"이라는 암호명으로 명명된 계획은 일본왕 히로히토(Hirohito)를 군국주의자들과 분리시키고 그를 상징적 인물로 존속시킴으로써 일본인을 변화시키는 데 그의 이미지를 활용하는 작전을 시작했다.

run down

- The car **ran down** the hill. [자동사+전치사]
  자동차가 언덕 아래로 달렸다.

- The car **ran down** the man. [타동사+부사]
  자동차가 그 사람을 들이받았다.

두 번째 문장의 ran down은 [타동사+부사]로 '들이받았다'라는 뜻이다. 만약 ran down을 [자동사+전치사]로 간주할 경우 '자동차가 사람 아래로 달렸다'는 의미가 되어 어색하다. The car ran the man down the car itself.(자동차가 그 사람을 들이받아 그 차 아래로 쓰러뜨렸다)에서 the car itself가 생략되고, down이 앞으로 도치된 것이다.

03 동사와 부사를 분리시킬 수밖에 없는 경우

동사와 부사를 분리시킬 수밖에 없는 경우

먼저 '간디와 한쪽 신발'에 얽힌 일화를 읽어 보자.

As Gandhi(1869~1948) got on a train one day, one of his shoes slipped off and landed on their track. He was unable to regain it as the train was moving. To the amazement of his companions, Gandhi calmly took off the other shoe and threw it back along the track to land close to the first. Asked by a fellow passenger why he did so, Gandhi smiled. "The poor man who finds the shoe lying on the track," he replied, "will now have a pair he can use."

간디가 어느 날 열차에 타고 있을 때, 그의 신발 중 하나가 벗겨져 선로에 떨어졌다. 열차가 움직이고 있어서 그는 그것을 가져올 수 없었다. 동료들이 놀랍게도, 간디는 차분히 그의 다른 쪽 신발을 벗어서 첫 번째 신발이 떨어진 곳에 가깝게 떨어지도록 선로 쪽으로 던졌다. 동료 승객이 왜 그렇게 했는지 물었을 때, 간디는 웃었다. "선로에 있는 신발을 찾은 불쌍한 사람은 온전한(신을 수 있는) 한 켤레를 갖게 될 것이다."라고 그는 대답했다.

위 일화에서 밑줄 친 부분(threw it back along the track)처럼 부사가 바로 뒤의 전치사구 — 특히 방향을 나타내는 것 — 와 긴밀히 결합되어 있는 경우 그 방향성을 분명하게 나타내기 위해서 동사와 부사를 분리시킨다.

- He clawed his way back up the cliff.
  그는 손끝으로 벼랑을 기어올라 위로 되올라갔다.

- He ordered survivors back to the oars.
  그는 생존자들에게 노로 되돌아가라고 명령했다.

- They took the boy away from his parents.
  그들은 소년을 부모에게서 떼어내어 데리고 갔다.

부사가 and와 같은 등위접속사로 다른 부사와 결합되어 있을 경우에는 [동사+부사]보다 [부사 and 부사]의 결합이 강하기 때문에 자연스러운 현상이다.

- Draw your stomach in and up.
  배를 쏙 들어가게 했다가 다시 내밀어 보세요.

부사를 전치사로 오해할 우려가 있을 때

- The doctor looked Tom over. [부사]
  의사는 톰을 진찰했다.
- The doctor looked over Tom. [전치사]
  의사는 톰을 어깨 너머로 바라봤다.

부사를 전치사로 오해할 우려가 있을 때 부사를 목적어 뒤에 둔다. 첫 번째 문장은 [타동사+목적어+전치부사]로 이루어져 있고, 두 번째 문장은 [자동사+전치사+목적어]로 이루어져 있다.

동사와 부사를 분리하기 어려운 경우

결속력의 강약

[동사+부사]가 각각의 뜻을 잘 보존하고 있는 경우는 동사와 부사가 분리되기 쉽지만, 결합을 통해 비유적, 추상적 의미를 갖게 되면 분리되기는 어렵다. take off(벗다)의 경우 동사와 부사가 그 뜻을 잘 보존하고 있다. Take off your coat. / Take your coat off.처럼 부사의 위치가 자유롭다. 이처럼 부사의 위치가 자유로움으로 인해 뜻은 더 명확히 전달된다.

carry out은 '밖으로 들어내다'와 '실행하다'라는 두 가지 뜻이 있다. 전자는 동사와 부사가 그 뜻을 잘 보존하고 있는 경우고, 후자는 결합의 결과 비유적 또는 추상적인 의미를 갖게 된 경우다. 따라서 전자는 분리해서 쓰는 경향이 있고, 후자는 붙여 쓰는 경향이 있다. 그러나 수동태가 되면 동사와 전치부사가 떨어지는 일은 없다.

- **Carry** your things **out**.
  당신의 물건을 반출하라.

- **Carry out** your plans.
  당신의 계획을 실행하라.

- Your things were **carried out**.
  당신의 물건이 반출되었다.

- Your plans were **carried out**.
  당신의 계획이 실행되었다.

대체로 목적어가 짧거나 가벼울 경우(특히 단음절의 인칭대명사) 동사와 부사가 목적어를 사이에 두고 갈라지고, 목적어가 길거나 무거울 경우(다음절 어구나 단음절·다음절의 고유명사)

에는 부사가 목적어 앞에 위치함으로써 동사와 직결되는 구문이 보통이다. 목적어가 3음절 이상이면 분리하는 경우가 드물지만, 2음절 정도의 경우에는 두 가지 형태가 모두 사용된다.

through의 용도

through가 전치사로 사용된 경우를 보자.

- I saw **through** him.
  그가 어떤 인물인지 알았다.

- I saw **through** his design.
  그의 계책을 알아차렸다.

- I saw **through** his intention.
  그의 마음속 밑바닥이 들여다보였다.

through는 into의 의미다. 시스루(see-through/see-thru)는 에로티시즘을 표현한 방법으로 살결을 내비치거나 몸매의 아름다움을 표현하기 위해 얇고 속이 비치는 투명한 천으로 만든 옷을 말한다. '살이 내비쳐 보이는 블라우스'를 'see-through blouse' 또는 'diaphanous blouse'라고 한다. through가 전치사적 부사로 사용된 경우를 보자.

- see a person **through**
  어떤 사람의 뒤를 끝까지 돌보아주다

- see a thing **through**
  어떤 일을 끝까지 지켜보다/끝장을 보다

이와 같은 경우에는 분리하기로 확정되어 있다. 왜냐하면 see through(자동사+전치사)와 혼동을 피하기 위해서다.

한편 through에는 기본적으로 통(通)의 의미가 있다. 영어권에서는 '전화가 연결됐다'를 'The connection was made.'라고 하기보다는 'The call was put through.'라고 한다.

- A I have to make an emergency call.
  긴급전화를 해야겠는데요.

  B I'll put you right **through**.
  즉시 연결해 드리지요.

전치사적 부사 in / out

전치사적 부사 in

Come in.은 Come in the room.에서 the room이 생략된 것이다. 이 in을 전치사적 부사 (Prepositional Adverb)라 한다. 이러한 부사(정확히는 '전치사적 부사')에는 in / out, on / off, up / down 따위가 있다. 이러한 [동사+부사]의 경우에 강세는 '부사'에 있다는 것이 일반 원칙인데, 왜 그럴까? Come in에서 in은 이미 the room의 의미를 함축함으로써 그 중요성이 come을 능가한다. 따라서 강세(stress)는 Come이 아니라 in에 있다.

- **Come in the room.** (전치사)
  방안으로 들어오너라.

- **Come in.** (전치사적 부사)
  안으로 들어오너라.

chip in

chip은 '조각', '(나무)토막', 'potato chip', '반도체칩(microchip, silicon chip)'이라는 뜻이며, 동사로는 '잘게 썰다', '(감자를) 얇게 썰어 튀기다', '공헌하다', '헌금하다'라는 뜻을 가지고 있다. chip in의 의미는 '(사업 등에) 기부하다'라는 의미로 선물을 마련하기 위하여 일단의 사람들에게 모자를 돌려 돈을 조금씩 추렴하는 것을 말하므로 chip in the hat에서 the hat이 생략된 것이다.

- Let's **chip in** and buy the elderly door keeper a gift.
  돈을 거둬서 나이 든 수위 아저씨에게 선물을 하나 사 주자.

put in

He put his head in at door.(그는 문에서 머리를 안으로 밀어 넣었다)에서 보듯이 put in은 본래의 뜻을 잘 유지하고 있는 [타동사+부사]의 형태다. put in에는 '끼워넣다', '(설비를) 설치하다', '(관리인을) 들이다', '(탄원서를) 제출하다' 등의 뜻이 있다.

> Four-leaf Clover
> One leaf is for HOPE, and one is for FAITH
> And one is for LOVE, you know
> And God put another in for LUCK
> If you search, you will find where they grow.
>
> 네 잎 클로버
> 잎 하나는 희망을, 잎 하나는 믿음을,
> 그리고 하나는 사랑을 뜻하잖아요.
> 그리고 하느님은 행운의 잎을 또 하나 만드셨어요.
> 열심히 찾으면 어디에서 자라는지 알 수 있지요.
>
> — Ella Higginson

미국의 여류시인 엘라 히긴슨(Ella Higginson)의 〈Four-leaf Clover(네 잎 클로버)〉를 감상했다. 제3행에서 God put another in for LUCK은 God put another in one clover for LUCK에서 one clover가 생략되었다고 보면 된다. another는 another leaf를 뜻한다.

hand in & send in

'보고서를 제출하라'는 영어 표현은 Hand in the report.이다. Hand the report in the hand(보고서를 받을 사람의 손에 들어오게 제출하라)가 모체다. turn in과 give in도 같은 의미로 사용된다. The jury turned in an illegal verdict to the judge.(배심원은 위법평결을 판사에게 제출했다)

'직접' 제출하라고 의미를 한정할 필요가 없을 경우에는 send in을 쓴다. Interested candidates meeting the above requirements are invited to send their resumes and/or call.(상기 자격을 갖춘 관심 있는 분은 이력서를 보내거나 전화 주십시오) send는 단순히 '보내다'라는 의미지만 send in이라고 하면 '보내서 (해당인의) 손에 들어오게 하다'라는 뜻이다.

- A You should hurry and **send in** your resume.
  이력서를 서둘러 보내주셔야 합니다.

- B Could I drop off my resume in person?
  제가 직접 가서 제출해야 하나요?

- A We prefer you apply on-line.
  저희는 인터넷 접수를 선호합니다.

전치사적 부사 out

Coming-out은 come out of the closet(벽장 속에서 나오다)에서 of the closet이 생략된 줄임말이다. 자신의 성 정체성(gender identity)이 동성애 취향(homosexual orientation)이라는 것을 자발적으로 공공연히 인정하는 것을 뜻한다.

이성애자들이 절대 다수를 차지하고 있는 인식구조 속에서 심리적 갈등을 겪거나, 동성애자임이 알려져 각종 사회적 멸시와 비난을 받는 경우가 많다. coming-out은 동성애자들에 대한 이러한 사회적 시각을 극복하고, 동성애자들 스스로가 확실한 자아정체성을 확립하기 위해 공개적으로 자신을 드러내려는 의도에서 비롯됐다. out이 (전치사적) 부사로 사용되는 각종 예를 보도록 하자.

- If you have any objection to what was just said, now is the time to speak **out**.
  방금 한 진술에 의의가 있으면 지금 거리낌 없이 말하시오.

- We're looking for a live-**out** nanny.
  우리는 출퇴근 보모를 찾고 있습니다.

throw out

- Don't **throw the baby out** with the bath water.
  목욕물과 함께 아기를 버리지 마라.

out은 out of the basin(대야에서)에서 비롯됐다. 한눈을 팔다가 귀중한 것을 하찮은 것과 함께 버리는 실수를 저지른다는 경고의 말이다. 독일의 풍자시인 토마스 무르너(Thomas Murner, 1475~1537)는 유창한 설교자이자 사제였는데, 그는 당시의 악덕을 풍자하거나 종교개혁에 반대하는 작품을 남겼다. 위 경구는 그의 작품 〈바보들의 푸닥거리(Exorcism of Fools)〉(1512)에서 나온 말이다.

put out

덴마크 속담에 'Little sticks kindle the fire; great ones put it out.(작은 장작은 불을 피우지만 큰 장작은 불을 꺼지게 한다)'이라는 말이 있는데 여기서 보듯이 put out은 '불을 끄다'의 의미이다. 셰익스피어의 희곡 〈오셀로(Othello)〉 5막 2장 7~13행에서 오셀로가 촛불이 켜져 있는 침대에서 자고 있는 데스데모나(Desdemona)를 죽이기 전에 토해내는 독백의 백미(白眉)를 보자. 전자의 the light는 '촛불'을, 후자의 the light는 '데스데모나의 생명'을 말한다. restore와 relume의 위치는 원래 can 다음이나 운(rhyme)을 맞추기 위해 후방 도치시킨 것이다.

> Put out the light, and then put out the light:
> If I quench thee, thou flaming minister,
> I can again thy former light restore,
> Should I repent me; but once put out thy light,
> Thou cunningest pattern of excelling nature,
> I know not where is that Promethean heat
> That can thy light relume.
>
> 이 촛불을 끄고 다음엔 저 촛불을 꺼야지.
> 다 오르는 촛불아, 니는 껐다가도.
> 다시 마음먹으면 다시 켤 수도 있다.
> 그러나 온갖 공을 들여 만든
> 자연의 작품인 그대의 촛불은
> 한번 꺼 버리면, 다시 불을 밝힐 수 있는
> 프로메테우스의 불을 찾을 길이 없다.
>
> —〈Othello〉 5막 2장 7~13행

inside out

inside out은 '안쪽을 밖으로', '뒤집어서 완전히', '속속들이', '손바닥 들여다보듯'이라는 의미이다. 자주 쓰이지는 않지만 매우 중요한 표현이므로 아래 예문들을 통해서 익혀두자.

- A gust of wind blew his umbrella **inside out**.
  돌풍에 그의 우산이 뒤집어졌다.

  I studied and studied for my driver's test until I knew the rules **inside out**.
  법규를 완벽하게 알 때까지 나는 운전면허 시험공부에 열중했다.

fill in / fill out

fill이 자동사라면 '가득 차다', '넘치다'라는 뜻이다. Her eyes filled with tears.(그녀의 눈은 눈물로 차 있었다 → 그녀는 눈물이 글썽했다) 타동사로 쓰이면 '채우다'라는 뜻이다. 타동사 fill은 주로 in / out / up과 함께 쓰인다.

- **Fill in** the blank. 공란을 메우시오.
  Fill out the blank.

Fill in the blank에서 in은 '꽉 채워서'라는 의미다. 전치사 in에는 안(內)이라는 개념 외에 가득(滿)하다는 개념이 있다. He will come within 3 days는 '그는 3일 이내(以內)에 올 것이다'인데, 이 경우는 하루 만에 올 수도 있고 이틀 만에 올 수도 있다. 그러나 He will come in 3 days.는 '그는 3일 후에(3일을 다 채우고) 올 것이다'라는 뜻이다. 부사로 쓰일 때도 마찬가지다.

Son I've got a new school bag.
새 학교 가방을 받았어요.

Dad Oh, there's an identification tag. Why don't you **fill it in**?
오, 이름표가 있구나. 네가 써 보는 게 어떠니?

구어체로 쓰이는 fill someone in을 직역하면 '아무개의 머리를 채우다'라는 뜻인데, '아무개에게 알리다', '설명하다', '가르치다'라는 의미로 널리 사용된다.

- **Fill me in** on it.
  그것에 관해 자세히 알려 주세요.

- How did the conference go yesterday? **Fill me in**.
  어제 회의는 어떻게 됐어요? 회의에 대한 정보를 알려 주세요.

- Will you **fill me in** on the background of the project?
  그 프로젝트의 배경에 대해 자세히 설명해 주시겠습니까?

Fill out the blank에서 out이 전치사라면 '공란 밖에 작성하라'는 엉뚱한 의미가 된다. out은 부사로 '넘치도록', '끝까지', '완전히', '철저하게'라는 의미다. Fight it out.(끝까지 싸워라), Hear me out, please.(내 이야기를 마지막까지 들어주시오)라고 표현할 수 있다.

wear out

wear는 '(의복을) 몸에 걸치고 있다'에서 나아가 '(의복을) 입어 해지게 하다'가 되었다. The boy's pants have worn thin at the seat.(소년의 바지는 엉덩이가 닳아서 얇아졌다)와 같이 쓰인다.

wear out은 의미가 더욱 강화되어 '닳아 없어지게 하다', '써서 해지게 하다', '마멸되게 하다'는 의미이다.

- Letters on the stone seem to have been **worn out** by weather.
  돌에 새겨진 글자는 비바람에 마멸되어 버린 것 같다.

- He has become **wornout** from illness.
  그는 병을 앓아 거칠해졌다.

wear out one's welcome이라고 하면 '환영의 감정을 다 없어지게 하다'는 뜻이고, outstay one's welcome이라고 하면 '환영보다 오래 머무르다'는 말이다. 따라서 이 둘 모두는 '너무 오래 묵어 미움을 사다'라는 뜻이다. '쭈그리고 앉은 손님 사흘 만에 간다'는 우리 속담이 있다. 금방 갈 것 같은 손님이 생각보다 오래 있는 경우를 비유적으로 이르는 말이다. 또 '오는 손님은 앞 꼭지가 예쁘고 가는 손님은 뒤 꼭지가 예쁘다'는 말도 쓴다.

전치사적 부사 on / off

on / off의 사전적 의미

on / off의 의미는 '개폐(開閉: 열고 닫음)'와 '단속(斷續: 끊고 이음)'을 의미한다. 스포츠 신문이나 TV의 스포츠 뉴스에서 여자 테니스 선수가 팬티가 보일락 말락 한 멋진 미니스커트를 입을 것을 볼 수 있다. 그러한 상황을 영어로 어떻게 표현하면 좋을까? on / off를 사용하여 a fabulous mini skirt that slides on and off라고 하면 멋진 문장이 된다. 다른 예문들도 살펴보자.

- A Is Mr. Robert in, please?
  로버트 씨 계십니까?

  B I don't know. Could you hold **on** while I check?
  모르겠는데요. 알아볼 동안 기다리시겠습니까?

- Leave your cell phone **off**.
  휴대폰을 꺼 두어라.

- You have to log **on** to the web site to use the service.
  서비스를 이용하려면 그 웹사이트에 로그온을 해야 한다.

get on with + 사물 / get on with + 사람

[get on with + 사물]은 '~을 (단절 없이) 계속하다'라는 뜻이고, [get on with + 사람]은 '~와 (소원함이 없이) 사이좋게 지내다'라는 뜻이다.

- It is not easy to **get on with**.
  그 일은 척척 해내기가 쉽지 않다.

- Stop woolgathering and **get on with the work**.
  부질없는 공상 그만하고 일이나 척척해라.

- Please keep quiet and let me **get on with the driving**.
  제발 조용히 하고 운전이나 잘할 수 있게 내버려둬.

- He is not easy to **get on with**.
  그는 사귀기 쉽지 않다.

- You may **get on better with your parents** if you show them some courtesy.
  예의 바른 태도를 보이면 부모님과 더 사이좋게 지낼 수 있다.

go off

'(종이) 울리다', '(폭탄이) 터지다', '(총포가) 발사되다'라는 뜻이다. An alarm clock goes off by going on.(자명종 시계는 계속 가다가 울린다)라고 해석하면 알맞다. on은 '계속'을 의미하고 off는 '단절'을 의미한다. 자명종이 울리는 것은 조용한 상태를 지속하다가 이를 단절하고 소리를 내는 것 아닌가?

- A bomb **went off** and did a lot of damage to many buildings.
  폭탄이 터져서 많은 건물에 큰 피해를 주었다.

- Don't point the business end of that gun at anyone. It might **go off**.
  총부리를 사람한테 돌리는 게 아니다. 총탄이 발사될지도 모르니까.

go off on a tangent

'(큰길에서 벗어나) 옆으로 빗나가다'라는 의미로 쓰인다. tangent는 수학 시간에 배운 용어로서 이미 알 것이다. 라틴어에서 온 말인데 라틴어는 '닿는다'는 뜻에서 '접하는', '접선의'라는 의미가 있다. 명사로는 '도로의 직선 구간'을 의미한다.

- Please stick to one subject and don't **go off on a tangent**.
  주제를 하나로 압축시키고 옆길로 새지 마십시오.

- He tends to **go off on a tangent** in conversations and to bore everyone with his personal philosophy.
  그는 대화에서 주제를 벗어나 독단적인 자기주장으로 모든 사람들을 따분하게 만드는 경향이 있다.

cool off

단어 그대로 '흥분을 가라앉히다'라는 의미다. 예문을 보면서 적용법을 익혀 보자.

- Let's stop and **cool off** before going on with the work.
  숨 좀 고르고 일을 계속하자.

- Let's talk about that again after a short **cooling-off** period.
  잠시 냉각기간을 두고 나서 다시 이야기합시다.

- New government regulations **cooled off** real estate speculation.
  새로운 정부 규제는 부동산 투기를 진정시켰다.

kick off

'(축구에서) 처음 차다', '(회합 등을) 시작하다'는 뜻이다. off가 '끊고 닫는'의 의미지만 여기서는 정지 상태를 끊고 시작하는 뜻으로 쓰였다.

- The 13th Asian Cup will **kick off** in Beijing on Saturday, with hosts China facing Bahrain.
  이번 제13회 아시안컵은 토요일 중국 베이징에서 시작되며, 주최국 중국이 바레인을 상대로 개막전을 갖는다.

- He will represent South Korea at six-party talks on the North's nuclear weapons development, which will **kick off** in Beijing on Feb. 25 with North Korea, the United States, China, Japan and Russia.
  그는 2월 25일에 베이징에서 열릴 예정인 북한의 핵무기 개발에 관한 6자회담에 한국측 대표로 참가할 예정인데, 이 회담에는 북한과 미국, 중국, 일본, 그리고 러시아가 참석한다.

keep one's shirt(pants) on

화내지 말라(don't get excited)는 의미다. 화나면 옷통을 벗고 대드는 것이 동서고금을 막론한 인간의 일반적인 행동 양태인 것 같다. 이 표현은 남자들이 싸움을 시작할 때면 풀을 먹인 뻣뻣한 윗도리를 반드시 벗어야 했던 19세기에 시작되었다. 싸움을 말리는 사람은 훈계 (admonition)로 Keep your shirt on!(옷통 벗지 마!)을 사용했다. keep one's pants on은 하나의 변종(variation)이다. 아래 예문을 보자.

- **Keep your pants on.** I am on my way right now.
  참고 기다려 봐. 지금 가는 길이야.

- Hey, don't get me wrong. So **keep your shirt on** and listen up!
  야, 오해하지 마라. 그러니 진정하고 내 말 들어 봐!

put on one's thinking(considering) cap

'심사숙고하다'라는 의미다. sentence(문장/선고)는 라틴어 sentire(생각하다)에서 비롯됐다. 예나 지금이나 골똘히 생각해야 하는 사람은 학자든지 판사다. 내용을 갖춘 생각을 쓰게 되면 '문장'이 되고 판사가 생각 끝에 판단을 내려 말하면 '선고(宣告)'가 된다. put on one's thinking cap은 take time to think something over(어떤 일에 대하여 시간을 갖고 숙고하다) 라는 의미인데, 이 표현은 학자나 판사가 꼭 끼는 각모(角帽)를 썼던 17세기 영국에서 유래된 것으로 추정된다. 머리를 쥐어짜는 표현에는 어떤 것들이 있는지 알아보자.

- Get your heads together and come up with some ideas.
  Put your thinking caps on and come up with some ideas.
  Put your considering caps on and come up with some ideas.
  신중히 생각해 보고 아이디어를 좀 짜내 보세요들.

lay it on

'아첨하다'라는 뜻의 표현은 무수히 많다. 여기서는 '~을 바르다'는 표현에 한정시켜 살펴보자.

(1) It's no use trying to spread the butter thick. (O) 아첨해도 소용없다.

(2) It's no use trying to **lay on** the butter. (O)

(3) It's no use trying to lay on the butter thick. (X)

(4) It's no use trying to **lay it on** with a trowel. (O)

(5) It's no use trying to **lay it on** (thick). (O)

(1), (2) 모두가 spread butter on bread(빵에 버터를 바르다)에서 비롯된 표현이다. 버터를 바르지 않은 빵보다는 버터를 바른 빵이 먹기에 좋다. 주의할 것은 (3)의 경우 thick(두껍게)을 덧붙일 수 없다는 것이다. lay on the butter 자체로 아예 '(벽돌 깔 듯) 버터를 깔아 버린다'는 뜻이기 때문이다. lay on은 [타동사+부사] 구조다. (4) lay는 '(겉을) 덮다(cover)'라는 말이다. lay a carpet on a floor(마루에 융단을 깔다)와 같이 사용할 수 있다. it은 우리말의 '거시기'에 해당하는 비인칭 목적어로 '아첨', '찬사', '사탕발림의 말'을 의미한다. trowel(흙손)은 미장이가 방바닥이나 벽을 바르고 반반하게 하는 연장이다. on은 on one's face(자기의 얼굴에)의 생략형이다. 결국 lay it on with a trowel은 '흙손으로 자기 얼굴에 아첨을 바르다'란 말이다. 미장이가 흙손으로 바른 방바닥이나 벽은 얼마나 반반한가? (5)는 (4)의 생략형이다.

let off

let off는 '(차에서) 내리다', '(총포를) 발사하다', '(스트레스 등을) 풀다', '(형벌을) 면제하다·풀어주다'라는 뜻을 가진다.

- **Let me off** [Drop me] at the next stop.
  다음 정거장에서 내려 주십시오.

- They gathered in the stadium to **let off** the fireworks.
  그들은 경기장에 모여 불꽃(폭죽)을 터뜨렸다.

- Playing tennis helps me **let**[blow] **off** steam.
  테니스를 하면 스트레스 해소에도 도움이 돼.

- **Let me off** (the hook) this one time.
  이번만 봐주세요.

to top it all off: 무엇보다도

to top it all (off)은 to top it all off various happenings(여러 가지 일 중에서 가장 결정적인 것만을 떼어낸다면)의 생략형이다. all은 부사로 only(오로지 ~만)와 같은 의미다. 일어난 나쁜 일을 하나하나 언급하면서 '결정적으로 나쁜 일'을 지칭할 때 쓴다. above all(특히)이나 to make something even worse(설상가상으로)와 같은 개념이다. 물론 이 표현들 좋은 일에 쓰기도 한다.

- A co-ed named Vivian shattered her arm in the first volleyball game of the season. This meant she couldn't work at her part-time job. Then her car stopped running. **To top it all off**, the young man she had been dating stopped calling.
  비비안이라는 여대생은 배구 시즌에 첫 경기를 하다 팔뼈가 부러졌다. 그래서 해 오던 아르바이트 일을 할 수 없게 되었다. 그리고 자동차도 고장이 났다. 엎친 데 덮친 격으로 사귀던 남자는 연락을 끊어 버렸다.

- The super slick James Bond is always dressed impeccably, carries around super cool gadgets. **To top it all off**, he drives an incredibly sexy car.
  최고로 멋있는 제임스 본드는 항상 쏙 빼입고 아주 정교한 무기를 가지고 다닌다. 무엇보다도 매우 섹시한 자동차를 운전한다.

be ripped off

'바가지를 쓰다'라는 의미다. rip은 '째다', '찢다', '쪼개다', '벗겨내다'의 뜻이고, rip off는 '뜯어내다·벗기다', '훔치다·빼앗다', '턱없이 높은 값을 요구하다'는 뜻이다.

- Somebody's **ripped off** my baggage!
  누가 내 가방을 털어 갔어!

- The Giants **ripped off** twice a winning streak of thirteen straight that year.
  자이언트 팀은 그해 두 번이나 13연승을 했다.

- Are you trying to **rip me off**?
  바가지 씌우려고 하는 거예요?

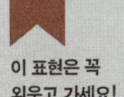
이 표현은 꼭 외우고 가세요!

화내지 마라! / 침착하라! / 서둘지 마라! / 진정하라!

- Subside! Cool it off[down]!
- Chill out! Hold your horses!
- Stay calm! Don't get excited!
- Be patient! Don't push[rush] me!
- Take it easy! Don't have your shirt out[off]!
- Easy does it! Calm[Settle/Simmer] down!

'해고당하다'의 속어적 표현(slangy expression)

- He has been let go. 그는 회사에서 잘렸다.
- He has been laid off.
- He has gotten the ax.
- He has gotten the sack.
- He has gotten a pink slip.

해설 get the ax는 도끼가 참수나 면직을 상징하기 때문이고, get the sack은 짐을 싸서 회사에서 나간다는 뜻이다. get a pink slip은 미국에서 해고통지서로 분홍색 용지를 썼기 때문이다.

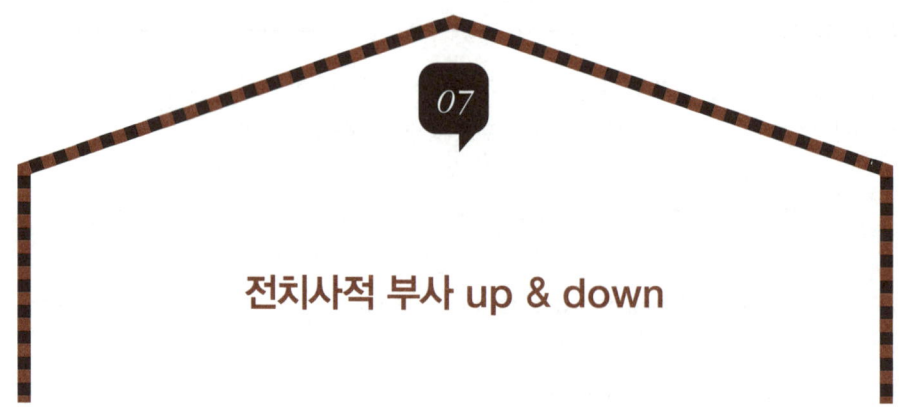

전치사적 부사 up & down

상하 방향을 나타내는 up / down

up은 전치사로 climb up a ladder(사다리를 오르다)에서처럼 '(낮은 위치에서) ~의 위로'란 의미이지만, 오늘날에는 부사로서의 사용 빈도가 압도적으로 높다. 기본적으로는 '높은 쪽으로'라는 뜻이지만 다양한 의미로 활용되고 있다. up의 반대 개념이 down이다. 'Stack up / Pile up / Heap up(차곡차곡 쌓아라)', 'Is the elevator going up?(이 엘리베이터는 올라갑니까?)'과 같이 사용한다. 아래 대화는 어른들이 어린아이에게 흔히 물어보는 말이다.

    A What will you be, Johnny, when you grow **up**?
         조니, 넌 커서 뭐가 될래?
    B A Fireman!
         소방관!

영어권에서 특히 구어에서는 동사구를 선호한다. '스테레오의 볼륨을 올리다'의 경우 raise the volume of the stereo보다 turn up the stereo를 쓰고, '가스의 불을 줄이다'의 경우 lower the gas보다 turn down the gas를, '요구를 거절하다'의 경우 refuse the request보다 turn down the request를 더 많이 사용한다.

despise / disregard / disparage와 put down / look down on / look down his nose at은 뉘앙스에 차이가 있다. 전자가 '경멸하다/무시하다'에 해당한다면 후자는 '깔보다/얕보다'에 해당한다고 볼 수 있다. 부사로 쓰인 up과 down의 표현을 좀 더 살펴보도록 하자.

upside down

'거꾸로'에 대한 영어 표현을 알아보면 upside down(상하가 바뀐 경우), downside up(상하가 바뀐 경우), end for end(양끝이 바뀐 경우), end to end(끝과 끝), side by side(옆과 옆) 등이 있다. 예문을 통해 더 자세히 알아보도록 하자.

- The picture is hung **upside down**.
  그림이 거꾸로 걸려 있다.

- **Upside down, downside up**, it's all the same.
  이렇게 하든 저렇게 하든 마찬가지예요.

- He shows how that logic can be turned **upside down**.
  그는 어떻게 그 논리가 뒤집힐 수 있는지를 보여준다.

along / across처럼 수평 방향을 나타내기도 하는 up / down

특정한 장소·사람에 대해 가까운 쪽은 up을 쓰고, 먼 쪽은 down을 쓴다.

- Catch **up** to the leader.
  선두를 따라잡아라.

- Keep **up** with the latest information.
  최신 정보에 계속 접촉하라.

- I went **down** to my office in the city.
  시내의 사무실로 갔다.

dress up / dress down

dress up은 '정장으로 잘 차려입다', dress down은 '편안한 캐주얼 복장을 하다'라는 뜻이다. 로 dress down day라고 하면 '직장에서 자유 복장을 하는 날'을 말한다.

A Look! I bought a new skirt from shopping mall on the Internet.
이것 좀 봐. 인터넷 쇼핑몰에서 스커트 한 벌 샀어.

B Oh! That'll look so good on you. You should wear it this Friday.
어머! 너에게 참 잘 어울릴 것 같은데. 금요일에 입으면 되겠구나.

A That's right! I almost forgot that all Fridays are **dress down** days.
아, 맞다. 매주 금요일엔 캐주얼을 입는 날인 걸 깜박할 뻔했네.

down the road

공간 개념 외에 시간 개념에도 사용되며 '그 길 아래쪽으로', '그 방향으로 죽', '장래(에)'라는 의미이다. 문장을 보면서 이해하자.

- If you go straight **down this road**, you'll find the station.
  이 길로 죽 가면 역이 나옵니다.

- Our love led **down the long and winding road** toward wedlock against all the odds.
  우리의 사랑은 모든 차이에도 불구하고 결혼이라는 멀고 힘든 길로 향했다.

- As stronger producer prices usually lead to consumer price rises in a short period of time, it is worrisome that the consumer price index may increase faster than expected **down the road**.
  생산자 물가가 오르면 보통 소비자 물가가 단기간에 따라 오르기 때문에 소비자 물가지수가 앞으로 예상보다 더 오를 것으로 우려된다.

pick up

우리가 흔히 사용하는 pick up에는 원래의 뜻 '줍다'는 물론 '지불하다', '몸에 배다', '차에 태우다', '손에 넣다' 등의 뜻이 있다. 아래 예문을 보면서 뜻을 구별해 보자.

- I'll **pick up** the tab.
  내가 지불하겠다.

- He **picked up** French.
  그는 불어를 주워들어 익혔다.

- What time should I **pick** you **up**?
  몇 시에 (차로) 당신을 모시러 갈까요?

- Should we **pick up** some books while we're here?
  여기 온 김에 책 몇 권 살까요?

- I **picked up** a magazine that was lying on the table.
  나는 탁자에 놓인 잡지 한 권을 집어 들었다.

- He **picked up** a livelihood by selling things from door to door.
  그는 가가호호 방문 판매하여 생계비를 벌었다.

make up

make up의 기본적 의미는 '만들어서 upgrade'시키는 것이다. 그 외에도 '화장(분장)하다', '결정하다', '(말·핑계·이야기 등을) 날조하다', '(싸움 등을) 원만히 해결하다', '벌충하다'라는 뜻이 있다.

- He is **made up** for the part of Hamlet.
  그는 햄릿으로 분장했다.

- It is early days yet to **make up** my mind.
  결심하기에는 아직 이르다.

- The whole story is **made up**.
  그 이야기는 모조리 꾸민 것이다.

- I feel sick about what happened the other day. Let's kiss and **make up**.
  전날 일을 생각하면 기분이 안 좋아. 이제 서로 기분 풀고 화해하자.

- Let's **make up** for lost time.
  잃은 시간을 만회하자.

stand up

'바람을 맞다'라는 말은 원래 '중풍에 걸리다'라는 뜻이었다. 중풍(中風)의 풍(風)이 바람이라는 뜻이기 때문이다. 남으로부터 속거나 약속을 일방적으로 파기당했을 때의 허탈감을 중풍에 비유하여 '바람 맞는다'고 하게 되었다. '바람맞히다'는 '바람맞다'의 사역동사다. '만날 약속을 어기다'는 영어로 break a date 또는 fail to keep an appointment라고 한다. 그렇다면 '바람맞히다'는 영어로 어떻게 표현할까?

She kept me waiting in vain.(그녀는 나를 계속 기다리게 했으며 나는 헛수고만 했다)이라고 하면 억지로 짜맞춘 것 같은 느낌이다. 이럴 때 'She stand me up.'을 사용한다. stand up이 자동사로 쓰이면 '일어서다'라는 뜻이지만, 타동사로 쓰이면 '세우다', '서 있게 만들다'라는 뜻이 된다. 바람 맞고 서 있는 심정을 생각해 보라.

- A How was your date with her last night?
  어젯밤 그녀와의 데이트는 어땠어?

  B Actually **she stood me up**. If she couldn't keep a date she should have called me or something.
  사실은 그녀가 날 바람맞혔어요. 약속을 지킬 수 없다면 나에게 전화라도 했어야지.

전치사적 부사 over

over의 공간 위치

over는 '저 너머에(로)'라는 의미지만 원근(遠近)의 폭은 엄청나다. 가깝게는 '거리 저쪽'이 되고 멀게는 '바다 넘어서'가 된다. 예문을 통해 알아보자.

- I'll be right **over**.
  곧 그리 (건너)가겠습니다.

- I am thrilled to have you **over**.
  네가 온다니 매우 기쁘다.

- She asked me **over** for dinner.
  그녀는 나에게 자기 쪽으로 와서 저녁식사 하기를 청했다.

- Why don't you sleep **over**?
  와서 자는 건 어때?

- They went **over** to Paris by plane.
  그들은 비행기로 파리로 날아갔다.

- He came (all the way) **over** to Korea from South Africa.
  그는 (멀리) 남아프리카에서 한국으로 왔다.

pull over

pull over란 bring a vehicle to the roadside or the hard shoulder(차량을 길가나 갓길로 가져오다)라는 뜻이다. hard shoulder는 '긴급 대피용의 견고한 갓길'을 의미한다. drive의 원래 의미는 '(마소를) 몰다', '(마차의 말을) 부리다'인데, 자동차의 출현과 더불어 '차를 운전하다'라는 의미가 생겨났다. pull over도 '소나 말(마차)을 저쪽으로 끌어다놓다'였으나 자동차의 출현과 더불어 '주차하다'의 의미가 생겨났다. 목적어로 차량뿐 아니라 운전자도 사용되며 아예 목적어 없이 쓰이기도 한다.

- The state trooper **pulled** me **over** for doing 90 miles in a 70 mile-zone.
  경찰은 제한 속도 70마일 구역에서 90마일로 달렸다고 차를 길가에 대라고 했다.

- Can you **pull over** just after the post office? My house is just down that alley.
  우체국 바로 지나서 길가에 대 주시겠어요? 저 골목 바로 아래가 저희 집이에요.

- A I guess we're lost and going round and round. Let's stop and ask someone for directions.
  길을 잃고 빙빙 돌고 있는 것 같아. 차를 세우고 방향을 물어보자.

  B Let's **pull** it **over** and ask the man over there.
  차를 대고 저쪽에 있는 사람에게 물어보자.

- A Last night the traffic cop **pulled** me **over** and I took the breathalyzer test. Luckily my BAC was 0.04 percent.
  지난밤 교통 경찰관이 차를 옆에 대라고 하더니 음주측정을 했어. 다행히 혈중 알코올 농도 0.04%였어.

  B That was close! Don't put yourself behind the wheel after drinking. Drinking and driving don't mix!
  하마터면 큰일 날 뻔했군! 음주 후에는 운전하지 마. 음주운전은 안 돼!

breathalyze는 '음주 여부를 검사하다'인데, breath+analyze의 조어다. breathalyzer는 당연히 음주 측정기의 뜻으로 상표명이기도 하다. BAC는 blood alcohol concentration(혈중 알코올 농도)라는 뜻이다. Drinking and driving don't mix는 음주와 운전은 섞이지 않는다는 뜻으로, 즉 '음주와 운전을 동시에 하지 말라'라는 의미이다.

전치사적 부사 over there / out there

in there(=in that place)는 [전치사+목적어]

자주 사용하는 구어체 영어에 What's going on in there?가 있다. 여기서 in there는 '거기 안에'라는 뜻으로 구체적인 장소를 지칭한다. 예를 들어 시카고 의대 신경과학(Neuroscience) 교수 라이즈 엘리엇(Lise Eliot)의 저서 제목 〈What's Going on in There?: How the Brain and Mind Develop in the First Five Years of Life(그 속에서 무슨 일이 일어나고 있는가?: 생후 5년 동안의 두뇌와 정신 발달과정)〉에서도 이 표현을 볼 수 있다.

What's going on in here?(여기 안에서 무슨 일이 일어나고 있는가?)도 마찬가지 표현인데, in here는 in this place와 같고, in there는 in that place와 같다. 여기에서 here와 there는 부사가 아니라 전치사 in의 목적어다. 즉 [전치사+목적어] 구조다.

over here / over there는 중언부언(重言復言)하는 [부사+부사]

우리가 일상 대화에서 많이 접하는 over here / over there / up there / out there는 here / there가 over / up / out의 목적어로 사용된 것이 아니라 over / up / out을 강조하는 중언부언(重言復言)이다. 즉 [부사+부사] 구조다. over here는 '이쪽에(으로)', over there는 '저쪽에(으로)'라는 의미다. '이리 와'라고 할 때는 Come over here, '이리 와서 나 좀 도와줘'라고 할 때는 Come over here and help me.라고 한다.

미국의 발명가 에디슨(Edison)은 전등 발명 50주년을 기념하는 연회에서 연설을 마친 후 쓰러졌다. 그 자리에는 후버(Hoover) 대통령도 참석했는데, 에디슨에게 달려간 대통령 주치의는 심한 폐렴이라고 진단했다. 이후 그는 완전히 회복되지 않아 병상에서 생의 마지막 2개월을 보냈다. 최후의 날, 에디슨은 줄곧 병상을 지킨 두 번째 부인 미나(Mina)에게 창밖을 보면서 조용히 말했다. Oh my, it's very beautiful over there!(아, 저쪽이 정말 아름다워!)

up there

미들급 권투선수와 같은 근육질 체형의 폴 뉴먼(Paul Newman)이 주연한 영화 〈상처뿐인 영광〉의 원 제목은 〈Somebody Up There Likes Me〉(1956)다. 직역하면 '하늘에 계신 분도 날 좋아한다'라는 뜻이다. 이 말은 영화 마지막 장면에도 등장한다. 챔피언이 된 주인공을 축하하는 오픈카 퍼레이드에서 높은 빌딩을 쳐다보며 그는 옆자리에 앉은 부인에게 'Somebody up there likes me.'라고 말한다. '종이를 뿌려 주는 저 빌딩 위의 사람들도 날 좋아하는군'이라는 해석도 가능하다.

오랜 가시밭길의 고통을 견뎌내며 이룬 값진 승리를 곧잘 '상처뿐인 영광'이라 표현하고, 또 단어를 바꿔 '영광의 상처'라는 표현도 곧잘 써왔다. 여하튼 이 영화가 개봉된 당시 '상처뿐인 영광'은 우리나라에서 대단한 유행어가 됐다. 모순어법을 동원한 멋진 제목이다.

- What's happened **up there**?
  저 높은 곳에서 무슨 일이 일어났을까?

out there

'거기에', '해외에/싸움터에', '다른 우주 공간에'라는 뜻으로 공간의 폭을 넓게 사용한다. 아래 예문들을 통해 자세히 알아보자.

- How are things **out there**.
  그곳 정세는 어떻습니까?

- Can you send me three new men **out there** right now?
  거기 있는 신참 세 사람을 지금 곧 제게 보내주실 수 있습니까?

- We are sending you **out there** to develop our market.
  우리는 시장을 개척하기 위해 여러분을 해외로 파견할 것이다.

- I wonder if there's life **out there** on another planet.
  다른 별에도 생명체가 있는지 알고 싶다.

전치사적 부사 with

전치사적 부사 with

빌 게이츠(Bill Gates, 1955~)는 약관의 나이에 세계 최대의 정보기술(IT) 기업으로 성장한 마이크로소프트(MS)를 창립함으로써 세계 최대의 갑부가 됐다. 그는 34년 만인 2007년 6월 7일(현지 시간) 하버드 대학 졸업식에 참석하여 명예학사 학위와 명예법학박사 학위를 받았다.

그는 The New World of Work(새로운 세계의 과업)이라는 제목의 졸업식 연설(commencement speech)을 통하여 모든 인류의 가난(poverty)과 불평등(inequity)을 해결하기 위한 사고전환을 촉구하면서 21세기의 세계가 나아가야 할 지향점과 가치에 관하여 새로운 메시지를 던졌다. 화두는 이른바 'Creative Capitalism(창조적 자본주의)'이다. 그 내용의 일부를 발췌(excerpt)해 본다.

If we can find approaches that meet the needs of the poor in ways that generate profits for business and votes for politicians, we will have found a sustainable way to reduce inequity in the world. This task is open-ended. It can never be finished. But a conscious effort to answer this challenge will change the world.

기업인에게는 이익을 가져다주고 정치인에게는 표를 가져다주는 방법으로 가난한 사람들의 필요에 접근하는 방법을 찾을 수 있다면, 우리는 이 세계의 불평등을 줄여나갈 수 있는 지속적인 방법을 이미 찾은 셈이 될 것입니다. 이 과제는 끝없이 논의되어야 하는 과제입니다. 이 과제는 결코 완료될 수 있는 성질의 것이 아닙니다. 하지만 이러한 도전을 해결하려는 의식적인 노력이 이 세계를 바꾸어나갈 것입니다.

I am optimistic that we can do this, but I talk to skeptics who claim there is no hope. They say: "Inequity has been with us since the beginning, and will be with us till the end — because people just … don't … care." I completely disagree. I believe we have more caring than we know what to do with.

나는 우리가 이 일을 할 수 있을 것이라고 낙관하면서, 희망이 없다고 주장하는 회의적인 사람들에게 말합니다. 그들은 말합니다. "불평등은 태초부터 우리와 함께 했다. 그리고 끝까지 우리와 함께 할 것이다. 사람들이 결코… 유념하지… 않기 때문이다."라고. 나는 이 말에 전적으로 동의하지 않습니다. 나는 우리가 이 과업(가난과 불평등을 해결하는 과업)을 어떻게 해야 할지 아는 것 이상으로 이 과업에 대한 걱정을 하고 있다고 믿습니다.

— Bill Gates

발췌문의 두 번째 문단에서 마지막 문장 I believe we have more caring than we know what to do with.의 끝부분을 눈여겨보아야 한다. with는 원래 전치사로서 다음에 목적어가 있어야 한다. 여기서는 with의 목적어가 생략됨으로써 전치사적 부사(prepositional adverb)로 사용되고 있다. 문맥으로 보아 생략된 목적어는 '가난과 불평등을 해결하는 과업' 정도가 된다고 볼 수 있다. 참고로 말하자면 사전에는 with에 부사적 용법이 없다.

do with는 의문대명사 what을 목적어로 하여 '(어떻게) ~을 처리하다'라는 의미이다. I don't know what to do with this money.(이 돈을 어떻게 해야 할지 모르겠다)처럼 표현할 수 있다.

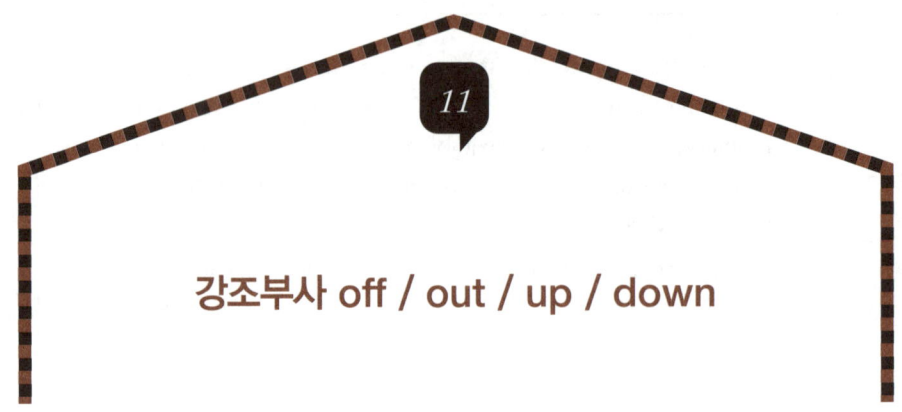

강조부사 off / out / up / down

완료 · 충만을 나타내는 강조부사

우리말의 '먹어 버리다', '해 버리다' 등에서 보조동사 '버리다'는 앞말(본동사)이 나타내는 행동이 이미 끝났음을 나타내는 강조어로 완료·종결의 의미를 강화한다. 영어에서는 off / out / up / down 등이 완료·종결·완성·충만 등을 나타내는 보충 강조어로 동사와 결합하여 '완전히(completely) 끝내 버리다'라는 의미로 사용된다.

off

- **sell off** 몽땅 팔아 버리다
- **drink off** 모두 마셔 버리다
- **finish off** 다 끝내 버리다
- **clear off** the table 식탁을 깨끗이 치워 버리다

out

- Pump a well **out**. 우물이 마를 때까지 물을 퍼내라.
- Hear me **out**, please. 내 이야기를 끝까지 들어라.
- The fire has burned **out**. 불은 다 타 버렸다.
- I'm really stressed **out** here. 이거 정말 스트레스 받네.

up

폐쇄 / 접합 / 부착 등을 나타내는 동사와 결합하면 '꽉', '단단히'를 의미한다.

- nail **up** a door 문에 못을 단단히 박다
- tie **up** a parcel 소포를 끈으로 단단히 묶다
- chain **up** a dog 개를 사슬로 단단히 붙들어 매다
- fasten **up** seat belt (=buckle up) 안전벨트를 단단히 매다

up이 집합(集合)을 나타내는 동사와 결합하면 '모두 / 한데'를 의미한다.

- drink **up** 죽 비우다
- add **up** the figures 수를 합계하다
- collect **up** fallen apples 떨어진 사과를 주워 모으다

up이 '잘', '자세히'를 의미하는 경우를 보자.

- Listen **up**. (carefully) 잘 들어라.
- She tore **up** the letter. 그녀는 그 편지를 갈가리 찢었다.
- She chopped **up** the meat. 그녀는 고기를 잘게 썰었다.

up이 '마침내'라는 의미를 나타내는 예문을 보자.

- My plans ended **up** in smoke.
  결국 나의 계획이 수포로 돌아갔다.

down

- hunt **down** 발견할 때까지 끝까지 추적하다
- burn **up[down]** 다 태우다
- fix **down** a thing 물건을 단단히 고정하다

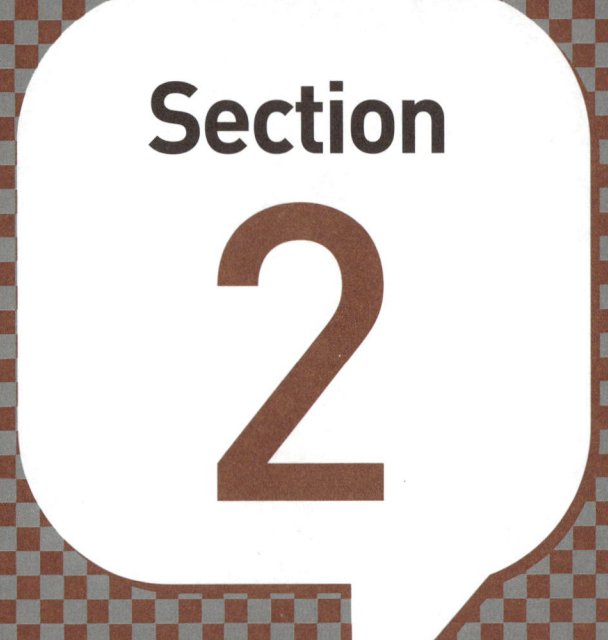

Section 2

영어의 품격은
기초 문법에서 시작한다

Chapter 3

관사, 제대로 알고 발음하자

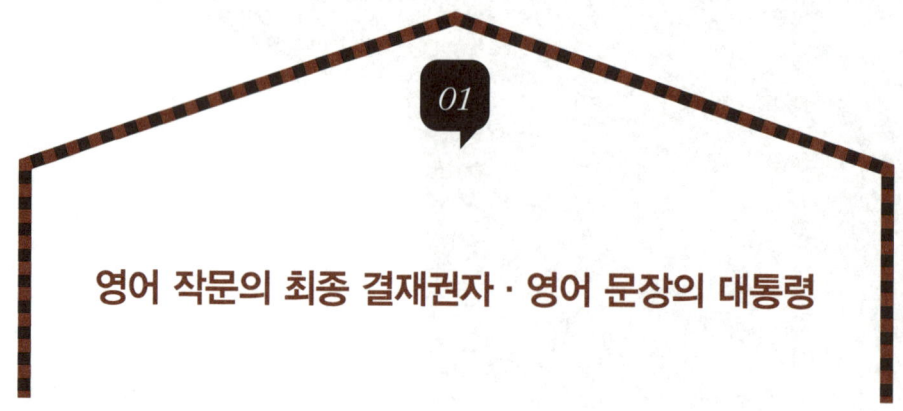

영어 작문의 최종 결재권자 · 영어 문장의 대통령

관사란 무엇인가?

冠은 [冖(갓머리: 덮개·덮다)+元(원: 머리)+寸(촌: 손)]으로 이루어져 있다. 즉 '손으로 머리에 갓을 씌우다'는 의미다. 의관(衣冠)은 남자가 정식으로 갖추어 입는 옷차림으로 두루마기와 갓을 말한다. 남자가 격식 차린 자리에 가려면 이 의관을 갖추어야 한다. 이것을 의관정제(衣冠整齊)라 한다. 갓을 쓰고 두루마기를 입은 모습은 우리 옛 양반들의 전형적인 모습이었고, 검은 프록코트(frock coat)에 실크해트(silk hat)를 쓴 모습은 과거 영국 신사의 전형적인 모습이었다.

관사(冠詞)를 쓰는 것은 의관정제의 마지막 단계인 '갓을 쓰는 것'과 같다. 그래서 article을 '관사'라 하고 순수한 우리말로는 '얹음씨'라고 한다. 화룡점정(畵龍點睛)이라는 한자 성어가 있다. 용을 그리고 난 후에 마지막으로 눈동자를 그려 넣었더니 그 용이 실제 용이 되어 홀연히 구름을 타고 하늘로 날아 올라갔다는 고사에서 유래한 말이다. 관사를 쓰는 것이 바로 화룡점정이다. 그래서 관사는 영어 작문의 최종 결재권자요, 영어 문장의 대통령이요, 영어의 에베레스트요, 영어의 1%가 아닌 99%다.

관사는 명사의 표지판

사전에 [U]로 표시되는 Uncountable Noun(셀 수 없는 명사)에는 관사를 붙일 수 없고 복수형으로 쓸 수 없다. 고유명사, 추상명사, 물질명사가 여기에 속한다. 사전에 [C]로 표시되는 Countable Noun(셀 수 있는 명사)에는 관사를 붙이거나 복수형으로 쓸 수 있다. 보통명사와 집합명사 중 일부가 여기에 속한다.

- I have book. (x)
  I have book<u>s</u>. (o)
  I have <u>a</u> book. (o)
  I have <u>the</u> book. (o)

- <u>The photocopier</u> is out of <u>toner</u>. 복사기에 토너가 떨어졌어.
     (보통명사)   (물질명사)

- Without <u>bread</u> and <u>salt</u> <u>love</u> cannot exist. 사랑은 빵과 소금 없이는 존재하지 않는다.
       (물질명사)   (물질명사) (추상명사)

An article is sometimes called a noun marker although this is considered to be an archaic term. It is sometimes wondered which part of speech articles belong to. Despite much speculation, articles are not adjectives because they don't describe nouns. Linguists place them in a different category, that of determiners.

관사는 고전적 용어(archaic term)이긴 하지만 흔히 noun marker(명사 표지, 名詞標識)라고도 한다. 때로는 관사가 어느 품사에 속하느냐가 의문시되기도 하였다. 많은 고찰을 했지만 관사는 명사를 서술하지 않기 때문에 형용사는 아니다. 언어학자들은 다른 범주, 즉 한정사의 범주에 넣고 있다.

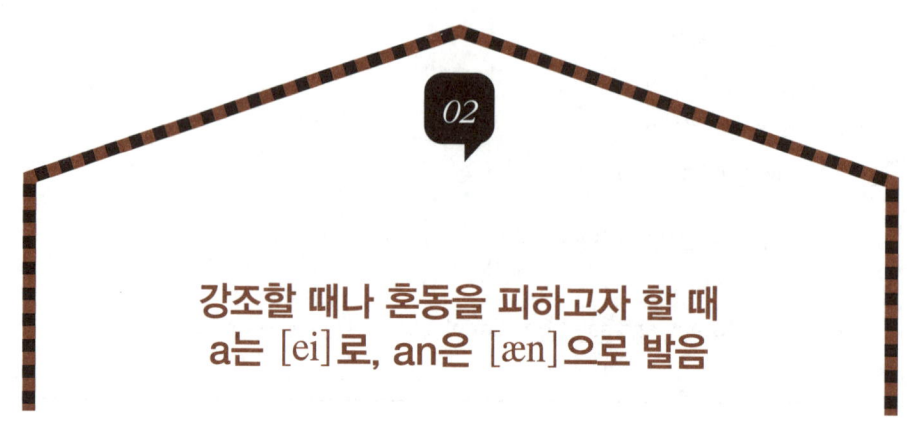

강조할 때나 혼동을 피하고자 할 때
a는 [ei]로, an은 [æn]으로 발음

부정관사 a는 [ei]로, an은 [ən]으로 발음한다. 또한 부정관사 a를 [éi]로, an을 [æn]으로 발음하기도 한다. 후자의 경우는 강조할 때, 혼란을 줄이고자 할 때, 숨을 쉰 다음 발음할 때에 한한다.

'She has a[éi] voice.'는 '그녀는 목소리가 썩 좋다.(She has such a wonderful voice.)'라는 의미가 된다. 경우에 따라서는 '그녀는 목소리가 형편없다.(She has such a terrible voice.)'라는 의미도 된다.

- She has a[éi] leg.
  춤을 정말 잘 춘다.

- I have a[éi] friend in London.
  런던에 친구가 단 한 명 있다.

- This may not be the perfect solution, but it is a[éi] solution.
  이것은 완벽한 해결책은 아니나 하나의 해결책이다

우주 비행사 암스트롱의 잃어버린 'a'

우선 동물(인간 포함)의 지각 능력의 한계와 가능에 대한 몇 가지 경우를 살펴보자. 새는 도로변의 볼록 거울(convex mirror)이나 고층 건물의 유리벽에 비치는 자기 모습을 보고 다른 새가 자기영역을 침범하는 줄 알고 돌진하다 거울에 부딪혀 머리에 피가 터진다. 새의 시각 능력은 그것밖에 되지 않기 때문이다.

영국의 저명한 의사 로제트(Peter Mark Roget, 1779~1869)는 〈Roget's Thesaurus(로제트의 유의어 사전)〉을 편찬한 사전 편찬자(lexicographer)로도 유명하다. 뿐만 아니라 그는 1824년 〈a thesis on the concept of retinal afterimage(시각(視覺)의 잔상(殘像) 현상 개념에 대한 논문)〉을 발표하기도 하였다.

바퀴 돌아가는 속도가 어느 정도에 이르면 멈췄다가 다시 돌아가는 것처럼 보이는 현상, 소용돌이무늬를 그린 원판을 회전시켜 잠시 동안 관찰한 후 원판을 정지하면 역방향으로 돌아가는 것처럼 보이는 현상, 다리 위에서 강물의 흐름을 장시간 응시한 후 갑자기 다리 위로 눈을 돌리면 다리의 표면이 물의 흐름과 반대 방향으로 움직이는 것처럼 보이는 현상 등을 운동 잔상(運動殘像, motion afterimage)이라 한다. 이것은 사람 머릿속에 16분의 1초 동안 남는 잔상(殘像, afterimage) 때문이다.

개는 주인 자가용의 엔진 소리와 핸드브레이크 소리를 알아챈다. 개 특유의 청각 능력 때문이다. 사람의 귀로 들을 수 있는 감도가 제일 좋은 주파수 범위는 1,000Hz~5,000Hz다. 낮은음 100Hz, 높은음 15,000Hz를 넘어가면 사람의 청각으로는 듣기 어렵다. 주파수(Frequency)란 음파(音波, sound wave)가 1초에 몇 번 진동하는가를 나타내는 단위로 Hz(헤르츠)로 표기된다. 1,000Hz는 1초간 1,000회 진동을 의미한다.

개는 오히려 20Hz 이하의 낮은 음이나 15,000Hz 이상의 높은 음을 더욱 선명하게 듣는다. 1967년 비틀스(the Beatles)의 앨범 〈Sergeant Pepper's Lonely Hearts Club Band〉가 만

들어질 때 존 레넌(John Lennon, 1940~1980)은 사람이 듣는 음악을 개는 들을 수 없다는 사실에 연민을 느껴 한 부분쯤은 개만이 들을 수 있는 소리를 삽입하고 싶었다.

이 앨범을 만들면서 "A Day In The Life"의 마지막 부분 I'd love to tuuurn yooou ooon. (I'd love to turn you on. 나는 여러분을 흥분시키고 싶다)이 끝난 다음 몇 초 동안 아무런 소리도 들리지 않는다. 그 후 '갑자기 터지는 짧은 순간의 알아들을 수 없는 소리(the short burst of unintelligible noise)'가 녹음되었다. 이 소리는 '닥치는 대로 뒤죽박죽 녹음되고 자르고 다시 모은 무의미한 수다(the nonsense chatter recorded, chopped up and re-assembled at random)'이다.

몇 초 동안 아무런 소리도 들리지 않는 순간은 사람의 귀로는 들을 수 없었으나 음향 측정 기기의 그래프에는 음파가 있는 것으로 나타난다. 개만 들을 수 있는 15,000Hz의 시그널 음을 넣은 것이다.

'몇 초 동안 15킬로사이클의 경찰견 호루라기와 똑같은 음(a few seconds of a 15 kilocycle tone, the same pitch as a police dog whistle)'이다. "A Day In The Life"를 개에게 들려주면 이 몇 초 동안에만 짖어댄다.

2006년 10월 1일 미국 텍사스 휴스턴(Houston)발(發) AP통신은 "Software finds missing 'a' in Armstrong's moon quote.(암스트롱이 달에서 한 말 중 실종됐던 'a'를 소프트웨어가 찾아내다)"라는 제목의 기사를 이렇게 시작했다.

- That's one small word for astronaut Armstrong, one giant revision for grammar sticklers everywhere.
  그것은 우주 비행사 암스트롱에게는 하나의 작은 단어이지만, 문법에 까다로운 사람에게는 커다란 정정(訂正)이다.

출처: Wikipedia

1969년 7월 20일 아폴로 11호를 타고 인류 역사상 최초로 달에 첫발을 내디딘 암스트롱(Neil Armstrong, 1930~)은 미 해군 조종사로 6·25전쟁에서 78회에 걸쳐 전투 임무(combat mission)를 수행하기도 했다.

그는 지구인을 향해 이렇게 말했다. "That's one small step for man, one giant leap for mankind.(이것은 한 사람에게는 작은 일보(一步)이지만 인류에게는 거대한 도약이다)"

비평가들은 grammatically incorrect(문법적으로 부정확한)하다고 말하면서 암스트롱 자신을 지칭하는 한 사람은 'man'이 아닌 'a man'이 옳다고 지적해 왔다. 'man'이라고 하면 '인류에게는 작은 일보이지만 인류에게는 거대한 도약'이라는 앞뒤가 맞지 않는 말이 되고 말기 때문이다.

호주 시드니(Sydney)의 컴퓨터 회사 Control Bionics의 프로그래머 포드(Peter Shann Ford) 씨는 NASA 웹사이트에서 암스트롱의 음성 녹음(audio recording)을 내려받아 컴퓨터를 이용한 첨단 음성 분석 기법으로 암스트롱의 말 속에서 잃어버린 'a'를 찾아냈다.

포드는 "I found evidence that the missing 'a' was spoken and transmitted to NASA. (잃어버린 'a'는 발성됐으며 NASA로 전송됐다는 증거를 찾았다)"라고 말했다. 암스트롱의 명언을 둘러싼 문법 논란이 컴퓨터 과학의 도움으로 종지부를 찍은 셈이다.

"I intended to say it properly and believes I did.(나는 그것을 정확하게 말하려 했고 그렇게 했다고 믿는다)"고 주장해 왔던 암스트롱은 이 소식을 접하고 이렇게 말했다.

- I have reviewed the data and Ford's analysis of it, and I find the technology interesting and useful, I also find his conclusion persuasive.
  나는 이에 관한 자료와 포드의 분석을 검토했으며, 그 과학 기술이 재미있고 유용하다고 생각한다. 또한 포드의 결론이 설득력 있다고 생각한다.

포드는 암스트롱이 one small step for a man 부분에서 부정관사 a를 35ms(밀리세컨드: 1ms는 1,000분의 1초)로 발음했다고 분석했다. 이는 인간이 청취할 수 있는 속도의 10배 이상 빠른 것이어서 인간의 귀로는 청취가 불가능했던 부분이다. 암스트롱이 "That's one small step for a man, one giant leap for mankind."를 말했을 때 'a'를 [ei]로 발음했다면 불필요한 씹힘(being dogged)은 당하지 않았을 것이다.

원어민은 첫소리가 모음이면 생략하거나 약음 처리하는 경향이 강하다. Excuse me!(미안합니다!)를 '큐즈 미'로, Emergency landing(불시착)을 '머전시 랜딩'으로 발음한다. 영어에서 가장 많이 쓰이는 모음은 schwa[ʃwɑː]이다. schwa는 '악센트 없는 약화된 모음'으로, amazing(놀라운)을 '(어)메이징'으로 American을 '(어)메리컨'으로 about를 '(어)바우-트'로 발음하여, '어'는 하는 둥 마는 둥 흘려서 발음한다(slur). 암스트롱의 a man도 여기에 해당한다. 원어민은 왜 이렇게 발음하는가?

한국어나 일본어는 syllable-timed language(음절로 템포와 리듬을 맞추는 언어)로 음절과 장단(長短)이 원칙이다. 음절 하나하나를 또박또박 발음하고 장단을 맞추어야 한다. 반면에 영어는 stress-timed language(강세로 템포와 리듬을 맞추는 언어)이다. 영어는 2음절 이상이면 강약을 주고 장단을 맞춰야 한다.

말(言)은 길게 발음하고 말(馬)은 짧게 발음한다. language[lǽŋwidʒ](言)에서 [læŋ]은 강하게 발음하고 horse[hɔːrs](馬)에서 [hɔːr]는 길게 발음한다. 국어는 음절·장단 패턴이 중요하고 영어는 강약·장단 패턴이 중요하다.

영어의 connected speech(이어진 문장)을 읽을 때나 말할 때 강약의 음악적 리듬이 나온다. 강세와 약세가 교차하고 긴소리와 짧은소리가 교차하기 때문에 약세와 짧은소리는 자연적으로 파묻혀 liaison(연음)·assimilation(동화)·sound reduction(약음) 등의 현상이 발생한다.

국어는 음절 수에 따라 시간이 걸리고 영어는 강세 수에 따라 시간이 걸린다. 국어는 모든 음절에 고른 간격을 둔다. 따라서 음절 하나하나의 길이가 같기 때문에 한 문장을 말하는 데 걸리는 시간이 음절의 숫자에 비례한다. 영어에서는 한 문장을 말하는 데 걸리는 시간은 강세 수에 비례하지 음절 수와는 상관이 없다. 강세를 받는 음절의 수가 많으면 그만큼 시간이 길어지고, 수가 적으면 그만큼 짧아진다. 따라서 음절 수가 서로 다른 문장이라도, 강세 수가 같으면 같은 길이로 발음된다.

국어로 "안녕하십니까?"라고 하면 글자 하나가 한 음절이니까 6박자가 되고, "안녕"이라고 하면 2박자가 되어, 두 문장을 말하는 데 6 대 2의 시간 차가 난다. How are you?(안녕하십니까?)와 Howdy!(안녕)를 한국어 방식으로 발성하면 음절 수에 따라 3 대 2의 시간 차가 나겠지만, 영어권 사람들은 두 문장의 시간상의 길이를 같게 발음한다. 두 문장 다 강세 받는 음절이 How와 How- 하나씩으로 강세가 없는 나머지 음절들은 무시되기 때문이다. 이러한 차이 때문에 한국인은 영어권 사람들의 말을 알아듣기가 용이하지 않다.

영어에서 강하게 발음하는 품사는 내용(內容)어(Content Word)이고 약하게 발음하는 품사는 기능(機能)어(Function Word)라 한다. Content Word(실질적 내용을 갖는 의사 전달의 핵심어)에는 명사, 형용사, 동사, 부사, 의문사, 지시(指示)사, 감탄사 등이 속한다.

Function Word는 문법적 기능을 하는 보조적 단어이다. Function Word는 독자적인 음의 영역을 갖지 못하고 Content Word에 동화된다. Mary and Jane are sisters(메리은 / 제인어 / 시스터즈). I have a million dollars.에서 have는 내용어로 명료하게 발음하지만, I should have done so.에서 have는 기능어로 약하게 발음해야 한다.

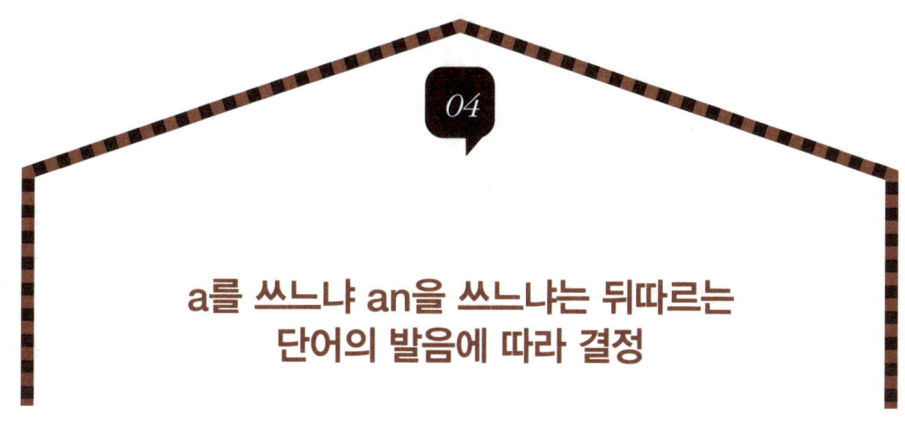

a를 쓰느냐 an을 쓰느냐는 뒤따르는 단어의 발음에 따라 결정

a를 쓰느냐 an을 쓰느냐는 철자가 아니라 발음에 따라 결정된다. 첫소리(첫 철자가 아님)가 자음(consonantal sound)일 경우에는 a를, 모음(vowel sound)일 경우에는 an을 쓴다. 왜 그럴까? 우선 발음의 원칙을 알아보자.

Summer를 [sʌ́mmər]라고 발음하지 않고 [sʌ́mər]라고 발음한다. 연음(linking)되면서 한쪽이 최대한 약화·생략되기 때문이다. 단어와 단어의 경우도 마찬가지다. 같은 또는 동일 계열의 발음이 맞붙을 경우 한 쪽이 앞이나 뒤의 단어에 흡수되어 두 단어가 한 단어처럼 발성된다. 예를 들면 with that을 [wiðæt]로, dead thief를 [deθi:f]로 발음하는 경우이다.

'a American'을 보자. 발음이 [ə əmérikən]이 되어 [ə]가 겹치게 된다. 그렇게 되면 하나의 뜻을 갖는 a[ə]는 소멸되게 마련이다. 이러한 현상을 미연에 방지하기 위하여 'an'을 쓰게 된 것이며, 동일 계열인 모든 모음에 확대된다.

모음(vowel)은 성대가 울려나온 소리로서, 입 안의 아무 곳에서도 장애를 받지 않는 소리이다. 각 모음의 음가는 입 안의 모양에 따라 정해진다. 입 안의 모양을 결정하는 것은 입술 모양과 혀의 위치이다. 기본 모음(cardinal vowel)은 [a, e, i, o, u]와 [ʌ, ə, ɛ, æ, ɔ]이다. [w]와 [j]는 모음과 자음의 중간에 있는 음으로 반모음이라고 하는데, 자음에 속한다.

> **영어의 품격을 2배 높이는 핵심 Tip**
>
> ● 헷갈리는 a와 an
>
> | | |
> |---|---|
> | a u | an s |
> | a year | an hour |
> | a union | an uncle |
> | a USA diplomat | an IRA attack |
> | a one-hour talk | an MBC anchor |

영국의 가장 위대한 작가 찰스 디킨스의 실수

(Even) Homer sometimes nods.(호머도 졸 때가 있다)라는 말이 있다. 호머(Homer)는 〈the Iliad〉와 〈the Odyssey〉의 저자로 알려진 '그리스 문학의 거인(giant of Greek literature)'이라고 불리는 고대 그리스의 서사 시인(epic poet)이다.

위의 말은 로마 시인 호라티우스(Horace, BC 65~8)의 〈Ars Poetica(시의 기법)〉의 한 구절을 번역한 것으로, Even someone who is the best at what they do can turn in a subpar performance.(자기가 하는 일에 일가(一家)를 이룬 사람도 때로는 수준 이하의 실수를 할 수 있다)라는 의미다.

호라티우스는 I think it is a shame when the worthy Homer nods; but in so long a work it is allowable if drowsiness comes on.(훌륭한 호머가 존다는 것은 수치라고 생각한다. 그러나 오랜 시간 시작(詩作)을 하는 중에 졸음이 오는 것은 피할 수 없다)라고 언급했다.

'탁월한 작가(standard author)', '영국의 가장 위대한 작가 중의 한 사람(one of England's greatest writers)', '빅토리아 시대의 가장 으뜸가는 소설가(the foremost novelist of the Victorian era)'라는 말은 우리에게 〈A Christmas Carol(크리스마스 캐럴)〉(1843)의 작가로 잘 알려진 찰스 디킨스(Charles John Huffam Dickens, 1812~1870)에게 따라붙는 동격어이다. 그런 그도 관사의 사용에 오류를 범했다. 그는 영국의 소설가 디포(Daniel Defoe, 1660~1731)의 〈Robinson Crusoe(로빈슨 크루소)〉(1719)를 'an universally popular book'이라고 했다. a universally popular book(널리 알려진 책)이라고 했어야 했는데.

06

두 가지 다 옳은 a historian & an historian

- He is **a** historian. (o)

  He is **an** historian. (o)

  그는 역사학자이다.

위의 두 문장은 모두가 옳다. 왜 그럴까? 그 의문을 풀어보자. 사전에 보면 herb(풀)의 발음은 [hə:rb]로 나와 있다. 그런데 원어민은 [ə:rb]로 발음하는 경우가 많다. [h]를 기식(氣息)음이라 한다. 영어로 audible breath(들을 수 있는 숨소리) 또는 aspirate 또는 aspiration이라고 한다. 라틴어에서는 기식음 [h]가 키케로(Cicero, BC 106~43) 시대부터 사라지기 시작했으며, 프랑스어에서도 아주 오래전부터 사라져 프랑스어에는 자음 [h]가 없다.

vehicle(차량)과 forehead(이마)의 [h]는 발음하기도 하고 안 하기도 한다. 형용사 vehement(격렬한)와 명사 vehemence(격렬)의 [h]는 발음하지 않는다. 동사 exhibit(전시하다), prohibit(금지하다), exhilarate(기분을 들뜨게 하다)의 [h]는 발음한다. 명사 exhibition(전시), prohibition(금지), exhilaration(들뜸)의 [h]는 발음하지 않는다.

hour(한 시간)의 경우는 첫 기식음(initial aspirate) [h] 없이 발음한다. 이 경우는 기왕에 확고하게 묵음으로 처리되어 이론의 여지없이 an hour이다. human being의 경우, [h]를 발음해도 되고 안 해도 된다. 발음하지 않을 경우 첫 발음은 [ju:]가 된다. [j]는 모음과 자음의 중간에 있는 음으로 '반모음'이라고 하는데 이는 자음에 속하기 때문에 a human being이 된다.

문제는 기식음 h가 단어의 첫머리에 올 경우의 부정관사와의 관계다. history의 경우는 앞 음절에 강세가 있어 [hístəri]라고 분명하게 발음하지만 형용사 historian · historic · historical의 경우는 두 번째 음절 to에 강세가 있어 h가 약한 자음(soft consonant)이 되는가 하면 Cockney English(런던 토박이 영어)에서는 h는 항상 묵음이다.

historian(역사가), historic event(역사적 사건), historical novel(역사 소설)에는 a가 아니라 an을 붙여야 한다는 문제로 발전한다. 실제로 원어민은 대화에서 an을 붙이는 경우를 적잖게 경험하게 되며, 그렇게 표기하는 경우도 많다. 2006년 10월 9일 BBC News의 'North Korea claims nuclear test(북한 핵실험 주장)'라는 제목의 기사를 보자.

 When it announced the test, KCNA described it as an "historic event that brought happiness to our military and people." It said the test would maintain "peace and stability" in the region and was "a great leap forward in the building of a great prosperous, powerful socialist nation."

조선중앙통신은 핵실험 소식을 알리며 "우리의 군대와 인민에게 행복을 가져다준 역사적 사건"이라고 표현했다. 이 실험은 이 지역의 "평화와 안정"을 유지시켜 줄 것이고, "번영하는 강력한 대(大)사회주의 국가건설의 커다란 도약"이라고 이 통신은 전했다.

해설 KCNA(Korean Central News Agency): 북한의 조선중앙통신

〈Webster's Third New International Dictionary〉에서도 영국의 〈The Times Literary Supplement(더 타임스 문예부록)〉에서 뽑은 an historian and not a mere chronicler(단순한 연대기 작가가 아닌 역사가)라는 구절을 예로 들고 있다.

미국인은 이런 식의 표현을 '영국식(British)'이라거나 an attempt to sound educated or superior(교양 있게 들리게 하거나 우월하게 보이려는 욕심)라고 말한다. 기식음 [h]의 발음과 부정관사의 관계도 세월의 흐름에 따라 어떠한 변화를 가져올지는 두고 볼 일이다.

그런데 놀라운 것은 19세기 영국의 시인·역사가·정치가 매콜리(Thomas B. Macaulay, 1800~1859)는 That a historian should not record trifles is perfectly true.(역사가는 사소한 것을 써서는 안 된다는 것은 천 번 만 번 옳다)라고 썼다. 당시에는 그렇게 발음하는 것이 대세가 아니었으므로 an이라고 했어야 할 것을 잘못 썼다고 말하는 비평가도 있지만, 그가 실수로 그랬는지 의도적으로 그랬는지는 알 수 없다.

분명한 것은 언어는 끊임없이 진화하고 변화된다는 사실이다. 언어란 살아 움직이는 생물과 같이 생로병사(生老病死)가 있다. 언중(言衆: 동일한 언어를 사용하는 한 사회의 대중)이 일정 기간 이상 두루 사용하면 표준어가 될 수 있다. 요즘 우리말에서는 '엄청나게'를 '엄청'으로, '무지하게'를 '무지'로, '여자친구'를 '여친'으로 줄여서 말한다. 신속함과 편리함을 추구하는 언어 현상이다.

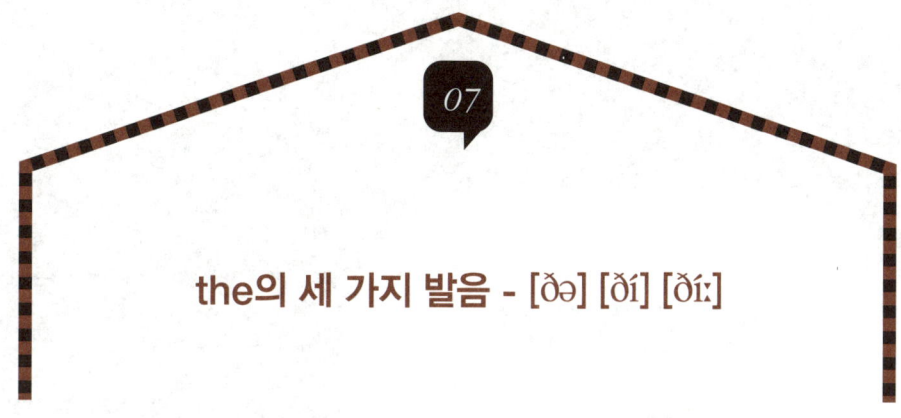

the의 세 가지 발음 - [ðə] [ði] [ðí:]

- [ðə]   자음 앞   the[ðə] euthanasia[ju]   그 안락사(安樂死)
  [ði]   모음 앞   the[ði] uncle[ʌ́ŋ]   그 아저씨
  [ðí:] 강조 앞   That's the[ðí:] hotel in Seoul. 그 호텔은 서울 최고의 호텔이다.

the United States의 경우 United의 첫소리가 자음이기 때문에 [ðə]로 발음해야 하는데 많은 미국인이 [ði]로 발음한다. 특별히 강조할 때 자음 모음 관계없이 [ðí:](길게 끝이서 '디··')로 발음하여 '출중한', '최고의'라는 의미를 나타내기 때문이다. 보통 이탤릭체로 표기된다.

- That's **the**[ðə] hotel in Seoul.
  그 호텔은 서울에서 최고의 호텔이다.

- That's **the**[ðí:] restaurant to enjoy Italian meals.
  그 식당은 이탈리아 음식을 제대로 하는 곳이다.

- Written one hundred years ago, this is still **the**[ðí:] Egyptian travel book.
  이 책은 백 년 전에 쓰여졌지만 여전히 최고의 이집트 여행기이다.

> Hollywood has always been a "Mentor" to the world of cinemas. "Bollywood" derived from the combination of the film city in India, Bombay and **the**[ðí:] **Hollywood**. Over the years Indian cinema has build and set its trend and made a global presence in the world cinema.
>
> 할리우드는 세계 영화의 "지도교사"가 되어 왔다. "발리우드"는 인도의 영화 도시 봄베이와 할리우드의 결합에서 유래했다. 여러 해에 걸쳐서 인도 영화는 세계적 유행을 창출·확립했으며 세계 영화 속에서 세계적 입지를 구축했다.
>
> **해설** the Hollywood: 할리우드가 지명을 나타내는 고유명사임에도 the가 붙은 것은 앞에 나온 것을 받아 강조하기 위함이다. 정확한 직역을 하려면 '그 할리우드'라고 해야 한다.

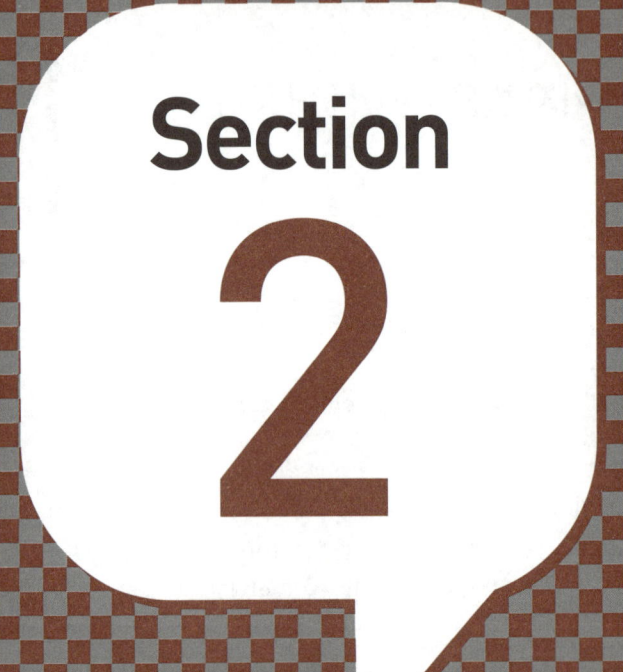

Section 2

영어의 품격은
기초 문법에서 시작한다

Chapter

4

관사 the의
기본적인 쓰임

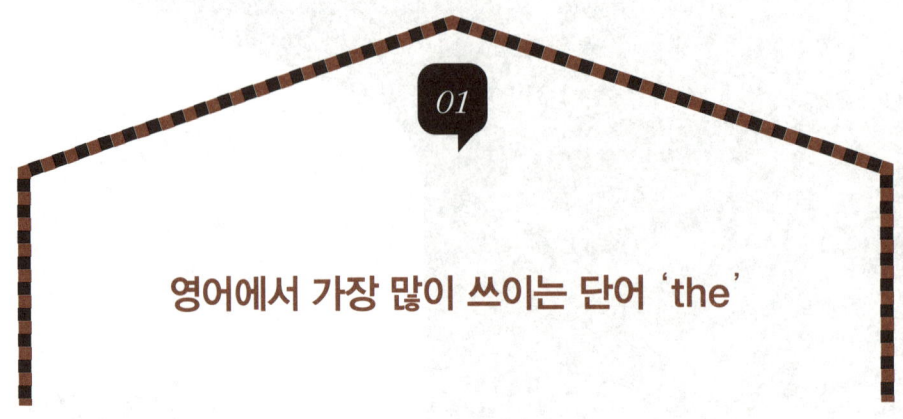

영어에서 가장 많이 쓰이는 단어 'the'

영어에서 가장 많이 쓰이는 단어 ●

영어에서 가장 많이 쓰이는 단어는 무엇일까? 아래의 글을 먼저 살펴보자.

- What do you think is the most commonly used word in English? Here's a hint: It starts with 'th' and ends with 'e'!

  영어에서 가장 많이 쓰이는 단어는 무엇이라고 생각하는가? 힌트는 'th'로 시작하여 'e'로 끝난다.

  - 정답: the

  Can you guess the most commonly used ten words in English?

  영어에서 가장 자주 쓰이는 10개의 단어를 맞혀보세요!

  - 정답: (1) the (2) be (3) to (4) of (5) and (6) a (7) in (8) that (9) have (10) I

the가 첫 번째이고 a가 여섯 번째다. 2006년 6월 22일 영국 옥스퍼드 대학 출판사(Oxford University Press)가 〈the Concise Oxford English Dictionary(콘사이스 옥스퍼드 영어사전)〉 개정 11판을 펴내면서 영어에서 자주 쓰이는 단어를 집계해 발표한 순서다.

02

the는 기존(既存)·기지(既知)·기정(既定)을 지시

the는 앞에 언급되었던 것을 다시 가리킨다.

- First you take (1)<u>a drink</u>, then (2)<u>the drink</u> takes (3)<u>a drink</u>, then (4)<u>the drink</u> takes you.
  처음에는 네가 술을 마시고, 다음에는 술이 술을 마시고, 다음에는 술이 너를 마신다.
  [해설] (2)가 (1)을 받고, (4)가 (3)을 받는다.

- Planning <u>a trip</u> is as much fun as <u>the trip</u> itself.
  여행 계획을 짜는 것은 여행 그 자체만큼이나 즐거운 일이다.

- Oftentimes excusing of (1)<u>a fault</u> does make (2)<u>the fault</u> (3)<u>the worse</u> by (4)<u>the excuse</u>.
  어떤 잘못에 대한 변명은 그 변명 때문에 그 잘못을 도리어 더 악화시킨다.
  [해설] (3) the worse에서 the는 부사로 '그만큼 더', '도리어 더'라는 의미이다.

- I like him (all) <u>the better</u> for his faults.
  나는 그에게 결점이 있기 때문에 도리어 좋아한다.

  She looks <u>the worse</u> for her dieting.
  그녀는 식사 조절을 함으로써 오히려 안색이 나빠졌다.

> The executive Power shall be vested in <u>a President of the United States of America</u>. He shall hold his Office during the Term of four Years, and, together with <u>the Vice President</u>, chosen for the same Term.
>
> 행정권은 아메리카합중국 대통령에게 속한다. 동일한 임기의 부통령과 함께 대통령의 임기는 4년으로 한다.

the가 뒤의 것을 받는 경우도 있다. 이것은 우리말과 다른 영어 특유의 어순 때문이다.

- **Knock <u>the</u> 't' off can't!**
  can't란 단어에서 t를 빼라!

  [해설] can't에서 t를 제거하면 can이 된다. '부정적 태도를 버리고 긍정적 태도를 가져라'라는 말이다.

 A man and his wife were getting a divorce at a local court, but the custody of their children posed a problem. The mother jumped to her feet and protested to the judge that since she had brought the children into this world, she should retain custody of them. The man also wanted custody of his children. The judge asked for his side of the story, too. After a long moment of silence, the man rose from the chair and replied: "Your Honor, when I put a dollar into <u>a vending machine</u>, and <u>a Coke</u> comes out, does <u>the Coke</u> belong to me or to <u>the machine</u>?"

어떤 남자와 그의 부인이 한 지방법원에서 이혼 재판을 하고 있었다. 아이들의 보호가 문제가 되었다. 어머니는 벌떡 일어나 아이들을 낳은 사람은 자기이니 아이들을 계속 보호해야 한다고 판사에게 주장했다. 남편 역시 아이들은 자기가 보호하기를 원했다. 판사는 역시 그쪽 편의 이유를 대라고 요구했다. 남자는 한참 잠자코 있다가 자리에서 일어나 답변을 했다. "판사(判事)님, 자동판매기에 1달러를 넣어서 콜라가 나왔다면 그 콜라의 임자는 누구입니까, 접니까 아니면 그 기계입니까?"

- **to the contrary** 그와 반대의 (앞 명사를 수식하는 형용사구 역할을 한다.)
  on the contrary 그에 반하여, 그러기는커녕 (문장 앞에서 부사구 역할을 한다.)

- **You may be right; there's no evidence to the contrary.**
  네가 옳을 수 있다. (옳다는 것에 대한) 반대 증거가 없기 때문이다.

- **You think me idle, but on the contrary I am diligent.**
  자네는 내가 게으르다고 생각하지만, 그러기는커녕 근면하네.

- A **You've nothing to do now, I think.**
  지금 할 일이 없지.

  B **On the contrary, I have piles of work.**
  그러기는커녕 할 일이 산더미 같아.

03

앞에 언급되지 않았더라도 화자·청자가 다 아는 것일 경우

- Can you open **a window**? 여러 창문들 중에서 아무 것이나 하나

  Can you open **the window**? 창문이 하나일 경우

- Hit **the mark**. 과녁을 맞혀라.

  Toe **the line[mark / scratch]**. 규칙을 지켜라.

  해설 Toe the line의 원래 의미는 '(경주 등에서) 출발선에 발끝을 대고 서다'이다.

- **The time** is 3:29 P.M. 지금 시간은 오후 3시 29분이다.

  해설 There are many times, but the meaning here is the time now.(많은 시간이 있다. 그러나 여기에서의 의미는 지금 시간이다) 이런 경우 '그 ~', '문제의 ~'로 번역되나, 그렇게 번역하지 않아도 되는 경우가 많다.

- Do you have **time**? 시간 있으세요?

  Do you have **the time**? 몇 시입니까?(시계를 차고 있는지 안 차고 있는지를 모를 경우)

  What **time** is it? 몇 시입니까?(시계를 차고 있는 것을 보면서 물을 경우)

  해설 Do you have the time?에서 time은 timepiece(시계)의 준말이다. African time은 아프리카에서 흑인과 백인 사이에서 널리 쓰이는 조크다. 이에 관한 아프리카 속담에 The white man has the clock, but the African has the time.(백인은 시계란 것을 갖고 있지만 흑인은 시간이란 것을 갖고 있다)이 있다. 이 말은 아프리카 사람들의 a lack of punctuality(시간관념 부재)를 말한다. 결혼식에서 3시간 늦는 것은 예사이며, 대부분의 사람들은 이를 대수롭지 않게 생각한다.

the가 붙는 관용어구는 화자·청자가 다 아는 기정(既定) 사실

Don't jump the gun.

'성급하게 굴지 마라', '서두르지 마라'는 뜻이다. 육상 경기에서 선수들이 track의 start line 에서 신호를 기다리고 있고 심판(umpire)은 Ready!(준비!)라고 외쳤다. Bang(빵) 소리가 울릴 순간이다. 그런데 '빵' 소리가 나기도 전에 한 선수가 뛰쳐나갔다. 부정 출발이다. 여기에서 jump the gun(신호보다 먼저 출발하다)이 "어떤 일을 신중하게 생각하지 않고 너무 조급하게 하다"라는 의미를 갖게 된 것이다.

- He shouted at me before I had time to explain, but later he apologized for **jumping the gun**.
  그는 시간을 갖고 설명하기 전에 나에게 소리를 질렀다. 그러나 나중에 자기의 성급함에 대해서 사과했다.

- A I'm going to leave right now.
     지금 가야겠어.

  B Wait. **Don't jump the gun**. It's not finished yet.
     잠깐만, 성급히 굴지 마. 아직 끝나지 않았어.

- Take it easy. 서두르지 마라.

  Take your time.

  Don't rush[hurry].

  Don't jump the gun.

  There is no rush[hurry].

  What's the rush[hurry]?

  Where's the fire?

Cross the bridge when you come to it.

'행동을 취할 시기가 되었을 때 행동을 취하라'는 뜻이다.

- Don't **cross the bridge before you come to it**.
  상황이 벌어지지도 전에 미리 걱정하지 마라. (괜한 걱정을 하지 마라.)

- Don't jump the gun. **Cross the bridge when you come to it**.
  성급하게 행동하지 말고, 때가 되면 행동을 취하라.

- Don't drag your feet when the time to **cross the bridge comes**.
  움직여야 할 때가 오면, 지체하지 말라.

cut the Gordian knot

쾌도(快刀)는 '썩 잘 드는 칼'이란 의미다. 난마(亂麻)는 '어지럽게 얽힌 삼 가닥'이라는 뜻으로 '어지럽게 뒤얽힌 일(complex problem·vexing problem)'을 비유적으로 이르는 말이다. '쾌도난마로 자르다[처리하다]'는 '난마와 같이 뒤얽힌 일을 명쾌하게 단번에 처리하다'는 말이다. '난마'에 해당하는 영어는 the Gordian knot(고르디우스의 매듭), '쾌도난마로 자르다'에 해당하는 영어는 cut the Gordian knot이다. 그 어원을 살펴보자.

 A long time ago, Gordius, King of Phrygia, wanted to give the god Jupiter his cart. He tied his oxen to the cart with a rope. The knot was very difficult and nobody could untie it. The gods promised that the person who first untied the knot would become king of all the East. Alexander the Great said, "If that is true, all the East is mine." Then, he untied the knot just by cutting it in two with his sword. Since then, to cut the Gordian knot means to solve a difficult problem by one brave and quick act, as Alexander did.

옛날 옛적에 프리기아(소아시아의 고대국가)의 왕 고르디우스는 주피터 신에게 자신의 수레를 바치고 싶었다. 그는 밧줄로 자신의 황소를 수레에 묶었다. 그런데 매듭이 너무 꽉 매어져 아무도 그것을 풀 수 없었다. 신들은 이 매듭을 처음 푸는 사람에게 모든 동방을 다스리는 왕을 시켜 주겠다고 약속했다. 알렉산더 대왕은 "그 약속이 지켜진다면 동방은 모두 나의 것이다."라고 말하고서 칼로 매듭을 두 동강 내어 풀었던 것이다. 그때부터 고르디우스의 매듭을 자른다는 말은 알렉산더처럼 어려운 문제를 한 번의 용감하고 신속한 행위로 해결하는 것을 의미하게 되었다.

- He cleanly **cut the Gordian knot**.
  He solved the knotty problem once and for all.
  그는 그 난제를 단칼에 해결했다.

know(learn) the ropes

'밧줄을 안다'는 것은 일의 두미(頭尾)를 안다는 것을 의미한다. 이 말은 뱃사람이 항해 중 어떤 돛을 올려야 할지를 알아야 한다는 사실에 기인하였다.

- You should **know the ropes**.
  일의 요령을 알아야 합니다.

- You **know the ropes** around here.
  귀하는 이 근방에 훤하시군요.

hear straight from the horse's mouth

'확실한 소식통으로부터 직접 듣다'라는 뜻이다. I got it straight from the horse's mouth that Vivian would get a divorce.(비비언이 이혼할 거란 소식을 믿을 만한 사람한테서 직접 들었어) 본인에게 직접 들었을 때나 믿을 만한 소식통으로부터 들었을 때는 hear straight from the horse's mouth라고 표현한다(특정의 마(馬)라는 개념으로 정관사를 붙인다). hear from someone who is directly involved(직접 관계한 사람으로부터 듣다)와 같은 의미이다.

경마장 정보 제공자가 bettor(내기하는 사람)에게 I have gotten the information from the horses themselves and the info is the correct!(말에게서 직접 들은 정보가 있네, 그러니 그만큼 정확할 수밖에!)라며 호언장담한 것에서 비롯됐다. the correct의 the는 부사로 '그만큼'이라는 의미이다.

A Where did you get the news?
  어디서 그 소식을 들었어?

B It **came straight from the horse's mouth**.
  아주 정통한 소식통에게서 나왔어.

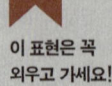
이 표현은 꼭 외우고 가세요!

- Don't jump the gun. 성급하게 굴지 마라. 서두르지 마라.
- Cross the bridge when you come to it.
  행동을 취할 시기가 되었을 때 행동을 취하라.
- cut the Gordian knot 쾌도난마(快刀亂麻)로 자르다[처리하다]
- know[learn] the ropes ~에 대해 잘 알다[배우다], 요령을 잘 알다[배우다]
- hear straight from the horse's mouth 확실한 소식통으로부터 직접 듣다

05

한정(限定)어구가 따르는
가산 또는 불(不)가산명사에는 the를 붙임

모두 of 이하의 한정을 받아 한정 받는 말 앞에 the가 붙는다.

- Brevity is **the soul of wit**.
  간결은 재치의 정수이다. → 말은 간결이 생명이다.

- Beauty is in **the eye of the beholder**.
  아름다움은 보는 사람의 눈 안에 있다. → 아름다움은 보는 관점에 따라 다르다. → 제 눈에 안경

- The phrase Adam's apple was caused by the forbidden fruit, an apple sticking in **the throat of our first parent**.
  후골(喉骨, 울대뼈)이라는 말은 인류 최초의 아버지의 목구멍에 달라붙은 사과, 즉 금단의 열매에서 기인하였다.

- **The mind of a bigot is like the pupil of the eye.** The more light you shine on it, the more it will contract.
  고집통이의 마음은 눈의 동공(瞳孔)과 같다. 동공에 빛을 더 많이 비추면 비출수록 눈은 그만큼 더 좁아진다.
  - 올리버 웬델 홈즈 2세(Oliver Wendell Holmes Jr., 1841~1935)

- A son can bear with composure **the death of his father**, but **the loss of his inheritance** might drive him to despair.
  아들은 아버지의 죽음을 태연히 감당할 수 있으나 유산의 상실은 그를 절망에 빠지게 한다.
  - 마키아벨리(Machiavelli)의 〈The Prince(군주론)〉

- **The pride of the peacock is the glory of God.** 공작의 자랑은 신의 영광
  The wrath of the lion is the wisdom of God. 사자의 분노는 신의 지혜
  The nakedness of woman is the work of God. 여인의 나체는 신의 작품
  - 윌리엄 블레이크(William Blake, 1757~1827) 작 〈The Marriage of Heaven and Hell(천국과 지옥의 결혼)〉 중

- Vivian's only son is **the apple of her eye**.
  비비언의 외아들은 그녀의 눈에 넣어도 아프지 않은 피붙이이다.

06

서수의 수식을 받는 명사에는 the를 붙임

- **The first wealth** is health.
  건강은 첫 번째 부이다. - 에머슨(Ralph Waldo Emerson, 1803~1882)

- He is a first-nighter. 그는 첫 공연의 단골손님이다.
  He is **the first comer** to the party. 그는 그 모임에 맨 처음으로 온 사람이다.
  When's **the last night** of the play you're in? 네가 나오는 연극의 공연 마지막 밤이 언제지?

  [해설] first-nighter: (연극·오페라의) 첫 공연을 빼지 않고 보는 사람(first night(공연 첫날밤)에서 생긴 말). a first-nighter에서 a가 붙은 것은 여러 명 중에 한 명이기 때문이다.

서수라 할지라도 차례 개념이 아닐 때는 the를 붙이지 않음

- a + 서수 = another
  a + 기수 = some
  I'll do it **a second time**. (한 번 하고 나서) 한 번 더 그것을 하겠다.
  I'll do it **a third time**. (두 번 하고 나서) 한 번 더 그것을 하겠다.

- <u>John</u>, <u>Robert</u>, and <u>Daniel</u> are my friends; **the first** is 20 years old, **the second** is 21, and **the third** is 22.
  존, 로버트, 그리고 다니엘은 나의 친구다. 첫 번째(존)는 20세이고, 두 번째(로버트)는 21세이며, 세 번째(다니엘)는 22세다.

- I've four friends; one is Chung, **a second** Lee, **a third** is Park and **the fourth** Han.
  나에게는 친구가 넷 있다. 하나는 '정'이고, 또 하나는 '이'이고, 또 하나는 '박'이고, 나머지 하나는 '한'이다.

  [해설] a second는 another(또 하나), a third는 still[yet] another(다른 또 하나)라는 의미다. the fourth는 the other(그 밖 전부) 또는 the rest(나머지 전부)라는 정(定)의 개념이 강하기 때문에 the를 붙인다.

- This is **the second** violin. 이것은 제2 바이올린이다.

  This is **the second** chapter. 이것은 제2장이다.

  This is **the second** of June. 오늘은 6월 2일이다.

  This is **the second** in command. 이분은 부사령관이시다.

  This is **a second** Solomon. 이분은 또 하나의 솔로몬이다.

  해설 마지막 문장에서는 차례 개념이 아니므로 a를 붙였다. He is a wise man like Solomon.(그는 솔로몬처럼 지혜 있는 사람이다)이라는 의미다.

- Get off at **the second** stop. (second는 형용사)

  두 번째 정류장에서 내려라.

- He was **the second** to come. (second는 명사 보어)

  그는 두 번째로 왔다.

- I am a sophomore.

  I am **a second year** student.

  저는 대학교 2학년입니다.

  해설 a는 student를 수식하여 '한 학생'이라는 의미이므로 second year와 관계없다.

- A What do you think he is like?

    그 사람 어떤 사람이라고 생각하세요?

  B He is **second** to none in many ways.

    그는 여러 면에서 누구 못지않지. (second는 형용사 보어)

- A great writer is, so to speak, **a second government** in his country. And for that reason no regime has ever loved great writers, only minor ones.

  위대한 작가는, 말하자면, 자기 나라에서는 또 하나의 정부이다. 그렇기 때문에 어떤 정권도 2류 작가라면 몰라도 위대한 작가를 좋아한 적이 없다.

  해설 only(접속사)는 뒤에서부터 옮기면 '~을 제외하고', 앞에서부터 옮기면 '그러나'로 해석한다.

- Two dogs strive for a bone, **a third** runs away with it.

  뼈다귀 하나를 놓고 두 마리 개가 싸우자 다른 개가 그것을 물고 달아난다. (어부지리, 漁父之利)

  해설 a third는 still[yet] another(또 다른 하나), 즉 a third party(제삼자)를 말한다.

- Don't give it **a second thought**.

  그것에 대하여 또 다시 생각하지 마라.(걱정하지 마라.)

- A I wonder if he can make it this time.

    그가 이번에는 잘할 수 있을지 모르겠어.

  B Don't give it **a second thought**. He can make it.

    걱정하지 마. 잘 해낼 거야.

습관에 관한 금언(wise saw)

습관(habit)이 거의 천성(nature)과 같다고 보는 수많은 성현들의 금언(金言, wise saw)이 있다. 프랑스의 수학자·물리학자·철학자 파스칼(Pascal, 1623~1662)은 습관은 천성과 같은 것이라고 보았다. 아니 습관은 천성보다 더 절대적이라고 보았다. 그가 한 말을 보자. 절묘하게 정관사와 부정관사를 활용하고 있다.

> Habit is a second nature that destroys the first. But what is nature? Why is habit not natural? I'm very much afraid that nature itself is only a first habit, just as habit is a second nature.
>
> 습관은 제1의 천성을 파괴시키는 또 하나의 천성이다. 천성이란 무엇인가? 왜 습관이 타고난 것이 아니란 말인가? 나는 대단히 유감스럽게도 천성 자체는 또 하나의 첫 번째 습관일 뿐이라고 생각한다. 습관이 또 하나의 천성인 것처럼.
>
> 해설 Why is habit not natural?(왜 습관이 타고난 것이 아니란 말인가?)는 수사(修辭)의문문으로 습관은 천성적으로 타고났다는 것을 강조한 것이다.

- **Habit a second nature**! Habit is ten times nature.
  습관이 또 하나의 천성이라고! 습관은 천성의 열 배다.
  – 워털루에서 나폴레옹을 패퇴시킨 웰링턴(Arthur Wellesley Wellington)

- Habit is, as it were, **a second nature**. (Consuetudo quasi altera natura effici.)
  습관은 말하자면 또 하나의 천성이다.
  – 로마의 정치가이자 법률가 키케로(Marcus Tullius Cicero) 작 〈De finibus(최고선에 관하여)〉

- Train up a child in the way he should go. Even when he is old he will not depart from it.
  마땅히 행할 길을 아이에게 가르쳐라. 그리하면 늙어도 그것을 떠나지 아니하리라. – 잠언(Proverbs) 22장 6절

- **The second half** of a man's life is made up of nothing but the habits he has acquired during **the first half**.
  인생의 후반부는 전반부에 얻은 습관만으로 이루어진다.
  – 러시아 소설가 도스토예프스키(Fyodor M. Dostoevski, 1821~1881)

07

최상급은 물론 최상급에 준하는 형용사에도 the를 붙임

- Habit is **the most imperious** of all masters.
  습관은 모든 지배자 중에서 가장 전제적인 지배자와 같다. – 독일 시인 괴테(Goethe)

> The Guiness Book of Records acknowledges the *Bible* as <u>the world's best selling book of all time</u>. It has been estimated that between 1815 and 1975 some 2.5 billion. *Harry Potter and the Philosopher's Stone* is <u>the most popular of the books</u> in terms of number sold—an estimated 117 million copies worldwide. As of August 2007, the book is number nine on <u>the best selling book list of all time</u>, and is <u>the second best-selling non-religious, non-political work of fiction of all time</u>, beaten only by *Don Quixote* by Cervantes.
>
> 기네스북은 〈성경〉을 인류 역사상 가장 많이 팔리는 책이라고 인정한다. 1815년과 1975년에 걸쳐 25억 부가 팔린 것으로 추산된다. 〈해리포터와 마법사의 돌〉은 판매량—전 세계적으로 1억 1,700만 부가 팔린 것으로 추산—기준으로 볼 때 가장 인기 있는 책이다. 2007년 8월 현재 전(全) 시대 베스트셀러 목록 중 아홉 번째이며, 비종교·비정치 픽션으로는 두 번째로, 세르반테스의 〈돈키호테〉만이 앞서고 있다.
>
> – Wikipedia

The best is the enemy of the good.

- **The fair** is the enemy of **the good**. 보통은 좋음의 적이다.
  The good is the enemy of **the best**. 선은 최선의 적이다.
  The adequate is the enemy of **the excellent**. 그만그만함은 우수함의 적이다.

위처럼 말하는 것이 일반적이다. 그러나 역설적으로 아래와 같이 말하는 경우도 있다.

- **The best** is the enemy of **the good**.
  최선은 선의 적이다. - 프랑스의 문학자이자 철학자 볼테르(Voltaire, 1694~1778)

- Being too good is apt to be uninteresting.
  너무 좋은 것은 흥미 없기 십상이다. - 미국 제33대 대통령 트루먼(Harry S. Truman)

- Too true to Be Good
  너무 진실해서 좋을 수 없는 - 영국의 극작가 버나드 쇼(Bernard Shaw)의 1932년 공연 작품명

The best is the enemy of the good.(최선은 선의 적)이란 무슨 뜻인가? '최선(最善)에 도달하려다 선(善)에도 도달하지 못한다.'라는 의미이다. 예를 들어 아마추어 목수가 탁자를 만드는 데 네 다리가 정확하게 맞지 않자 한쪽을 잘라냈다. 또 맞지 않았다. 자르고 또 자르다 보니 쓸모가 없게 되어 버린 일화처럼 말이다. 최소한의 노력으로도 충분히 좋을 수 있는 일을 조금 더 완벽해지려고 하다가 망쳐 버리지는 않는지!

이와 통하는 다른 영어 표현으로는 Let well alone이 있다. Let what is well alone에서 what is(what은 관계대명사)가 생략된 말로서 '긁어 부스럼 만들지 마라', '좋은 것은 내버려 두어라'라는 의미이다. 용도는 다르지만 표현 양식이 비슷한 우리말에 '과례(過禮)는 비례(非禮)(예가 지나치면 오히려 예의가 아니다)'가 있다.

해리 벡위드(Harry Beckwith)의 저서에 〈Selling the Invisible(보이지 않는 것 팔기)〉이 있다. 새로운 마케팅에 대한 현장 가이드(A Field Guide to Modern Marketing)이다. 저자 해리 벡위드는 서비스의 등급을 (1) Very good(매우 좋은), (2) Good(좋은), (3) Best(가장 좋은), (4) Not good(좋지 않은), (5) Truly god-awful(정말로 지독하게 나쁜)로 매겼다.

여기서 최선(最善)이 세 번째 등급으로 자리 잡은 이유가 있다. 벡위드는 Because getting to best usually gets complicated.(최선에 도달하게 되려면 대개는 복잡하게 되기 때문이다)라고 말한다.

최상급에 준하는 형용사 · 명사

- He is **the supreme ruler**.
  그는 최고통치자이다.

- Vivian was **the belle at the party**.
  비비언은 그 파티에서 가장 아름다운 꽃이었다.
  > 해설 the belle: the most beautiful woman at a party or in a group(어떤 모임이나 집단에서 가장 아름다운 여성). 프랑스어로 아름다운(beautiful)의 남성형이 beau이고 여성형이 belle이다.

- It is **the very last thing** I expected.
  그것은 내가 전혀 예기치 못한 일이다.

- That'll take **the edge** off your hunger.
  그것은 너의 시장기를 줄여 줄 것이다.
  > 해설 edge는 '가장자리'란 의미로, 위의 문장을 직역하면 '그것을 먹으면 너의 허기의 가장자리(언저리)를 떼어내 줄 것이다.'이다.

- **The ultimate solution** to this problem is to get all of our people productive.
  이 문제에 대한 궁극적 해결책은 우리 국민 모두를 생산성 있게 만드는 것이다.

- For the hero of the film, combat is **the ultimate experience** that allows him to find his true self.
  그 영화의 주인공에게 있어서 전투는 자신의 진정한 자아를 찾게 해 주는 궁극적 체험이다.

- There is evidence that regular exposure to **the ultra violet rays of sunlight**, especially if it results in burns, can be harmful to health.
  햇빛의 자외선에 정기적으로 노출되면, 특히 화상을 입게 되면, 건강에 유해하다는 증거가 있다.

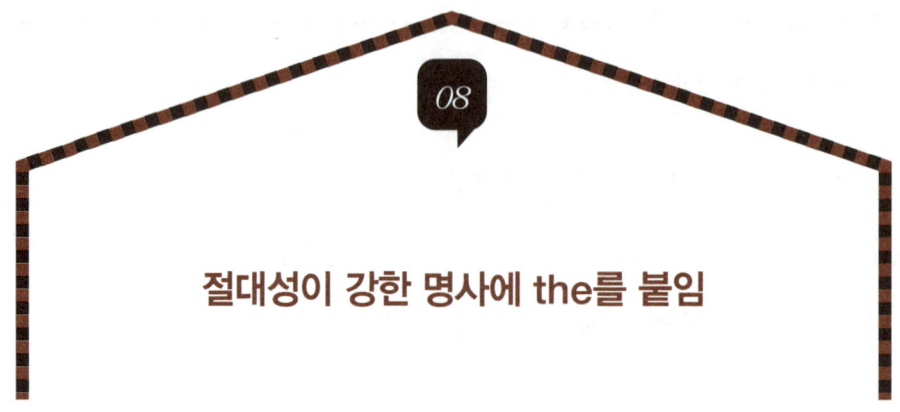

절대성이 강한 명사에 the를 붙임

최상급은 아니지만 그 의미가 최상급에 준(準)하거나 절대성이 강한 것에도 the를 붙인다.

the rule

the rule은 '상습', '습관', '관례', '통례'라는 뜻이다.

- Large families used to be **the rule**.
  예전에는 대가족이 보통이었다.

- Rainy weather is **the rule** here in June.
  이곳은 6월에 언제나 비가 많이 온다.

the thing

보어로 사용되면 '적절한 것', '안성맞춤인 것'이고, 주어로 사용되면 '중요한 것', '당면 문제'이다.

- Surfing is quite **the thing** there.
  그곳에서는 서핑이 그만이다.

- I am not feeling quite **the thing** today.
  나는 오늘 몸이 불편하다.

- **The thing** now is to get well.
  당면 문제는 건강을 회복하는 것이다.

- Thank you for the invitation, but **the thing** is, I'm busy.
  초대해 주어서 감사합니다만, 문제는 내가 바빠서 갈 틈이 없다는 것입니다.

the ticket

주어나 보어로 사용하며 '적당한 것', '안성맞춤인 것', '필요한 것'을 뜻한다.

- A I could use some cold beer.
  시원한 맥주나 마시면 좋겠다.
- B A glass of cold beer! That's just **the (proper) ticket** at the height of summer.
  시원한 맥주 한잔! 한창 더울 때는 그게 제격이지.

  해설 use가 '쓰다', '사용[이용]하다'라는 의미가 아닌, '얻다', '필요하다'라는 의미로 사용되는 경우가 있다. 주로 could use(~을 얻을 수 있으면 좋겠다)의 형태로 사용된다.

the matter

the matter는 '난처한 일', '지장·곤란', '사고(trouble)'를 뜻한다.

- Nothing is **the matter**.
  아무렇지도 않다.

- What's **the matter** with you?
  어찌된 일이냐?

- A Hi! Is anything **the matter**?
  안녕! 무슨 일 있나?
  B No, not at all. I'm just calling to say hi.
  아니, 그냥 안부 전화한 거야.

the fashion

the fashion은 '유행', '인기 있는 물건', '인기 있는 사람'을 뜻한다.

- Wearing miniskirt seems to be **the fashion**.
  미니스커트를 입는 것이 대유행인 것 같다.

- This year **the fashion** is for long, flowing dresses in feminine flower-prints.
  올해 패션은 여성스러운 꽃무늬가 있는, 흐르는 듯 매끈한 긴 드레스이다.

계량(計量) 단위에는 the를 붙임

진시황이 도량형을 통일한 것은 제국을 단일 기준으로 통치하고 싶었기 때문이었다. 이런 이유로 군주들은 도량형 통일에 나섰다. 도량형 통일이 민간에게 필요한 현실적 이유는 사기행위 방지에 있다. 율(律, 형벌)과 도량형(度量衡)을 동일하게 하여 법도(法度)가 한결같아야 사기 행위가 없어진다. 그래야 어린이를 시장에 보내더라도 속이고 협잡하는 일이 없어진다.

나라마다 문화적 배경에 따라 다양한 계량 단위를 갖는다. 애초에 길이의 단위는 사람마다 다른 신체에서 나왔다. 피트는 발 길이, 인치는 엄지손가락 첫마디가 기준이 됐고, 야드는 코에서 손가락 끝까지 길이에서 유래했다. 가장 과학적인 계량 단위는 미터법이다. 미터법의 1미터는 지구 자오선 길이의 4천만 분의 1이다.

1875년 체결된 국제미터협약은 전 세계가 미터법을 사용하는 계기가 됐다. 미국과 캐나다도 언젠가는 영국식 계량제도(measurement system)보다는 미터제도(metric measurement)를 사용하는 전 세계 95%에 끼게 될 것이다. 학생들은 There are 12 inches in a feet, 3 feet in a yard.(1피트는 12인치이고, 1야드는 3피트이다)라고 외울 필요가 없게 될 것이다. 계량 단위는 전 세계적으로 하나로 정해져 가고 있다. 우리나라의 경우 아파트 35평(坪)은 116m²이다. 등기부를 보면 평이라는 단위는 없다. 가로세로 길이를 미터법으로 측정한 후 평으로 환산한 것이다.

- He works **by the day**. 그는 일당으로 일한다.
  Bats sleep **by day**. 박쥐는 낮에 잠을 잔다.

- I work **by the hour**.
  I'm paid on an hourly basis.
  나는 시간당[시급제]으로 일한다.

- They are hired **by the day**.

  They are hired on a daily basis.
  그들은 일당[일급제]으로 고용되었다.

- Sugar is sold **by the pound**.
  설탕은 파운드를 단위로 팔린다.

- Bricks are sold **by the thousand**.
  벽돌은 천 개 단위로 매매된다.

- Our company employs a man **by the job**.
  우리 회사는 사람을 도급으로 고용한다.

- Young man came **by the dozen(s)**, asking her to dance.
  젊은이들이 수십 명씩 와서 그녀에게 춤을 추자고 했다.

- For the sin they **do by two and two** they must pay for **one by one**.
  두 명씩 저지른 죄에 대해 한 명씩 벌을 받아야 한다. – 러디어드 키플링(Rudyard Kipling, 영국 시인)

  해설 by two and two와 one by one은 대구를 이루기 때문에 the가 없다.
  pay for: 벌을 받다 You shall pay dear for this.(이것으로 톡톡히 벌을 받게 될 것이다.)

대비(對比) 개념에는 전치사 to를 사용한다.

- This car does 30 miles **to the gallon**.
  이 차의 연비는 갤런당 30마일이다.

- A I'd like to change some dollars to Won. What's the exchange rate today?
  달러 약간을 원으로 바꾸려고 하는데요. 오늘 환율은 어떻게 됩니까?

  B 1,250 won **to the dollar**.
  달러당 1,250원입니다.

소유격을 대신하는 the

- A Are you travelling alone today?
  혼자 여행하시는 건가요?

  B No. I'm travelling with my family. There is my wife and **the** kids, too.
  아니요. 가족과 함께요. 아내와 아이들도 있습니다.

- Fill this up. Make sure you spell **the** name correctly.

  = Fill this up. Make sure you spell **your** name correctly.
  이것을 작성해 주세요. 성함의 철자를 정확히 써 주시고요.

- If you send e-mails, mind **the** uncrossed t's and undotted i's.

  = If you send e-mails, mind **your** uncrossed t's and undotted i's.
  이메일을 보낼 때는 꼼꼼해야 한다. (이메일을 보낼 때는 t 자에 가로줄을 긋지 않았는지 i 자에 윗점을 찍지 않았는지 살펴라.)

weak at the knees

어떤 사물이나 사람에 대해서 갑자기 강한 감정을 느껴 마치 바닥에 주저앉을 것 같을 때 사용하는 표현이다. 말 자체의 의미는 우리말의 '(그 소식을 들으니) 갑자기 다리에 힘이 쭉 빠진다.' '(그 소식을 들으니) 갑자기 다리가 후들후들 떨린다.'와 같으나, 영어의 경우 사용의 폭이 넓다.

- He was so gorgeous, I felt **weak at the knees** every time he spoke to me.
  그는 정말 멋졌다. 그가 나에게 말을 걸 때마다 다리가 후들거렸다.

- The very thought of jumping out of an aircraft with a parachute made him go **weak at the knees**.
  낙하산으로 비행기에서 점프하는 것을 생각만 해도 다리가 떨렸다.

한자의 月(육달월 변)에 해당하는 the

한문에서 월(月)이란 달(moon)이란 뜻이지만 변(邊)으로 사용되면 몸(body)이나 살(meat)이란 의미이다. 日月(일월)의 月과 구별하여 '육달월 변'이라 부른다. 肉(고기 육: 근육 및 그 단면의 모양을 본뜬 것)의 변형이다. 신체의 각 기관이나 부분의 명칭은 모두 월(月) 변으로 되어 있다. 폐(肺), 오장(五臟), 육부(六腑), 간장(肝臟), 늑막(肋膜), 갑골(胛骨), 배태(胚胎), 비위(脾胃), 뇌수(腦髓), 복막(腹膜), 방광(膀胱), 간담(肝膽), 위장(胃腸), 신장(腎臟), 지방(脂肪) 등등. 영어의 경우 신체의 각 부위는 물론 심신(心身)에 the를 붙인다.

the는 소유격의 대용어

⟨The Old Testament(구약 성서)⟩는 주로 히브리어(Hebrew)로 되어 있고, 일부는 아람어(Aramaic)로 쓰여졌다. ⟨The New Testament(신약 성서)⟩는 처음부터 그리스어로 쓰여졌다. 영어 번역 버전은 무수히 많은데 그 표현이 각각 다르다. 신약 성서 고린도 후서(Second Corinthians) 12장 7절에 나오는 '내 몸의 가시'가 NIV에서는 a thorn in my flesh라고 되어 있고, KJV에서는 a thorn in the flesh라고 되어 있다.

 To keep me from becoming conceited because of these surpassingly great revelations, there was given me **a thorn in my flesh**, a messenger of Satan, to torment me. <NIV>

Lest I should be exalted above measure through the abundance of the revelations, there was given to me **a thorn in the flesh**, the messenger of Satan to buffet me, lest I should be exalted above measure. <KJV>

내가 받은 여러 계시가 지극히 크고 놀라운 것이기 때문에 하나님은 내가 너무 교만해질까 봐 내 몸에 가시 같은 병을 주셨습니다. 이것은 내가 교만하지 않도록 나를 괴롭히는 사탄의 사자입니다.

- 고린도 후서 12장 7절

해설 NIV (New International Version): 1978년 미국에서 번역된 영문 성경
KJV (King James Version): 1611년 영국 왕 제임스 1세의 명에 의해 완성된 성경

신체의 각 부위에 붙이는 예

- **The belly** has no ears.
  배가 고프면 바른 말도 들리지 않는다.(수염이 석 자라도 먹어야 양반)

- Love starts from **the eyes**.
  사랑은 눈으로부터 시작된다. - 이탈리아 속담

- Fair words fill not **the belly**.
  말만 그럴듯하게 하는 것은 배를 부르게 하지 않는다. - 일본 속담

- Good advice is harsh to **the ear**.
  충언역이(忠言逆耳, 좋은 충고는 귀에 거슬린다.)

- Fish begins to stink at **the head**.
  생선은 항상 머리부터 썩는다.(국가나 사회의 부패와 연관해 비유한 말)

- Don't give her **the eyes**. (the = your)
  그녀에게 추파(秋波) 던지지 마.

- I'd like a trim. Just take a little off **the ears and back**. (the = my)
  머리를 다듬고 싶습니다. 귀 부분과 머리 뒤쪽을 조금 쳐 주십시오.

- He's a pain in **the ass**. (the = my)

  = He's a pain in **the neck**.
  그는 골칫거리다.

more than meets the eye(ear)

- I'm not as I appear. (나는 보이는 바와는 다르다.)
  I'm **more than meets the ear**. (the = your) (나는 당신의 귀에 들리는 것 이상의 사람이다.)
  I'm **more than meets the eye**. (the = your) (나는 당신의 눈에 보이는 것 이상의 사람이다.)
  저를 과소평가하지 마세요.

- There is **more** in cooking **than meets the eye**.
  요리는 눈으로 보는 것보다 어렵다.

  There is **more than meets the eye**. I see the soul that is inside him.
  눈에 보이는 게 전부는 아니다. 난 그의 내면이 보이지.

심신에 붙이는 경우

- **The soul** and **the body** are one.
  심신은 하나이다.

- Reading is to **the mind** as food is to **the body**.
  독서의 정신에 대한 관계는 음식의 육체에 대한 관계와 같다.

- **The body** is meant to be seen, not all covered up.
  육체는 싸서 감추라고 있는 것이 아니라 보여주라고 있는 것이다.

- In music one must think with **the heart** and feel with the brain.
  음악은 가슴으로 생각하고 머리로 느껴야 한다.

- Years wrinkle **the skin**, but to give up enthusiasm wrinkles the soul.
  세월이 피부를 주름지게 하지만, 열정을 포기하는 것은 영혼을 주름지게 한다.

- Love looks not with **the eyes**, but with **the mind**. And therefore is winged Cupid painted blind.
  사랑은 눈이 아니라 마음으로 보는 것, 그래서 날개 달린 사랑의 천사 큐피드는 장님으로 그려져 있다.
  - 셰익스피어(Shakespeare) 작 〈A Midsummer Night's Dream(한여름 밤의 꿈)〉

- There's no art to find **the mind**'s construction in the face: he was a gentleman on whom I built an absolute trust.
  얼굴만 보고는 마음속을 알 수 없다. 그는 내가 절대적으로 신뢰하는 신사였다.
  - 셰익스피어 작 〈맥베스(Macbeth)〉 1막 4장 12~15행 덩컨(Duncan)의 대사

- Some patients die simply because they give in to their disease; while others get well simply because they keep a strong will and do not surrender. **The mind** has such power over **the body**.
  단지 병에 굴복하기 때문에 죽는 환자들이 있는가 하면, 단지 강한 의지를 갖고 포기하지 않기 때문에 회복되는 환자도 있다. 정신은 신체를 지배하는 그러한 힘을 갖고 있다.

시청(視聽) 관련 발명품은 인간의 감각 기관의 확장

매스컴 이론가 매클루언(Herbert Marshal McLuhan, 1911~1980)이 말하길 '책은 눈의 확장이고, 옷은 피부의 확장이며, 바퀴는 다리의 확장이고, 전자회로는 중추 신경의 확장이며, 특히 전자 미디어야말로 인간의 감각 기관의 확장'이라고 했다. 인간의 신체의 각 부위에 the를 붙이는 것처럼 television, computer, internet과 같은 전자 매체에도 정관사 the를 붙인다.

the television

텔레비전을 지칭하는 말은 수없이 많다. '바보상자', '제2의 신', '제5의 벽', '세 번째 부모', '알라딘의 램프', '외눈박이 괴물', '눈으로 씹는 껌' 등등으로 표현하면서 텔레비전의 위력이나 문제점을 강조한다. television(TV)에는 원칙적으로 the를 붙이지만 생략하는 것이 일반화되어 있다. TV는 원래 tele(원거리의)와 vision(=seeing/sight)이 합성된 추상적 개념의 명사이다.

- I saw[watched] the Olympics **on (the) television**.
  나는 올림픽 경기를 텔레비전으로 보았다.

- **Television** is chewing gum for the eyes.
  텔레비전은 마치 씹는 껌 같아 쉬지 않고 보게 된다.
  - 미국 건축가 프랭크 로이드 라이트(Frank Lloyd Wright, 1869 ~1959)

- **Television** has a real problem. They have no page two.
  텔레비전은 한 가지 심각한 문제를 안고 있다. 바로 두 번째 페이지가 없다는 것이다.
  - 미국 칼럼니스트 아트 버크월드(Art Buchwald, 1925~2007)

- **Television** has proved that people will look at anything rather than each other.
  TV는 사람들이 서로 마주보느니 차라리 다른 것을 보려고 한다는 것을 입증했다.
  - 미국 칼럼니스트 앤 랜더스(Ann Landers, 1918~2002)

- The pictures on **a television tube** consist of thousands of dots of light, which together form the image that we see.
  텔레비전 브라운관에 나타난 화상은 수많은 빛의 점들로 이루어져 우리가 보는 영상을 형성한다.
  > 해설 a television tube: television은 형용사적 자격으로 주요 단어(head word) tube를 수식한다. 관사는 주요 단어 소관 사항이므로 the를 쓰지 않았다.

the computer

첨단 기술은 흔히 군사 목적으로 개발된다. 컴퓨터도 그랬다. 최초의 컴퓨터인 에니악 (ENIAC, Electronic Numerical Integrator And Computer 미국에서 만들어진 진공관식 컴퓨터)도 제2차 세계대전이 한창이던 1943년 미군이 탄도(彈道) 계산을 빨리하기 위해 주문한 것이다. 전쟁이 끝난 1946년에야 개발을 마쳤지만 사람이 하면 7시간 걸릴 계산을 단 3초 만에 해냈다. 1951년 6월 14일 최초의 상업용 컴퓨터 유니박(UNIVAC, Universal Automatic Computer)이 미국 인구통계청에 설치됐다.

> The computer is only a fast idiot; it has no imagination; it cannot originate action. It is, and will remain, only a tool of man.
>
> 컴퓨터는 민첩한 바보다. 상상력도 없고 스스로 행동할 수도 없다. 현재에도 미래에도 컴퓨터는 단지 인간의 도구일 뿐이다.
>
> – 미국도서관협회(American Library Association)의 UNIVAC에 관한 1964년도 성명서 –

the Internet

첫 자를 대문자 Internet로 표기하면 고유명사가 되어 '세계를 망라하는 거대한 통신망의 집합체'를 말한다. 첫 자를 소문자 internet으로 표기하면 인터네트워크(internetwork)의 약어로 '통신망과 통신망을 연동해 놓은 망의 집합'을 의미한다. 그러나 현실적으로는 구별 없이 사용되고 있으며 대문자가 일반화되어 있다.

- A Is **the Internet** already hooked up?
  인터넷이 이미 연결되어 있나요?

  B No. You need to get connected at your own expense.
  아니요. 개인 비용으로 연결하셔야 합니다.

- **The internet** has proven to be a more effective advertising media than television.
  인터넷이 텔레비전보다 더욱 효과가 큰 광고 매체임이 입증되었다.

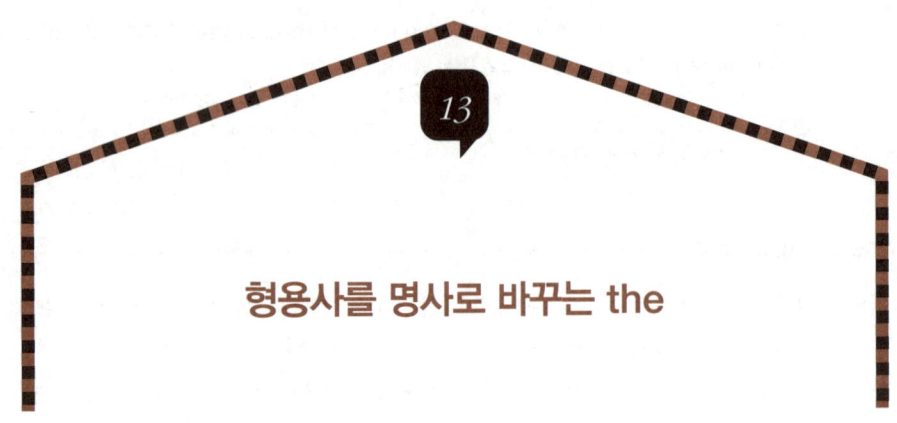

형용사를 명사로 바꾸는 the

the + 형용사 = 단수보통명사

her five-year-old를 '그녀의 다섯 살 난 꼬마'라고 옮긴다. kid(꼬마)라는 단어가 없어도 앞에 five-year-old가 있기 때문에 '그녀의 다섯 살 박이 할아버지'라고 옮길 리 없다. 즉 생략하더라도 의미에 아무런 변화를 줄 가능성이 없는 경우는 생략할 수 있다. 여기에서 생략이란 어법이 생겨난 것이다.

- **Her five-year-old disturbed the other passengers.**
  그녀의 다섯 살 먹은 꼬마가 다른 승객들을 소란스럽게 했다.

- **an** eight-year-old 여덟 살짜리 한 아이 (불특정 개인)
  the eight-year-old 여덟 살짜리 그 아이 (특정 개인)

- the + 형용사 = 특정 개인
  the eldest 연장자
  the Almighty 전지전능한 자, 하나님
  the last named 최종 지명자

- 인칭대명사의 소유격 + 형용사 = 특정 개인
  my darling 당신, 여보 (애칭)
  my dearest 당신, 여보 (애칭)
  my beloved 당신, 여보, 자기 (애인·부부간 호칭)
  my precious 나의 소중한[귀여운] 사람[동물]
  my firstborn 나의 맏이

'the + 형용사'가 단수도 되고 복수도 되는 경우

- the + 자동사의 과거분사 출신 형용사
  the gone 고인들
  the departed 고인, 고인들
  the deceased 고인, 고인들

- We are gathered here today to speak well of **the departed**.
  오늘 우리는 고인의 덕담을 하려고 이 자리에 모였습니다.

- the + 타동사의 과거분사 출신 형용사
  the accused 피고인, 피고인들
  the transgendered 성전환자, 성전환자들
  the bereaved 유족(한 명, 여러 명)
  the bereaved wife 상부(喪夫)한 부인
  the bereaved husband 상처(喪妻)한 남편

the + 형용사 = 사물의 일부분

- the dead of night 한밤중
  the dead of winter 한겨울
  the white of an egg 달걀의 흰자위

- We used to go for walks in the forest in **the dead of night**.
  우리는 한밤중에 숲으로 산책을 가곤 했다.

the + 형용사 = 추상명사

- the beautiful 미 (美 beauty)
  미녀들·아름다운 것들

- Think **the unthinkable**.
  상상할 수 없는 것을 생각하라.

- **The invisible** inspires more fear in us than the visible.
  눈에 안 보이는 것이 눈에 보이는 것보다 우리에게 더 많은 공포를 일으킨다.

- Music can name **the unnamable** and communicate **the unknowable**.
  음악은 이름 지을 수 없는 것들을 이름 짓고 알 수 없는 것들을 전달한다.
  – 미국 작곡가이자 지휘자 번스타인 (Leonard Bernstein, 1918~1990)

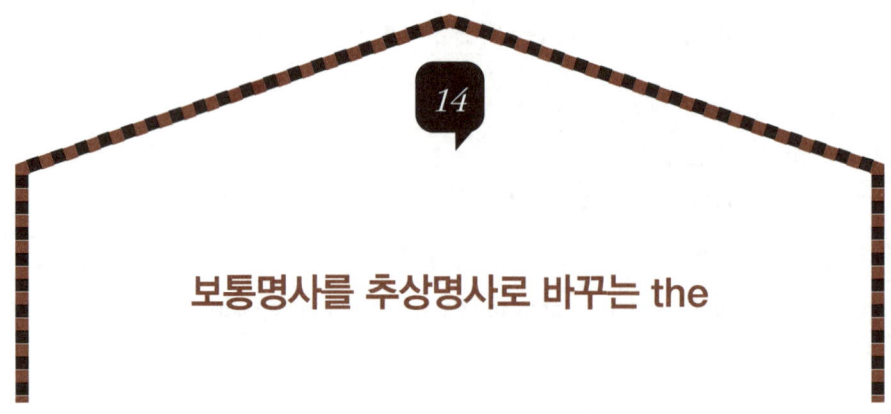

보통명사를 추상명사로 바꾸는 the

[the+보통명사]가 추상명사가 되는 경우가 있다. 구체적으로 살펴보자.

the beast & the devil

- As there is **much beast** and **some devil** in man, so is there some angel and some God in him. **The beast** and **the devil** may be conquered, but in this life never destroyed.
  인간에게는 많은 야수성과 상당한 마성(魔性)이 있는 것과 마찬가지로 상당한 선함과 신성함이 있다. 야수성과 마성은 정복된다 할지라도 현세(現世)에서 결코 없앨 수는 없다.
  – 영국의 시인 콜리지(Samuel Taylor Coleridge, 1772~1834)
  해설 much beast, some devil, some angel, some God에서는 beast, devil, angel, God이 추상명사로 사용되었다. The beast와 the devil은 'the+보통명사=추상명사' 형식을 취하고 있다.

the man & the brute

- I look upon indolence as a sort of suicide; for **the man** is practically destroyed, though the appetite of **the brute** may survive.
  나는 나태를 일종의 자살로 간주한다. 그것은 동물적인 욕망은 남을지 모르나 인간성은 사실상 파괴되기 때문이다.
  – 영국의 정치가이자 문인 체스터필드(Philip Chesterfield, 1694~1773)

the poet & the poem

- It excited **the poet** in him. 그것은 그에게 시흥을 자극했다. (추상명사)
  An inspiration burst upon **the poet**. 그 시인은 갑자기 영감이 떠올랐다. (추상명사)
  He has a good deal of **the poet** in him. 그에게는 시인의 소질이 다분히 있다. (추상명사)

- **The poem** is full of suggestion.　이 시는 여운이 풍부하다. (보통명사)

  They lived **the poem** together.　그들은 함께 시적 정취가 있는 생활을 했다. (추상명사)

the mother & the woman

- The nun was **a mother** to orphans.　그 수녀는 고아들에게 어머니와 같은 존재였다. (보통명사)

  The mother in her was excited at the poor orphan.　(추상명사)
  그 가련한 고아를 보자 그녀 마음속의 모성애가 발동되었다.

- I can see **the woman** in the little girl.　(추상명사)
  그 어린 소녀에게서 여자다움을 볼 수 있다.

- You have too much of **the woman** in you.　(추상명사)
  자네는 여성적인 기질이 너무 많아.

- **The woman** in the wheelchair is being assisted.　(보통명사)
  휠체어에 탄 여자가 도움을 받고 있다.

stage

- He is decorating **the stage**.　(보통명사) (극장의) 무대, 스테이지
  그가 그 무대를 장식하고 있다.

- The man is strutting on **the stage**.
  남자가 무대 위에서 뽐내며 걷고 있다.

- He chose **the stage** as a career.　(추상명사) 배우의 업(業), 연극 관계의 직업
  그는 배우를 직업으로 선택하였다.

- She went on **the stage**.

  She came on **the stage**.

  She became an actress.

  She took to an actress.
  그녀는 배우가 되었다.

- He left **the stage**.

  He quitted **the stage**.

  He went off **the stage**.

  He retired from **the stage**.
  그는 배우를 그만두었다.

Section 2

영어의 품격은
기초 문법에서 시작한다

Chapter 5

정관사가 붙는
고유명사

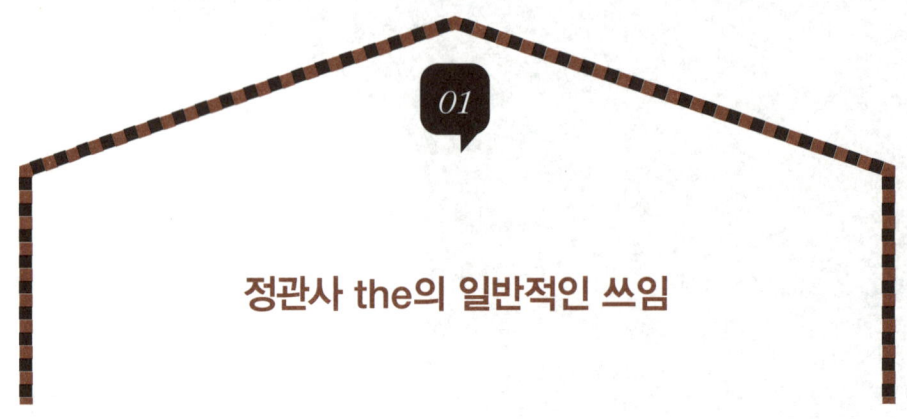

정관사 the의 일반적인 쓰임

출근하는 에드워드 윌슨(Edward Wilson)에게 새로 온 상사 리처드 헤이즈(Richard Hayes)가 말한다. Someone asked me why when we talk about CIA, we don't say "the CIA", and I told him, "You don't say 'the' when talking about God."(누군가 나에게 묻더군. 우리가 CIA를 칭할 때 왜 "the CIA"라고 하지 않느냐고. 난 그에게 말했지. "사람들은 신(God)을 칭할 때 앞에 'the'를 붙이느냐"고)

영화 〈The Good Shepherd(굿 셰퍼드)〉(2006)의 대사 중 하나다. 이 대사는 CIA 요원의 자부심을 나타내는 대목이다. 세계적인 명배우 로버트 드니로(Robert DeNiro)가 감독한 이 영화는 1961년 쿠바 사태를 둘러싼 CIA의 음모와 비밀을 파헤치는 스릴러물로 맷 데이먼(Matt Damon), 앤젤리나 졸리(Angelina Jolie) 등 쟁쟁한 배우들의 열연으로도 관심을 모았던 작품이다.

shepherd의 사전적 의미는 '양치는 사람', '목자(牧者)'이나, 비유적으로 '목사(pastor)', '지도자', '교사'를 의미하기도 한다. the (Good) Shepherd는 성경에서 '선한 목자(그리스도)'를 말한다. 이 영화 제목으로서의 의미는 '국가를 잘 지키는 자 + CIA의 지도적 인물'쯤 된다. 영어에서 ph의 발음은 모두 [f]로 발음된다(예: philosophy, photograph). 단 하나의 예외는 shepherd로 [p]로 발음한다. 이 단어는 sheep(양)+herd(목자, 牧者)의 합성어이기 때문이다.

Mercury(수성), Venus(금성) 등은 고유명사다. 고유명사는 첫 글자를 대문자로 쓰는 대접을 받는다. 해(the sun)와 달(the moon)은 어찌된 일인지 보통명사다. 또 the day of the sun(태양의 날)이라는 의미의 Sunday(일요일)는 고유명사이고 spring(봄)은 보통명사다.

백두산, 천지(天池), 압록강의 영어 표기는 각각 Mt. Baekdu, Cheonji, the Amnok이다. 강 이름에만 the가 붙어 있다. UN 아시아태평양경제사회이사회(ESCAP: Economic and Social Commission for Asia and the Pacific)의 명칭을 보면 Asia에는 the가 없는데 Pacific에는 the가 붙어 있다. 이와 같이 the를 붙이고 안 붙이고는 뒤죽박죽이어서 헷갈린다. 아무런 원칙이 없는 듯 보이나 필자는 조사하고 조사한 끝에 다음과 같은 질서를 찾아냈다.

- 국가
  - 공식 국명에는 the를 붙임
  - 약식 국명에는 관사를 붙이지 않음
  - 기본적으로 the를 붙이는 국명

- 신
  - 비교 관사 없는 신(神)
  - a를 붙이는 신(神)
  - the를 붙이는 신(神)
  - 그리스도는 Christ인가, the Christ인가?

- 자연
  - the sun, the moon, the earth는 보통명사
  - Mercury, Venus, Mars, Jupiter 등은 고유명사

- 계절, 월, 요일
  - 계절 이름은 추상명사
  - 월(月) 이름은 고유명사
  - 요일(曜日) 이름은 보통명사

- 대양, 토지, 섬
  - 대양·바다·만·해협·운하·강 등 수(水) 개념 명칭에는 the를 붙임
  - 대륙·지협·반도 등 바다에 둘러싸인 토(土) 개념 명칭에는 the를 붙임
  - 산·섬·호수 등 토(土) 개념 명칭에는 the를 붙이지 않음
  - 토(土) 개념 복수형 명칭에는 the를 붙임

- 배, 비행기
  - 선박 이름에는 the를 붙임
  - 항공기·우주선 이름에는 관사를 붙이지 않음

- 건물
  - 권위적인 장중한 공공건물 이름에는 the를 붙임
  - 출입이 자유로운 공공시설 이름에는 관사를 붙이지 않음
  - 궁전·성 및 대학 이름에는 관사를 붙이지 않음
  - 서적 및 신문·잡지의 이름은 경우에 따라 다름

공식 국명에는 the를 붙임

공식 국명에는 the를 붙인다. 구조상으로도 'of 이하'의 제한을 받으므로 the를 붙일 수밖에 없다.

the Republic of China	중화민국(대만)
the People's Republic of China	중화인민공화국
the Republic of Korea	대한민국
the Democratic People's Republic of Korea	조선민주주의인민공화국
the Republic of Cuba	쿠바공화국
the United States of America	미합중국
the Republic of Philippines	필리핀공화국
the Kingdom of Netherlands	네덜란드왕국
the Republic of the Sudan	수단공화국
the Democratic Republic of the Congo	콩고민주공화국

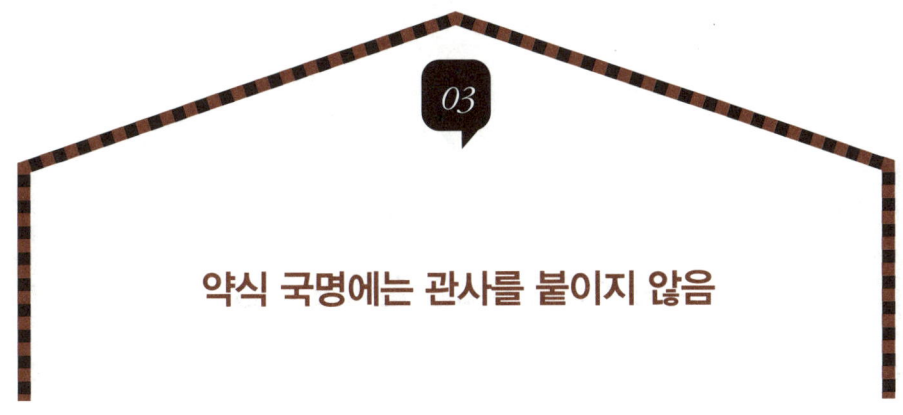

약식 국명에는 관사를 붙이지 않음

약식 국명에는 the를 붙이지 않는다.

- the Republic of Korea 대한민국 ⇨ Korea 한국
  the Republic of Cuba 쿠바공화국 ⇨ Cuba 쿠바
  the Republic of China 중화민국 ⇨ Taiwan 대만
  the People's Republic of China 중화인민공화국 ⇨ China 중국

대한민국

'대한민국'을 그대로 번역(translation)하면 the Great Republic of Korea가 되고, 자역(字譯, transliteration)하면 [Dae han min kuk]이 된다.

중국과 대만

중국 최후의 통일 왕조인 청(淸)나라에 이어 국민당이 1912년 중화민국(the Republic of China)을 세웠고, 중국 공산당은 1949년 대륙을 장악하여 중국 본토에 중화인민공화국을 세웠다. 국민당의 장제스(蔣介石, 장개석) 정권의 중화민국은 중국 공산당과의 내전에 패배한 후 근거지를 대만(臺灣)으로 옮겼다. 대한민국과 중화인민공화국이 공식 외교 관계를 수립(1992년 8월 24일)하기 전에는 중공('중국 공산당'의 약칭)이라 하였으나 수립 후에는 중국('중화인민공화국'의 약칭)이라고 칭한다. 반면 대만의 중화민국(the Republic of China)은 보통 '자유중국', '타이완(Taiwan)', '대만', 'Formosa'라고 한다. Formosa는 라틴어 formosus(영어의 beautiful에 해당)에서 온 포르투갈어다.

기본적으로 the를 붙이는 국명

지명을 기술적으로 작명할 경우

지명을 기술적(記述的)으로 작명할 경우 the(그)를 수반할 수밖에 없다. 스위스의 유명한 산봉우리 the Jungfrau(융프라우, 4,158m)는 독일어다. 영어의 the virgin이나 the maid에 해당한다. 우리말로는 '그 처녀'란 의미다. 이와 같이 보통명사가 고유명사가 되려면 the(그)를 붙여 특정화시켜야 한다. 국명의 경우도 마찬가지다. 보통명사가 고유명사로 전용된 국명의 경우 공식 국명은 물론 약식 국명에도 the를 붙인다.

- the Republic of the Sudan ⇨ the Sudan 수단
  The Republic of The Gambia ⇨ The Gambia 감비아
  the Republic of the Congo (ROC) ⇨ the Congo 콩고공화국
  the Democratic Republic of the Congo (DRC) ⇨ the Congo 콩고민주공화국
  the Kingdom of the Netherlands ⇨ the Netherlands 네덜란드
  (the) Ukraine ⇨ (the) Ukraine 우크라이나

the Republic of the Sudan ⇨ the Sudan(수단)

공식 국명은 the Republic of the Sudan(수단공화국)이며 약식 국명은 the Sudan(수단)이다. the Sudan은 아랍어 Bilad-al-sudan—the country of the blacks(그 흑인들의 나라)—란 의미다. 수단은 지역적으로 아프리카에서 가장 큰 나라다.

The Republic of The Gambia ⇒ The Gambia(감비아)

- The Gambia 감비아
  the Gambia 감비아 강

감비아는 아프리카대륙에서 가장 작은 나라이며 공식 국명은 the Republic of The Gambia(감비아공화국)이다. 약식 국명은 The Gambia이지만 보통 Gambia로 알려져 있다. 수도는 Banjul이다. the Gambia(감비아 강)과 구별하기 위해 각각 The와 the로 쓴다.

the Congo(콩고)라는 이름의 두 나라

- the Republic of the Congo (ROC) ⇒ the Congo 콩고공화국
  the Democratic Republic of the Congo (DRC) ⇒ the Congo 콩고민주공화국

Congo는 콩고 강(the Congo River) 유역에 거주하는 바콩고(Bakongo)라는 부족 이름에서 딴 것으로 hunter(사냥꾼)이라는 의미이다. 콩고 강은 아프리카에서 두 번째로 긴 강이며 유량(流量, discharge, volume of water)으로 보면 가장 크다. 두 나라는 중부아프리카에 서로 인접해 있나. 콩고공화국은 서쪽에 위치하며 영토가 상내직으로 훨씬 작다. 콩고민주공화국은 동쪽에 위치하며 영토가 상대적으로 훨씬 크며 아프리카에서 3번째로 큰 나라다.

콩고공화국은 프랑스 식민지였으며, 수도가 Brazzaville(브라자빌)이므로, 일명 Congo-Brazzaville(콩고-브라자빌)이라고도 한다. 콩고민주공화국은 벨기에 식민지였으며, 수도가 Kinshasa(킨샤사)이므로, 일명 Congo-Kinshasa(콩고-킨샤사)라고도 한다.

the Kingdom of the Netherlands ⇒ the Netherlands(네덜란드)

the Netherlands는 the low countries(낮은 땅)라는 의미다. 네덜란드의 속칭 Holland(화란)는 wooded land(삼림이 많은 땅)라는 의미다. 네덜란드 행정수도(수도는 암스테르담) The Hague(헤이그)는 화란(네덜란드)어로 The Count's Hedge(백작의 사유지)라는 의미다. (The Hague를 표기할 때 The의 'T'는 문장 속에서도 대문자로 쓴다.)

- The Netherlands is the official name of the Kingdom of the Netherlands. The term Holland is commonly used as a synonym for the Netherlands as a whole, but it actually only refers to a region in the west of the country, which has long been the most economically powerful part of the country. The Dutch themselves seldom use the term Holland to refer to their country. They usually call their country Netherland, which is singular. The plural the Netherlands is never used, but is used exclusively as part of the formal expression the Kingdom of the Netherlands, which includes the Netherlands Antilles and Aruba.

The Netherlands는 the Kingdom of the Netherlands의 공식 명칭이다. Holland란 용어는 일반적으로 the Netherlands 전체와 동의어로 사용되지만, 실은 이 나라의 서쪽 지역만을 가리킨다. 이 지역이 오랜 기간 동안 경제적으로 강했기 때문이었다. 네덜란드인 자신은 자기의 나라를 지칭하는 데 Holland라는 용어를 좀처럼 사용하지 않는다. 그들은 보통 단수인 Netherland라고 부른다. 복수형 the Netherlands는 전혀 사용하지 않으며, 전적으로 네덜란드 자치령 안틸레스(Antilles)와 아루바(Aruba)를 포함한 공식 명칭인 the Kingdom of the Netherlands의 일부로 사용할 뿐이다.

해설 안틸레스(Antilles): 카리브 해의 5개 섬으로 네덜란드령이며, 아루바(Aruba) 역시 카리브 해에 있는 섬으로 네덜란드령이다.

- Wikipedia

(the) Ukraine ⇒ (the) Ukraine(우크라이나)

우크라이나의 경우는 별도의 약식 명칭이 없어 정식 명칭과 약식 명칭이 동일하다. Ukraine(우크라이나)의 어원은 borderland(경계지), edge(변두리), region(지역)을 의미하는 고대 슬라브어 ukraina이다.

- Before the country's independence in 1991, usage with the article as "The Ukraine" was of some occurrence. The term 'Ukraine' rather than "The Ukraine" is established in diplomacy and journalism.

1991년 독립 전에는 관사를 붙여서 The Ukraine라고 하는 경우가 종종 있었다. 지금은 외교나 언론에서 The Ukraine보다 Ukraine가 정착되었다.

- Wikipedia

the Republic of Liberia ⇒ Liberia(라이베리아)

1822년 미국 흑인 해방 노예(freed African American slaves)와 다수의 토착민으로 구성된 식민지가 탄생했다. 1847년 미국의 후원 아래 정식으로 독립하여 아프리카 최초의 공화국이 되었다. 그러나 특권계급을 형성하였던 미국계 해방 노예 및 그 후예는 1980년 하사관들이 쿠데타를 일으켜 정권을 장악할 때까지 원주민들의 자유를 억압하는 역사의 아이러니를 남겼다. 라이베리아(Liberia)란 이름은 liberty라는 의미다. liberty는 추상명사이므로 the를 붙이지 않는다.

군도국가 · 연방국가

필리핀처럼 나라가 군도(群島, island groups · archipelago)인 경우나, 미국처럼 연방제 국가인 경우는 the ~s 형태를 취한다.

- the Republic of Philippines ⇒ the Philippines 필리핀
  The Commonwealth of The Bahamas ⇒ The Bahamas 바하마
  the United States of America ⇒ the United States 미국

the Republic of Philippines ⇒ the Philippines(필리핀)

공식은 the Republic of Philippines(필리핀공화국)이며 약식 국명은 the Philippines(필리핀)이다. 7,107개의 섬으로 이루어져 있다. Philippines라는 이름은 스페인의 항해가인 루이 로페스 데 비얄로보스(Ruy López de Villalobos)가 필리핀 탐험 때 당시의 황태자이자 훗날 왕이 된 펠리페 2세(Philip II)의 이름 Filipinas를 따서 붙인 것이다.

The Commonwealth of The Bahamas ⇒ The Bahamas(바하마)

200개의 암초와 700개의 섬으로 이루어진 나라로 공식 국명은 The Commonwealth of The Bahamas(바하마연방공화국)이며, 약식 국명은 The Bahamas(바하마)이다. 중앙아메리카의 쿠바 북동쪽 카리브(Carib)해에 있는 영연방의 섬나라다. 1492년 콜럼버스가 최초로 신대륙에 상륙한 지점이 이곳의 산살바도르(San Salvador)섬이다. 에스파냐의 식민 지배를 받다가 1783년부터 영국의 영토가 되었고 1964년 자치를 인정받아 1973년 독립하였다.

the United States of America(미합중국)

- (the) United States (미국인 스스로는 이렇게 칭함)

  the States (미국인이 국외에서 이렇게 칭함)

  (the) U.S.(A.)

  (the) US(A)

  America

  stateside (형용사·부사)

  > 해설 America는 Korea와 마찬가지로 고유명사이기 때문에 the를 붙이지 않으나 the United States에 the가 붙는 이유는 united states가 보통명사이기 때문이다. 보통명사가 고유명사로 전용되려면 the가 붙어야 한다.

- **America is a large, friendly dog in a very small room. Every time it wags its tail it knocks over a chair.**
  미국은 아주 작은 방 속에 있는 크고 정다운 개 같다. 꼬리를 흔들 때마다 의자를 넘어뜨린다.
  – 영국의 역사가 토인비(Arnold Joseph Toynbee, 1889~1975)

- **The United States want to pay attention to Middle America. (x)**

  The United States wants to pay attention to Middle America. (o)
  미국은 중앙아메리카에 관심을 갖기를 원한다.

stateside(= in(from · to · toward(s)) the United States)

외국 거주 미국인이 본국을 지칭할 때 쓰는 어휘다. 따라서 미국인에 한해서 사용한다. 형용사나 부사로 사용되며, 구어나 언론 보도에서 in[from·to·toward(s)] the United States 대신에 많이 쓰인다. 그 어원을 살펴보자.

- The term stateside originated as U.S. slang in the World War II era, meaning "to, toward or in the United States", usually spoken by a soldier or other U.S. citizen who at that moment was outside the country. If a serviceman was looking forward to a leave allowing him to visit home, he might say with enthusiasm: "I'll be going stateside next month!" After the war, Alaskans picked up on the usage to mean the 48 contiguous states, so that an Alaskan "going stateside" meant one who was traveling south to those states.

  이 용어는 제2차 세계대전 시에 생겨난 미국 슬랭으로 to[toward·in] the United States와 같은 의미다. 흔히 당시 미국 밖에 거주하는 미군이나 미국인이 사용하였다. 현역 군인이 본국 방문을 허가하는 휴가를 고대할 경우, "다음 달에 미국(본국)에 간다."고 감격적으로 말하였다. 전후에는 알래스카 사람들이 서로 붙어 있는 48개 주를 의미하기 위하여 이런 어법을 사용하였다. 그 결과 Alaskan going stateside는 '남쪽 본토의 주(州)로 여행 중인 알래스카 사람'을 의미하였다.

- His debut album was hugely successful **stateside**. (부사)
  그의 데뷔 앨범은 본국(미국)에서 대단히 성공했다.

- The band are currently planning a series of **stateside** gigs. (형용사)
  그 밴드는 지금 일련의 본국(미국) 재즈연주회를 계획하고 있는 중이다.

Pax ~na(ca)

- "Pax Romana" is an idea first presented by Edward Gibbon in the first chapter of The History of the Decline and Fall of the Roman Empire. Together with the Latin name of an empire or nation, Pax refers to a period of peace or at least stability enforced by power. Pax Romana, Latin for "the Roman peace", was the long period of relative peace and minimal expansion by military force experienced by the Roman Empire between 27 B.C. and A.D. 180. Pax Americana is a term to describe the period of relative peace in the Western world since the end of World War II in 1945, coinciding with the dominant military and economic position of the United States.

  Pax Romana는 에드워드 기번이 〈로마 제국 쇠망사〉 제1장에서 처음으로 제시한 개념이다. Pax란 라틴어식 제국명이나 국가명과 함께 쓰여, 힘으로 강제된 평화의 기간, 적어도 안정의 기간을 말한다. Pax Romana—the Roman peace(로마의 지배에 의한 세계 평화)의 라틴어—는 기원전 27년과 기원후 180년 사이 오랜 기간 동안 로마 제국이 이룩한 군사력에 의한 국제적 평화와 최소한의 영토 확장 기간을 말한다. Pax Americana(미국의 지배에 의한 세계 평화)는 1945년 제2차 세계대전 종전 이래 서방세계에서의 국제 간의 평화 기간을 의미하며, 이는 미국의 군사 경제적 지배와 부합한다.

- Pax Sinica 중국의 지배에 의한 세계 평화
  Pax Islamica 이슬람 지배에 의한 세계 평화
  Pax Europeana 유럽의 지배에 의한 세계 평화
  Pax Mongolica 몽고의 지배에 의한 세계 평화
  Pax Ottomana 터키의 지배에 의한 세계 평화
  Pax Hispanica 스페인의 지배에 의한 세계 평화
  Pax Russo-Americana 소련과 미국의 지배에 의한 세계 평화

관사 없는 신(神)

God, Heaven, Providence는 모두 관사가 없으며 첫 자는 대문자로 쓴다.

God

우리나라의 천주교에서는 '하느님', 개신교에서는 '하나님'이라고 한다. heaven은 하늘(sky)을 뜻하는 반면 Heaven은 '신', '하나님'을 의미한다.

- The name God is given to the spiritual being who is worshipped as the creator and ruler of the world, especially by Jews, Christians, and Muslims.

  신(神)이란 특히 유태인들, 그리스도교도들, 회교도들이 세상의 창조자 겸 지배자로서 숭배하는 영적 존재에 붙여진 이름이다.

- **God** is infinitely simple.
  신은 정말로 심플하다. - 이탈리아의 신학자 토마스 아퀴나스(Thomas Aquinas, 1225~1274)

- Nothing is or can be accidental with **God**.
  신에게는 어떤 것도 우연이 아니다. - 미국의 시인 롱펠로(Henry Wadsworth Longfellow, 1807~1882)

- I believe in **God** the Father Almighty, the Maker of heaven and earth.
  전능하사 천지를 만드신 하나님 아버지를 내가 믿습니다. - 사도신경(使徒信經, The Apostles' creed) 첫머리

- **God** doesn't require us to succeed, he only requires that you try.
  신은 우리가 성공할 것을 요구하는 게 아니라 단지 우리가 성공을 위해 노력할 것을 요구한다.

Heaven

- **heaven** 하늘(sky), 천국, 낙원
  Heaven 신, 하느님

- Inscrutable are the ways of **Heaven**.
  신의 뜻은 헤아릴 길 없다.

- Man proposes, God disposes.
  Do your best and leave the rest to Providence[**Heaven**].
  모사(謀事)는 재인(在人)이요, 성사(成事)는 재천(在天)이라.

Providence

- **providence** 선견, 절약, 준비
  by divine providence (신의 섭리로)
  providence 섭리(하느님의 뜻)
  Providence 하느님(God)
  a visitation of Providence 천재(天災: 하늘의 재앙)

In theology, Divine Providence, or simply Providence, is the sovereignty, superintendence, or agency of God over events in people's lives and throughout history. This word comes from Latin providentia "foresight, precaution," from pro "ahead" + videre "to see." The current meaning of the word (Divine Providence) derives from the sense "knowledge of the future" or omniscience, which is the privilege of God.

신학에서 신의 섭리(Divine Providence), 또는 그냥 섭리(Providence)라는 단어는 인간의 삶과 인류의 역사에 있어서 온갖 일에 대한 신의 주권, 감독, 작용을 말한다. 이 단어는 foresight(선견), precaution(예방)을 의미하는 라틴어 providentia, 즉 pro(ahead, 앞)+videre(to see, 보는 것)에서 온 말이다. Divine Providence라는 단어의 현재적 의미는 신의 특권인 "미래를 아는 것", 즉 전지(全知)라는 의미에서 비롯되었다.

a를 붙이는 신(神)

알렉상드르 뒤마(Alexandre Dumas pére, 1802~1870) 원작의 영화 〈The Three Musketeers (삼총사, 1993)〉에서 한 총사가 리슐리외 추기경(Cardinal Richelieu)의 총을 맞는다. 그러나 탄환이 목에 걸고 있는 십자가에 맞아 살아난다. 그때 You see. Here is a God!(신이 있기는 있는 모양이야!)이라고 말한다. 나쁜 상황에서 뜻밖에 좋은 일이 생겼을 때, '하느님이 있다니까!', '이렇게 좋을 수가!'에 해당하는 표현이 바로 There is a God!이다. 여기서 a God은 '신이라는 것[존재]'이라고 옮기는 게 좋다.

> In a philosophy of religion course at an American university, students waded through difficult arguments for and against the possibility of proving God's existence. After weeks of studying Anselm's ontological argument, Kant's critique of theistic proofs, and St. Aquinas's cosmological argument, the professor announced one day that a big exam would be postponed. An exultant student exclaimed, **"There indeed is a God!"**
>
> 미국 어느 대학에서 종교철학 과정을 공부하는 학생들이 신의 존재를 증명할 수 있느냐의 여부에 대한 찬반 주장에 매달려 힘든 시간을 보냈다. 여러 주에 걸쳐 안셀무스의 〈존재론〉, 칸트의 〈유신론 논증 비판〉, 성 아퀴나스의 〈우주론적 논증〉을 공부한 후에 교수는 어느 날 큰 시험의 연기를 발표했다. 기뻐서 날뛰는 학생 하나가 소리쳤다. "정말 하느님이 있기는 있는 모양이야!"
>
> **해설** Anselm : 안셀무스(이탈리아 태생의 신학자)
> ontological argument : 존재론
> Kant's critique of theistic proofs : 칸트의 유신론 논증 비판
> cosmological argument : 우주론적 논증

the를 붙이는 신(神)

the Lord 하느님(God), 그리스도(보통 our Lord)
the Lord God 주 하느님
the Father 하느님 아버지
the Creator 조물주
the (Holy) One 신, 하느님
the One (above) 신, 하느님
the divine Being 신, 하느님
the divine Father 신, 하느님
the Almighty 전능한 신

> 해설 Lord, Father, Creator, One은 모두 보통명사이다. one은 a man, a person, a being과 동일한 의미다. He behaved like one mad.(그는 미친 사람처럼 행동했다) One who goes to France never fails to visit Paris.(프랑스에 가는 사람은 반드시 파리를 찾는다) 특정 존재를 나타내므로 the를 붙일 수밖에 없다.

먼저 Lord의 어원을 살펴보자.

- A Lord is a person who has power and authority. It can have different meanings depending on the context of use. Women will usually (but not universally) take the title 'Lady' instead of Lord. The etymology of the English word lord goes back to Old English 'loaf-guardian'—reflecting the Germanic tribal custom of a superior providing food for his followers. The female equivalent, Lady, may come from words meaning "loaf-kneader." In a religious context, The Lord or The LORD is a name referring to God, Jesus, or the Holy Spirit, mainly by the Abrahamic religions (Judaism, Islam, and Christianity). The Lady is a title used in Christianity to refer to the Virgin Mary.

Lord는 힘과 권위를 갖고 있는 사람이다. 이 단어는 사용된 문장의 전후 관계에 따라서 의미가 달라질 수 있다. 여성은 보통—전칭(全稱)적인 것은 아니지만—Lord 대신에 Lady라는 경칭으로 부른다. lord라는 영어 단어의 어원은 고대 영어 loaf-guardian(가족을 위해 빵을 구해오는 사람)으로 거슬러 올라간다. 이것은 윗사람이 아랫사람에게 먹을 것을 제공한 게르만 부족의 관습을 반영한다. 여성형 Lady는 loaf-kneader(반죽하여 빵을 만드는 사람)를 의미하는 단어에서 나온 것 같다. 종교적 배경으로는, 주로 아브라함 종교(유대교, 이슬람교, 기독교)의 The Lord나 The LORD는 신, 예수, 성령을 가리키는 명칭이다. The Lady는 기독교에서 성모 마리아를 이를 때 사용하는 칭호다.

성경에서는 Lord가 어떻게 쓰이는지 살펴보자.

Moses stretched out his hand over the sea, and all that night **the LORD** drove the sea back with a strong wind and turned it into dry land. The waters were divided, and the Israelites went through the sea on dry ground, with a wall of water on their right and on their left.

모세가 바다 위로 손을 내밀자 여호와께서 큰 돌풍으로 밤새도록 바닷물을 물러가게 하시니 물이 갈라져 바다가 마른 땅이 된지라, 이스라엘 자손이 바다 가운데 육지로 향하고, 물은 그들의 좌우에 벽이 되었다.

- Exodus(출애굽기) 14장 21절

해설 모세가 지팡이로 바다를 '탁' 치자 홍해가 '쫙' 갈라지는 것은 영화에서나 볼 수 있는 장면이다. 사실은 큰 돌풍이 밤새도록 바닷물을 물러가게 한다.

Speak to one another with psalms, hymns and spiritual songs. Sing and make music in your heart to **the Lord**, always giving thanks to **God the Father** for everything, in the name of **our Lord Jesus Christ**. Submit to one another out of reverence for Christ.

시와 찬미와 신령한 노래들로 서로 화답하며 너희의 마음으로 주(하나님)께 노래하며 찬송하며 범사에 우리 주 예수 그리스도의 이름으로 항상 하나님 아버지께 감사하며 그리스도를 경외함으로 피차 복종하라.

- 에베소서(Ephesians) 5장 19~21절

08

그리스도는 Christ인가, the Christ인가?

영화 〈패션 오브 크라이스트(The Passion of the Christ)〉은 독실한 가톨릭 신자인 배우 겸 감독 멜 깁슨(Mel Gibson)이 자신의 돈 2,500만 달러를 투자해 제작한 영화다. 예수가 십자가에 못 박히는 날 하루의 얘기를 담은 영화로 라틴어와 예수 생존 당시 언어인 아람어로 대사가 진행된다. 예수가 고문과 십자가에 못 박히는 장면을 생생하게 묘사하였다. 그런데 이 영화의 원명은 〈The Passion of Christ〉가 아니라 〈The Passion of the Christ〉이나. Christ란 원래 '구세주'란 의미의 보통명사로 특정인을 지칭하려면 정관사 the가 필요하다. 어원을 자세히 살펴보자.

- Christ is a title derived from the Greek Christós, meaning the "Anointed One," which corresponds to the Hebrew-derived "Messiah." The word may be misunderstood by some as being the surname of Jesus due to the frequent juxtaposition of Jesus and Christ in the Christian Bible. Often used as a more formal-sounding synonym for Jesus, the word is in fact a title, hence comes its common reciprocal use Christ Jesus, meaning The Anointed One, Jesus.

Followers of Jesus are known as Christians because they believe that Jesus is the Christ, or the Messiah, prophesied about in the Tanakh (the Jewish Bible). The majority of Jews reject this claim and are still waiting for the Messiah to come. Most Christians now wait for the Second Coming of Christ when they believe he will fulfill the rest of the Messianic prophecy.

Christ는 그리스어 Christós에서 나온 말로 The Anointed One(기름 부어진 자)라는 의미의 칭호다. 이 말은 히브리(이스라엘)어에서 나온 Messiah(구세주)란 말과 동일한 의미다. 이 단어(Christ)는 예수(Jesus)의 성이라고 오해되기도 하는데, 이는 기독교의 성경에서 예수(Jesus)와 그리스도(Christ)가 병치(竝置, juxtaposition)되어 나오기 때문이다. 종종 이 단어(Christ)가 예수(Jesus)의 동의어(보다 공식적으로 들리는)로 사용되지만 사실은 칭호다. 여기에서 '기름 부음을 받은 자, 예수(The Anointed One, Jesus)'를 의미하는 Christ Jesus라고 한꺼번에 사용하는 용법이 생겼다.

예수를 믿는 사람을 기독교도라고 하는데 이는 그들이 예수를 타나크(Tanakh, 유대교 경전)에 예언된 구세주, 즉 메시아라고 믿기 때문이다. 대다수의 유대인은 이러한 주장을 받아들이지 않으며 여전히 메시아가 오기를 기다리고 있다. 지금 대부분의 기독교도들은 그가 메시아 예언의 나머지를 이룰 것이라고 믿으면서 그리스도의 재림(the Second Coming of Christ)을 기다리고 있다.

해설 anoint: 머리에 기름을 부어 신성하게 하다.

Jesus라는 이름(name)은 히브리어로 Jehovah rescues(하나님은 구원해 주신다)라는 뜻을 갖고 있다. Christ, Saviour, Messiah는 모두가 보통명사이나 the나 our의 수식을 받아 고유명사로 변한 경우이다. 예수(Jesus)를 지칭하는 여러 가지 경우를 보자.

Jesus 예수
Jesus Christ 예수 구세주
Christ Jesus 구세주 예수
the[our] Christ 그[우리의] 구세주
the[our] Saviour 그[우리의] 구세주
the[our] Messiah 그[우리의] 구세주
the Son (of God) (신의) 아들

 I will do whatever you ask in my name, so that the Son may bring glory to the Father. You may ask me for anything in my name, and I will do it.

너희가 내 이름으로 무엇을 구하든지 내가 시행하리니 이는 아들(예수)이 영광을 아버지(하나님)께 돌리게 함이니라. 내 이름으로 무엇이든지 내게 구하면 내가 시행하리라.

- 요한복음(John) 14장 13~14절

'살아 있는 부처'라고 불리는 Dalai Lama(달라이 라마)는 티베트 라마교의 최고 성직자이며 최고 정치 지도자다. 본명은 Jampel Ngawang Lobsang Yeshe Gyatso다. Dalai는 몽골어로 '대양(大洋, ocean)처럼 큰(大, grand)'이란 뜻이고 Lama는 '티베트 불교의 성직자'란 의미이다. 합치면 '대(大)성직자'란 의미의 보통명사다. 그러므로 원칙적으로 the Dalai Lama(大라마)라고 하거나 His Holiness The Dalai Lama(大라마 聖下)라고 해야 한다.

반면에 고대 로마 장군의 이름 Caesar(영어 발음으로는 '시저', 라틴어 발음으로는 '카이사르')는 '황제'를 의미하는 보통명사가 되었다. 마태복음 22장 Give to Caesar what is Caesar's, and to God what is God's.(카이사르 것은 카이사르에게 돌리고 하느님의 것은 하느님께 돌려라)에서의 Caesar는 고유명사가 아니라 황제를 의미한다.

아우구스투스(Augustus, BC 63~BC 14: 원래는 이름이 아닌 칭호)의 본명은 가이우스 옥타비우스 투리누스(Gaius Octavius Thurinus)다. 기사 신분의 가이우스 옥타비우스와 율리우스 카이사르의 질녀인 아티아(Atia)의 아들로 태어났다. 기원전 44년 3월 15일 그가 19세가 되던 해 카이사르가 암살된 직후 공개된 유언장을 통해 그의 이름을 받고 양자가 되었다. 그 이후 그의 이름은 가이우스 율리우스 카이사르 옥타비아누스(Gaius Julius Caesar Octavianus)가 되었다.

기원전 31년 옥타비아누스는 안토니우스-클레오파트라 7세의 연합군을 악티움(Actium) 앞바다에서 맞아 싸웠다. 상대적으로 적은 군사와 함선들에도 불구하고 옥타비아누스는 승리를 거두었다. 그 공로로 옥타비아누스는 기원전 27년 1월 16일에 원로원으로부터 프린켑스(Princeps: First Citizen, 제1인자)의 직함과 아우구스투스(Augustus: the Revered One, 존엄한 자)라는 경칭(honorable title)을 로마 역사상 최초로 받았다. 또한 병사들로부터는 임페라토르(Imperator: Commander, 사령관)라는 칭호도 받았다.

아우구스투스(Augustus), 임페라토르(Imperator), 프린켑스(Princeps) 등 모두가 '황제'란 의미로 변화되었다. 이 중 '아우구스투스'는 로마 제국의 초대 황제의 이름으로도 사용되어 고유명사화되었다. 그의 통치 기간에 예수가 태어났다. 누가복음(Luke) 2장 1절을 보자.

In those days Caesar Augustus issued a decree that a census should be taken of the entire Roman world. <New International Version>

이때에 전 로마의 인구를 조사하라는 명을 카이사르 아우구스투스가 내렸다.

- 누가복음(Luke) 2장 1절

09

the sun, the moon, the earth는 보통명사

a star

star는 a large ball of burning gas in space(스스로 빛을 내는 우주 공간의 가스 천체)를 뜻한다. 우주에는 수많은 별들이 있으며 육안으로 약 6,000개 정도가 보인다. 태양은 별 중의 하나다.

a sun

sun은 any star with a system of planets revolving around it(공전(空轉)하는 행성(行星) 체계의 중심에 있는 별)을 뜻한다. 좀 더 구체적으로 fixed star라고 하며, 우리말로는 '붙박이 별' 또는 '항성(恒星)'이라고 한다.

the sun

'태양(太陽)'의 글자 그대로의 의미로는 '막대한 열(熱)에너지와 광(光)에너지의 발산'이다. 태양은 항성 중 하나이며, 지구에서 가장 가까운 항성이다. 우주의 수많은 항성의 하나인 '태양(우리의 항성)'을 지칭할 때는 정관사를 붙여 특정화해야 한다. 다음의 글은 sun이 보통명사라는 것을 과학적으로 서술해 주는 내용이다.

> Scientists say that the universe was born about fifteen billion years ago, and that it is getting bigger all the time. They say that our sun is neither very big nor important, except to us, of course. Scientists think it was created about 4.5 billion years ago and that it will live another 5 billion years. Most people believe the sun doesn't move, but they are wrong. It is moving at about twenty kilometers per second toward a group of stars called Hercules. The sun and the planets together make up a solar system. Our solar system is one of many solar systems making up our galaxy, the Milky Way. Our galaxy is not the only cluster of stars in the universe. There are billions of other galaxies, too. Among all these billions of stars, there are probably many that have planets like our Earth.
>
> 과학자들은 우주가 150억 년 전에 생성하여 계속해서 팽창하고 있는 중이며, 태양(우리의 항성)은 별로 크지도 않고 별로 중요하지도 않다—물론 우리 인간에게는 아니지만—고 말한다. 태양은 45억 년 전에 생겼으며 앞으로도 50억 년 동안 생명을 유지할 것이란 것이 과학자의 견해다. 대부분의 사람들은 태양(우리의 항성)은 움직이지 않는다고 믿고 있다. 그러나 그것은 잘못이다. 태양은 허큘리스라는 성단(星團)을 향하여 초당 약 20km의 속도로 움직이고 있다. 태양과 행성(行星)이 어우러져 하나의 태양계를 구성한다. 우리의 태양계는 우리의 은하(銀河)—the Milky Way(우유 빛깔의 길)—를 구성하는 수많은 태양계 중의 하나다. 우리에게 보이는 은하는 우주의 유일한 성단(星團)이 아니다. 이 외에 수십 억의 은하가 있다. 이 모든 수십 억의 별 가운데 우리가 살고 있는 지구와 같은 여러 개의 행성(行星)을 갖고 있는 수많은 항성(恒星)이 있을 수 있는 개연성이 많다.

the moon

달(moon)의 기본적인 의미는 a body that moves around a planet(행성의 주위를 도는 물체)이다. 즉 moon은 satellite(위성)와 동의어다. 지구 주위를 돌고 있는 특정의 달을 지칭해서 말할 때는 the moon이라고 해야 한다.

- The sun shines in the daytime and **the moon** (shines) at night.
  태양은 낮에 빛나고 달은 밤에 빛난다.

- **The moon** is about 7,000 miles in circumference.
  The circumference of **the moon** is about 7,000 miles.
  달의 원주는 약 7,000 마일이다.

- Triton is **the largest moon** of Neptune, with a diameter of 2,700km.
  Triton is **the largest moon** of Neptune, with a diameter of 2,700 kilometers.
  트리톤은 해왕성의 가장 큰 위성으로 직경이 2,700km다.

- Jupiter has at least 63 natural satellites. Of these, 47 are less than 10km in diameter.
  목성은 적어도 63개의 천연 위성을 갖고 있다. 이 중 47개는 직경이 10km 미만이다.

- A I will be a millionaire.
     나는 백만장자가 될 거야.

  B Don't cry for **the moon**.
     무리한 욕망을 갖지 마.
     해설 moon에 형용사를 붙여 한 양상 또는 특정 시점의 달을 말할 때는 부정관사도 쓴다.

- a new moon 초승달
  a half moon 반달
  a full moon 보름달
  an old moon 그믐달

Plant annuals (flowers or vegetables) that bear above the ground when the moon is waxing. That is, from the day after the moon is new to the day before the moon is full.

지상에서 열매 맺는 식물(꽃이나 채소)은 달이 차 가는 시기에 파종하라. 곧 초승달이 뜨는 날부터 보름달이 뜨는 날까지다.

지구, 육지(earth)

earth의 기본적 의미는 '바다의 반대 개념인 육지(land, as opposed to sea)' 혹은 '하늘의 반대 개념인 땅(land, as opposed to sky)'이란 의미의 물질명사이다. 지구를 지칭하려면 정관사를 붙여 the earth라 해야 한다. 지구를 영어로 표기할 때, 대문자로 표기하는 경우도 있고, 정관사 the를 붙일 때도 있고 붙이지 않을 때도 있다. 그 다양한 표기 용법을 자세히 살펴보자.

Earth 태양에서 세 번째 떨어져 있는 행성(the third planet from the sun)
the Earth 인간이 살고 있는 장소로서의 행성(the planet as the place where we live)
the earth 인간이 살고 있는 육지 표면(the land surface on which we live)
earth 지구 육지 표면의 물질(the substance on the land surface of the earth)
on earth 지상(地上) 위에
to earth 지상(地上)으로

Earth

- **Earth** is the third planet in order of distance from the sun.
  지구는 거리상으로 태양에서 세 번째 떨어져 있는 행성이다.

- Has anyone seen the movie about the alien invasion of **Earth**?
  외계인의 지구 침공을 다룬 영화를 본 사람 있습니까?

- With the exception of **Earth**, all of the planets in our solar system are named for gods and goddesses in Greek or Roman legends.
  지구를 제외하고 태양계의 모든 행성은 그리스나 로마 신화의 신이나 여신의 이름을 따서 명명되었다.

the Earth

- People usually say Earth when they are referring to the planet as part of the universe, and **the Earth** when they are talking about the planet as the place where we live.
  이 행성(지구)을 우주의 일부로 언급할 때 Earth라고 하고, 우리가 살고 있는 행성에 관해서 말할 때는 the Earth라고 한다.

- The revolution of **the Earth** causes day and night.
  지구의 자전이 낮과 밤을 가져온다.

- The orbit of this comet intersects the orbit of **the Earth**.
  이 혜성의 궤도가 지구 궤도를 가로지른다.

- Perihelion means that in summer **the Earth** is at its the closest point to the sun.
  근일점(近日點)은 여름에 지구가 태양과 가장 가까이 접근하는 궤도상의 점이라는 의미이다.

- As the ship rose from the ground, **the Earth** people agreed that this had been the very best zoo.
  우주선이 지상으로부터 떠오를 때, 지구인들은 지구가 그야말로 명(名)동물원 같았다고 입을 모았다.

- **The Earth** and all the boundless Universe move in space with the ease of a bird in flight and the rhythm of its song.
  지구와 이 끝없는 우주는 나는 새처럼 가볍게 그리고 새의 노래의 리듬처럼 공간을 움직인다.

the earth

- **The whole earth** desires peace. (집합명사)
  지구상의 모든 사람들은 평화를 갈망한다.

- During a solar eclipse, the moon passes between **the earth** and the sun.
  일식(日蝕) 동안 달은 지구와 태양 사이를 지나간다.

- Many build castles in the air who are not capable of building a hut on **the earth**.
  땅위에 움집 하나 세울 능력이 없는 자들이 공중에 많은 누각을 짓는다.

- **The moon** goes round **the earth** and **the earth** goes round the sun.
  달은 지구 주위를 돌고, 지구는 태양 주위를 돈다.

- **The earth** makes one revolution on its axis every twenty-four hours.
  지구는 그 축을 중심으로 24시간에 일회전한다.

- **The earth**'s circuit of the sun takes a year.
  The revolution of **the earth** around the sun takes a year.
  지구의 공전은 1년이 소요된다.

- the earth 해, 달, 별에 대하여 지구라는 상대적 개념
  the globe 인간이 사는 둥근 세계로서의 지구라는 절대적 개념
  the world 지상의 모든 국가 또는 그 활동, 관심사 등을 고려한 개념

- The spacecraft went into orbit around **the earth**.
  우주선은 지구 궤도에 진입했다.

- A traveler circled **the globe**.
  한 여행자가 지구를 일주했다.

- We talked about the state of **the world**.
  우리는 세계정세에 대해서 이야기했다.

earth

earth는 the substance on the land surface of the earth, for example clay or sand, in which plants grow(지구 내륙 표면의 물질, 예를 들면 식물이 자라는 흙이나 모래)를 뜻한다.

- The road winds for miles through parched **earth**.
  이 길은 내내 바짝 마른 땅을 지나 꼬불꼬불 구부러져 있다.

on earth

- The warm sunshine made the people **on earth** happy, and they smiled, too.
  따뜻한 일광이 땅 위의 사람들을 행복하게 해서 그들 역시 웃었다.

- For two nights only, under the big top, come and enjoy the greatest show **on earth**!
  딱 이틀 밤, 대형 텐트 아래서 펼쳐지는 지상 최대의 쇼를 보러 오십시오!

- Where **on earth** have you been?
  도대체 너는 어디 있었느냐?

to earth

- The space shuttle Atlantis returned safely **to earth** today.
  우주 왕복선 아틀란티스호가 오늘 안전하게 지구로 귀환했다.

- She isn't into jewelry. She's a no frills, **down to earth** kind of person.
  그녀는 보석을 별로 좋아하지 않는다. 치장을 잘 안 하고 겉치레하지 않는 편이다.
  해설　down to earth: 실제적인, 현실적인

10

Mercury, Venus, Earth, Jupiter 등은 고유명사

행성(行星, planet)—'떠돌이별'이라고도 함—은 중심 별(태양이나 다른 별들)의 강한 인력의 영향으로 타원 궤도를 그리며 중심 별의 주위를 도는 천체를 말한다. 스스로 빛을 내지 못하고, 중심 별의 빛을 받아 반사한다(혜성·유성·위성은 별도 개념이다). planet(행성, 떠돌이별)이라는 영어 단어의 유래를 보자.

- In ancient times, astronomers noted how certain lights moved across the sky in relation to other stars. The lights were first called 'planëtai,' meaning 'wanderers,' by the ancient Greeks, and it is from this that the word 'planet' was derived.

    고대 천문학자들은 하늘에서 어떤 천체가 다른 별과 관련하여 어떻게 이동하는가에 주목하였다. 고대 그리스 사람들은 이 천체를 처음에 planëtai—wanderers(떠돌이)라는 의미—라고 불렀다. planet은 여기서 기원했다.

    해설 light: (1) 광선, 햇빛 (2) 발광체, 광원, 태양, 천체
    certain lights(어떤 천체): 태양과 달, 5개의 행성(수성·금성·화성·목성·토성), 도합 7개의 천체를 지칭한다. 이들은 망원경이 발명되기 전에도 방랑하는 천체로서 눈에 쉽게 보였던 천체들이다.

행성의 이름은 the earth 이외에는 신화 속의 신의 이름을 쓰고 있으므로 일반적으로 관사를 붙이지 않는다. 다만, 신의 이름과 구별하기 위하여 동격으로 the planet Venus와 같이 쓸 때가 있다. the planets of our solar system(태양계의 행성)은 아홉 개로, 태양에서 가까운 순서대로 하면 다음과 같다.

- 수성(水星)　　　　Mercury
  금성(金星)　　　　Venus
  지구(地球)　　　　Earth
  화성(火星)　　　　Mars
  목성(木星)　　　　Jupiter
  토성(土星)　　　　Saturn
  천왕성(天王星)　　Uranus
  해왕성(海王星)　　Neptune
  명왕성(冥王星)　　Pluto(2006년 8월 24일 행성의 지위를 잃음)

2006년 8월 24일 국제천문연맹(the International Astronomical Union)은 행성의 정의를 새롭게 하여 명왕성을 행성에서 제외시켰다. 명왕성은 충분한 질량을 갖고 있지 못한 데다 해왕성의 궤도와 일부 겹치고 주변에 비슷한 크기의 행성이 있어 주변 궤도에서 지배적인 위치를 갖지 못하기 때문이다. 태양을 공전하는 구형의 천체이지만 궤도에서 지배적인 역할을 하지 못하는 천체들은 dwarf planet(왜(矮)행성·난쟁이 행성)이라고 새롭게 정의했다. 1930년 발견된 이래 76년 동안 행성의 지위를 누려온 명왕성은 그 자리를 박탈당하고 dwarf planet으로 전락했다. 9개였던 태양계의 행성은 8개로 줄었다.

- Under IAU definitions, there are eight planets in the Solar System (Mercury, Venus, Earth, Mars, Jupiter, Saturn, Uranus, and Neptune) and also at least three dwarf planets (Ceres, Pluto, and Eris). Many of these planets are orbited by one or more moons, which can be larger than small planets. There have also been more than two hundred planets discovered orbiting other stars. Take a long look at the night sky where there is a crescent moon. Right next to it is the brightest star in the sky, which is really the planet Venus. To the left is the next brightest planet, Jupiter. And then almost right on the top of Jupiter is a small red planet. It is Mars.

  IAU의 정의에 따라 태양계에는 8개의 행성(수성, 금성, 지구, 화성, 목성, 토성, 천왕성, 해왕성)이 있으며 적어도 3개의 난쟁이행성(케레스, 명왕성, 에리스)이 있다. 이러한 행성 중 많은 것들을 중심으로 한 개 혹은 그 이상의 위성이 궤도를 그리며 돈다. 이 위성의 크기는 작은 행성보다 큰 것도 있다. 역시 200개 이상이 행성이 다른 항성을 궤도 비행하는 것으로 발견되었다. 초승달이 있는 밤하늘을 응시하면 바로 옆 오른쪽에 하늘에서 가장 밝은 별이 있는데 그것이 바로 금성이라는 행성이다. 왼쪽으로 두 번째로 밝은 별이 있는데 그것은 목성이다. 목성의 거의 바로 위에 조그마한 빨간 행성이 있는데 그것은 화성이다.

계절 이름은 추상명사

season(계절)의 어원은 라틴어 satio(sowing, 씨 뿌리기)로 appropriate time of sowing(씨를 뿌리는 적절한 시기)이란 말이다. spring, summer, fall[autumn], winter는 모두 추상명사로 취급한다. in the spring(그해 봄에)처럼 특정의 봄을 말할 때는 the를 붙여야 한다. 사전에는 막연하게 봄을 말할 때는 in (the) spring처럼 the를 붙여도 좋고 안 붙여도 좋다고 되어 있으나 실제로는 the를 거의 붙이지 않는다. 머리글자를 대명사로 쓰지도 않는다.

- Should I capitalize the names of seasons, such as Spring and Summer? The seasons of the year are not capitalized as a rule, except in some literature like in poetry when a season is personified. However, it is certainly ok to capitalize the names of the seasons, especially when doing so often makes it clearer that you are talking about a season.

  사계절의 이름을 Spring, Summer처럼 대문자로 써야 하는가? 계절이 의인화되는 시(詩) 같은 문학 작품을 제외하고는 사계절은 대문자로 사용하지 않는다. 그러나 특히 어떤 계절에 관하여 이야기하는 것을 분명히 할 때 계절 이름을 대문자화하는 것은 물론 당연하다.

spring |봄|

- In the US, summer is generally thought of as March, April, and May. Spring's etymology is from Old English as 'the place of rising or issuing, esp. of a stream, river, etc.'

  미국에서 봄은 일반적으로 3, 4, 5월을 말한다. spring의 어원은 '개울이나 강 등의 물이 솟아오르거나 분출하는 지점'이라는 고대 영어에서 비롯되었다.

봄은 만물이 소생하는 계절이다. spring은 자동사로 '(식물이) 나다', '싹이 트다'라는 의미다. The rice is beginning to spring up.(벼가 패기 시작한다) 명사로는 (1) 뛰어오름, 도약, 비약, 약동 → (2) 용수철, 스프링 → (3) 튀어 돌아옴, 반동 → (4) (마음의) 탄력, 원기, 활력 → (5) 동기, 원동력 → (6) 샘, 수원지, 원천 → (7) 발생, 본원, 근원 → (8) 봄(영국에서는 대체로 2, 3, 4월, 미국과 한국에서는 3, 4, 5월).

- The subtle influence of **spring** has awakened almost all forms of vegetation, and millions of hidden plants that the winter beneath the soil have broken through the thick covering of dead leaves.
  봄의 미묘한 기운으로 거의 모든 종류의 초목은 눈을 뜨고, 땅 밑에서 겨울을 보낸 수백만의 숨은 식물들이 두껍게 쌓인 나뭇잎을 뚫고 나온다.

summer | 여름 |

영어 summer의 어원을 거슬러 올라가면 최초의 뿌리는 '반년', '년', '계절'을 뜻하는 산스크리트어 sama다. 사계절이 분명하지 않은 지역에 터를 잡고 살았던 인도유럽어족(Indo-European languages)에게 여름은 한 해의 절반이었고 여름에 생산이 집중됐기에 여름이 가면 한 해가 다 지나가는 것이나 다름없었다.

- in late summer
  late in summer
  towards the end of summer
  늦은 봄에

- during the summer
  그해 여름 동안
  해설 특정의 여름을 말하므로 당연히 the를 붙임

- in the summer of 1998
  1998년 여름 동안
  해설 of 이하의 제한을 받으므로 당연히 the를 붙임

- Of all seasons I like **summer** (the) best.
  사계절 중 봄이 제일 좋다.

- This is how I beat **summer** and winter for sure.
  이것이 내가 여름과 겨울을 확실히 물리치는 방법이다.

- He **summers** in the country every year.
  그는 해마다 시골에서 피서한다.
  해설 summer가 동사로 사용되면 '여름을 보내다', '피서하다'라는 의미다.

autumn · fall | 가을 |

- The autumn derives from the Latin word autumnus. There are rare examples of its use as early as the 14th century, but it became common only in the 16th, around the same time as fall, and the two words appear to have been used interchangeably.

Before the 16th century harvest was the term usually used to refer to the season. However as more people gradually moved from working the land to living in towns (especially those who could read and write, the only people whose use of language we now know), the word harvest lost its reference to the time of year and came to refer only to the actual activity of reaping, and fall and autumn began to replace it as a reference to the season.

The alternative word fall is now mostly a North American English word for the season. It traces its origins to old Germanic languages. The exact derivation is unclear, the Old English fiæll or feallan and the Old Norse fall all being possible candidates. However, these words all have the meaning "to fall from a height" and are clearly derived either from a common root or from each other. The term only came to denote the season in the 16th century, a contraction of Middle English expressions like "fall of the leaf" and "fall of the year."

autumn이란 단어는 라틴 단어 autummus에서 나왔다. autumn은 일찍이 14세기에 사용된 예는 드물지만 16세기에 들어서서야 비로소 일반화되었다. 이것은 fall이 사용된 시점과 거의 같은 시기이다. 그리고 이 두 개의 단어는 지금까지 서로 교호(交互)적으로 사용되었다.

16세기 전에는 수확(harvest)이라는 단어가 이 계절을 이르는 데 일반적으로 사용되었다. 그러나 보다 많은 사람들이—특히 읽고 쓸 줄 아는 사람들이, 지금 우리가 알고 있는 언어를 사용한 유일한 사람들이—점차적으로 땅을 경작하는 것을 그만두고 도시로 거주지를 옮김에 따라서, harvest(수확)라는 단어는 연(年) 중 이때를 가리키지 않게 되었으며, 농작물을 거둬들이는 실질적 행위만을 이르게 되었다. 이리하여 fall과 autumn이 harvest를 대신하여 이 계절을 가리키는 말이 되었다.

autumn을 대신하는 fall은 지금 주로 이 계절을 이르는 북미 영어이다. 이 말은 고대 게르만 언어로 거슬러 올라간다. 정확한 기원은 불분명하나, 고대 영어 fiæll이나 feallan, 그리고 고대 스칸디나비아 말(Old Norse)인 fall 등 모두가 그 근원이라는 개연성이 많다. 이 단어들은 모두 '높은 곳에서 떨어짐'을 의미하며 어원이 같거나 혹은 상호 연관성이 있는 것이 분명하다. '나뭇잎이 떨어짐', '연말(年末)'과 같은 중세 영어 표현의 단축인 fall이란 이 단어는 16세기에야 비로소 이 계절을 지칭하게 되었다.

winter | 겨울 |

영어 winter의 뿌리는 고트어(Gothic: 인도유럽어족인 게르만어파에 속하는 언어) wintrus로 거슬러 올라간다. 이는 water와 관련이 있는 바, 눈이나 얼음 등 물의 변화가 두드러진 계절이라는 것이다. 우리말 '겨울'은 '정도나 양이 지나쳐 참거나 견뎌 내기 어렵다' 또는 '때가 지나거나 기울어서 늦다'라는 의미의 '겹다'가 변한 것이라는 설이 강하다. 한자 冬(겨울 동)은 고드름에서 물방울이 떨어지는 모양이다.

> Wild Spirit, which art moving everywhere;
> Destroyer and preserver; hear, oh, hear!
> - Omitted -
> Be through my lips to unawakened earth
> The trumpet of a prophecy! O, Wind,
> If Winter comes, can Spring be far behind?

거센 정신이여, 그 어디든 떠도는 너는
파괴자이며 보존자, 들으라. 나의 말을.
- 중략(中略) -
내 입을 빌려 잠자는 대지에게
예언의 나팔이 되어 다오. 오! 바람아,
겨울이 오면 봄도 멀지 않으리!

영국의 시인 퍼시 비시 셸리(Percy Bysshe Shelley, 1792~1822)의 〈Ode to the West Wind(서풍에 부치는 노래)〉(1820)는 5연 70행으로 이루어져 있다. 위의 2행은 1연의 마지막 부분이고 아래 3행은 마지막 5연의 마지막 부분이다.

시인은 이 시 1연에서 바람을 '거센 정신(Wild Spirit)'이라고 하며, '파괴자인 동시에 보존자(Destroyer and preserver)'라고 하였다. 모든 생명체는 숨을 쉰다. 바람이 없는 진공 상태에서는 생명체가 존재할 수 없다. 바람 때문에 생명체가 살아 있다. 바람이 온갖 생명체에 생명력을 불어넣는 것처럼, 우리 영혼에 생명력을 불어넣는 것은 시다.

시인은 5연에서 서풍과 동일한 존재가 되기를 간곡히 기원하며, 지상의 불안전하고 불법적인 것들을 휩쓸어 구원하고 싶은 낭만적인 시 정신을 나타낸다. 따라서 시인은 자기의 사상들이 새로운 시대를 예언하는 인간의 목소리를 대변하는 〈예언의 나팔〉이 되도록 제의한다. 예언은 새로운 시대를 예고하는 시인 자신의 사상이다. 왜냐하면 그것은 이 대지는 물론 인간을 다시 각성시키기 위해서 그의 입술을 통해서 나오기 때문이다. 따라서 이것은 새로운 시대를 예고하는 위대한 사회적 정치적 구원을 바라는 시인의 염원을 나타낸다고 할 수 있다.

마지막 시구 If Winter comes, can Spring be far behind?(오! 바람아, 겨울이 오면 봄도 멀지 않으리!)는 말은 죽음은 갱신된 삶의 서곡이라는 것을 의미한다. 또한 이 구절은 시의 주제를 압축해서 보여주는 경구로서, 오늘날에도 정치 사회적 억압으로 삶이 고달플 때 새로운 힘과 기대를 가지게 하는 희망의 노래다. Winter와 Spring의 initial을 대문자로 쓴 것은 강조용법이다.

월(月) 이름은 고유명사

어떻게 해서 1년이 12개월이 되었으며 왜 그러한 이름이 붙여졌는지 의아하지 않은가?

라틴어 septem은 seven을 의미하는데 왜 September가 9월이 되었을까?
라틴어 octo는 eight를 의미하는데 왜 October가 10월이 되었을까?
라틴어 novem은 nine을 의미하는데 왜 November가 11월이 되었을까?
라틴어 decem은 ten을 의미하는데 왜 December가 12월이 되었을까?

현재 우리가 쓰고 있는 태양력의 기원은 이집트까지 거슬러 올라갈 수 있지만 태양력이 구체화되기 시작한 것은 고대 로마 시대부터이다. 기원전 753년 로마를 창설한 로물루스(Romulus, BC 771~717)가 희랍 달력을 본떠서 발명했다고 알려진 첫 로마 달력은 12개월이 아니라 10개월이었다. 로마인들의 최초 달력은 지금의 11월과 12월에 해당하는 기간을 농한기라 하여 달력에 포함시키지 않았다. 그 기간은 nameless month(이름 없는 달)이었다. 고대 로마 시대 초기 로물루스 시대에는 춘분을 한 해의 시작으로 정했다. 때문에 춘분이 들어 있는 달이 1월이었다.

이것을 로마 공화정 건립(BC 509) 이전 로마 7왕 가운데 2번째 왕인 누마 폼필리우스(Numa Pompilius)가 기원전 713년에 1월(Ianuarius)과 2월(Februarius)을 추가했다. 당시엔 Martius(March)가 첫 번째 달, Februarius 열두 번째 달이었기 때문에 자연스러운 순서였지만, 기원전 46년 율리우스 카이사르(Julius Caesar)가 기존의 1월인 Martius를 3월로 하고 그 앞에 새로 두 달을 넣었다. 이에 따라 모든 달이 두 달씩 밀려 내려가 지금처럼 혼란스러운 명칭이 되었다. 이 태양력을 율리우스력(the Julian Calendar)이라고 한다.

각 월 이름의 변화

〔기원전 753년〕	〔기원전 713년〕	〔기원전 46년〕	〔오늘날〕
		Januarius(1월)	January
		Februarius(2월)	February
Martius(1월)	Martius(1월)	Martius(3월)	March
Aprilis(2월)	Aprilis(2월)	Aprilis(4월)	April
Maius(3월)	Maius(3월)	Maius(5월)	May
Junius(4월)	Junius(4월)	Junius(6월)	June
Quintilis(5월)	Quintilis(5월)	Julius(7월)	July
Sextilis(6월)	Sextilis(6월)	Sextiis → Augustus(8월)	August
Septem(7월)	Septem(7월)	Septem(9월)	September
Octo(8월)	Octo(8월)	Octo (10월)	October
Novem(9월)	Novem(9월)	Novem(11월)	November
Decem(10월)	Decem(10월)	Decem(12월)	December
	Januarius(11월)		
	Februarius(12월)		

the Julian Calendar | 율리우스력 |

The Julian calendar was a reform of the Roman calendar which was introduced by Julius Caesar in 46 BC and came into force in 45 BC. It was chosen after consultation with the astronomer Sosigenes of Alexandria and was probably designed to approximate the tropical year, known at least since Hipparchus. It has a regular year of 365 days divided into 12 months, and a leap day is added to February every four years. Hence the Julian year is on average 365.25 days long. The Julian calendar remained in use into the 20th century in some countries as a national calendar, but it has generally been replaced by the modern Gregorian calendar. It is still used by the Berber people of North Africa and by many national Orthodox churches. Orthodox Churches no longer using the Julian calendar typically use the Revised Julian calendar rather than the Gregorian calendar.

율리우스력(the Julian calendar)은 기원전 46년 율리우스 카이사르(영어: 줄리어스 시저)가 도입하여 기원전 45년에 시행된 로마력(the Roman calendar)의 개량형이다. 그것은 알렉산드리아의 천문학자 소시게네스(Sosigenes)의 자문을 거친 후에 채택되었으며, 적어도 히파르쿠스(Hipparchus) 이래 알려진 태양년(the tropical year: 365일 5시간 48분 45.5초)에 가깝도록 만든 것으로 짐작된다. 율리우스력은 평년(regular year) 365일을 12개월로 나누었으며 4년마다 윤일(leap day)이 추가된다. 이렇게 하여 율리우스 년(the Julian year)은 평균 365.25일이 된다. 율리우스력은 일부 국가에서는 20세기까지 국가 역법(national calendar)으로 사용되었으나, 대개는 현행 그레고리안력(the modern Gregorian calendar)으로 대체되었다. 그러나 율리우스력은 지금도 북아프리카의 베르베르 사람(북아프리카 원주민의 한 종족)과 많은 정교회(正教會) 국가에서 사용되고 있다. 율리우스력을 사용하지 않고 있는 정교회는 대개의 경우 그레고리력이 아닌 개정 율리우스력을 사용한다.

> **해설** 율리우스력의 한 해의 길이는 365.25일로 천문학의 회귀년보다 0.0078일(11.232분: 3,000년 당 하루)이 길어서 세월이 감에 따라 분의 편차는 날의 편차로 증가하였다.

January | 1월 |

- The very first month of the year, January is named after Janus, a Roman god. Janus in Roman mythology, was a god who had two faces that looked in opposite directions. One face looked into the past, and the other into the future. The Romans prayed to Janus at the beginning and end of any important event, especially war. His name comes from the Latin word janua meaning gate. Janus was the god of gates, doors, doorways, beginnings, and endings. Janus was usually depicted with two faces looking in opposite directions (Janus Geminus or Janus Bifrons). In some places he was depicted with four faces (Janus Quadrifrons). His most apparent remnant in modern culture is his namesake, the month of January. As per the legend, the ruler Numa Pompilius added January and February to the end of the 10-month Roman calendar about 700 BC. Later, however, the Romans made January the first month.

한해의 맨 처음 달의 이름인 January는 로마의 신 Janus(야누스)에서 따온 말이다. 로마 신화에서 야누스는 서로 반대편 방향을 바라보는 두 얼굴을 가진 신이었다. 한쪽 얼굴은 과거를 보았고 다른 한쪽은 미래를 보았다. 로마인들은 중요한 일, 특히 전쟁이 시작될 때와 끝날 때 야누스 신에게 기도했다. 이 신의 이름은 gate(문 門)를 의미하는 라틴어 janua에서 나온 말이다. 야누스는 보통 반대쪽을 바라보는 두 개의 얼굴로 조각되었다. 이를 '양면 야누스'라 한다. 4개의 얼굴로 조각된 것도 있었다. 이를 '4면 야누스'라 한다. 오늘날 문화 속에 이 신의 이름이 1월의 이름으로 남아 있는 것은 이 신의 가장 분명한 자취다. 전해 오는 이야기에 따르면 누마 폼필리우스(Numa Pompilius)가 기원전 700년경 10개월짜리 로마 달력 끝에 January(11월)와 February(12월)를 추가했다. 그러나 나중에 로마인들은 January를 1월로 바꾸었다.

- January 5 1월 5일
  5 January

- on January 5 1월 5일에
  on 5 January
  on the 5th of January

February | 2월 |

- February was named after the Latin term februum, which means purification, via the purification ritual Februa held on February. The Romans purified themselves in February to prepare for the ritual. February is the shortest month and the only month with fewer than 30 days.

February usually has 28 days but gets one extra day every leap year. According to an old custom, women can propose marriage to the man of their choice on February 29 (i.e. in leap years). Ground-Hog Day(February 2) is a traditional holiday celebrated in the United States and Canada. The old belief is that a ground-hog comes out of its burrow to see whether the sun is shining. If the sun is out the animal begins its springtime activities. A ground-hog is an animal that hibernates during winter. In the USA the day that it peeps up marks: the start of Spring.

February(2월)는 라틴어 페브르움(februum)에서 따온 말이다. 페브르움(februum)은 February(2월)에 거행된 페브루아(Februa)—Purification Ritual(정화 의식)—를 통한 정화를 의미한다. 로마인들은 2월에 이 의식을 준비하기 위하여 몸을 깨끗이 했다. 2월은 가장 짧은 달이며 30일보다 적은 유일한 달이다.

2월은 28일이지만 윤년(閏年)마다 추가로 하루가 붙는다. 옛 관습에 따르면 여자들은 윤년 2월 29일 그들이 선택한 남자에게 청혼할 수 있다. 그라운드-혹 데이(2월 2일)는 미국과 캐나다에서 경축하는 전통적 휴일이다. 그라운드-혹은 햇빛이 비치고 있는지를 알기 위해 굴에서 나온다. 태양이 떠 있으면 이 동물은 봄 활동을 시작한다. 그라운드-혹은 동면하는 동물이다. 미국에서는 이 동물이 동면에서 깨어나는 날을 봄의 시작을 알리는 신호로 본다.

해설 그라운드-혹 데이(Ground-hog Day)는 우리나라로 치면 경칩(驚蟄)에 해당한다. 경칩은 24절기의 하나로 우수(雨水)와 춘분(春分) 사이에 들며, 양력 3월 5일경이다. 겨울잠을 자던 벌레, 개구리 따위가 깨어 꿈틀거리기 시작한다는 시기이다.

March |3월|

- March, was the first month of the early Roman calendar and was called Martius. Its name honors Mars, the Roman god of war. There are many superstitions about March. It is said "as mad as a March hare." It's also said "March comes in like a lion and goes out like a lamb." This means that the first day of March is often stormy, and the last day is mild and warm. Another saying calls the first three days of March "blind days" because they are "unlucky." The saying goes that if rain falls on these days, farmers will supposedly have poor harvests. March in the northern hemisphere is thought of as a windy month, with "March winds" followed by "April showers."

March는 초기 로마 달력의 첫 달로 Martius(마르티우스)로 불렸다. Martius라는 이름은 로마의 군신(軍神) Mars를 찬양하기 위하여 붙여진 이름이다. March에 대한 많은 미신이 있다. 사람들은 '3월의 (교미기의) 토끼같이 변덕스러운'이라고 말한다. 또한 '3월은 사자처럼 왔다가 어린 양처럼 간다.'고 말한다. 이것은 3월의 첫날이 때로는 날씨가 험악하지만 마지막 날은 온화하고 따뜻하다는 것을 의미한다. 또 다른 속담은 3월의 처음 3일을 'blind days'라고 부른다. 이 3일은 '불길한 날'이기 때문이다. 이 속담은 이때 비가 오면 농부는 수확을 망칠 것이라는 조짐을 말한다. 북반구의 3월은 바람 부는 달이다. 3월 바람은 4월 소나기로 이어진다.

April |4월|

- The Romans called the fourth month Aprilis. The name may have come from the word that means to open. It also may have come from Aphrodite, the goddess of love. Earlier April was the second month in the Roman calendar but Julius Caesar revised it and made April the fourth month in 46 BC. The first day of April is popularly known as the April Fools Day and people play jokes and pranks on each other. Easter falls in April. The Jewish religious festival of Pesah (Pass-Over) often comes early in April.

로마인들은 네 번째 달을 Aprilis라고 불렀다. 이 이름은 '열다'는 것을 의미하는 단어로부터 나온 것으로 짐작된다. 또한 아프로디테(Aphrodite: 그리스 신화에서 사랑의 여신)에서 나온 것으로 짐작된다. 초기에는 April은 로마 달력에서 두 번째 달이었으나 줄리어스 시저가 기원전 46년 네 번째 달로 바꾸었다. 4월의 첫날은 the April Fools Day라고 널리 알려져 있어 사람들은 서로에게 농담을 하고 못된 심한 장난을 한다. 이스터는 4월에 있다. 유태인의 종교 축제일인 유월절(Pesah · Pass-Over)은 종종 4월 초가 된다.

May |5월|

- - - May is one of the most beautiful months of the year. There are several stories of how this month was named. The most widely accepted is that it was named after Maia, the Roman goddess of spring and growth. The ancient Romans held ceremonies in Maia's honour on May 1 and again on May 15.

  May(5월)은 1년 중 가장 아름다운 달 중의 하나다. May의 어원에 대해서는 여러 가지 설이 있으나 가장 널리 인정되는 것은 봄과 성장을 관장하는 로마의 여신 Maia(마이아)의 이름을 딴 것이라는 설이다. 고대 로마인들은 5월 1일, 그리고 다시 5월 15일에 Maia를 경배하는 의식을 올렸다.

  > 해설 서양에서는 R 자가 없는 달인 5~8월(May, June, July, August)에는 굴을 먹지 않는다. 굴이 상하기 쉽기 때문이다.

June |6월|

- - - It is believed that June was named after Juno, the patron goddess of marriage. The month of June was dedicated to young men in ancient Rome, while some people believe that the name is taken from juniores, the Latin word for young men. Since early times, June was believed to be the best time for marriages.

  June(6월)은 결혼의 여신 주노(Juno)의 이름을 딴 것으로 알려져 있다. 6월은 고대 로마에서 young man(젊은이)을 위한 달이었으며, June이라는 이름이 젊은이를 뜻하는 라틴어 juniores에서 비롯됐다고 믿는 사람도 있다. 옛날부터 6월은 결혼을 위한 가장 좋은 시기로 여겨졌다.

July |7월|

- - - July was the fifth month in the early Roman calendar and was called Quintilis, which means the fifth. Roman statesman Julius Caesar was born during this month. The Roman Senate renamed the month Julius in honour of Caesar.

  July는 초기 로마 시대의 달력에서는 다섯 번째 달이었으며 퀸틸리스(Quintilis: '다섯 번째'라는 의미)라고 불리었다. 로마 정치가 율리우스 카이사르가 이 달에 태어났다. 로마 원로원은 카이사르를 기리기 위해 이 달의 이름을 율리우스라고 개명했다.

August |8월|

- This month was originally named Sextilis in Latin, because it was the sixth month in the ancient Roman calendar, which started in March about 750 BC under Romulus. It was renamed in honor of Augustus in 8 BC, because of significant events in his rise to power, culminating in the fall of Alexandria, which fell in this month. It became the eighth month when January and February were moved from the end to the beginning of the year about 450 BC. (Roman writers disagree.)

이 달의 본래 명칭은 라틴어로 섹스틸리스(Sextilis: '여섯 번째 달'이라는 의미)다. 로물루스 통치 시절인 기원전 750년경 March에서 시작된 고대 로마 달력에서는 여섯 번째 달이었기 때문이다. 기원전 8년 아우구스투스를 기리기 위해 개명되었다. 그를 권좌에 오르게 하는 중요한 사건들이 알렉산드리아 함락으로 절정에 오르는데, 이 대사건이 이 달에 일어났기 때문이다. 기원전 450년경 1월과 2월이 연초에서 연말로 이동하였기 때문에 이 달이 여덟 번째 달이 되었다. (이동 시기에 대해서는 로마의 필자마다 의견이 다르다.)

September |9월|

- In Latin, septem means "seven" and septimus means "seventh"; September was in fact the seventh month of the Roman calendar until 153 BC, when it became the ninth month.

라틴어에서 septem은 'seven(7)'을 의미하며 septimus는 '일곱 번째'라는 의미다. September는 실은 기원전 153년까지는 로마력에서 일곱 번째 달이었으며 그때 9월이 되었다.

October |10월|

- October is the tenth month of the year in the Gregorian Calendar. In Latin, octo means "eight," reflecting the fact that October was the eighth month in the Roman calendar. An old English name for October was Winmonath, or the "Wine month", for this was usually the season of wine-making.

October는 그레고리력(曆)에서는 10번째 달이며 라틴어에서 'octo'는 'eight(8)'을 의미하기 때문에 October가 로마력(曆)에서는 8월이었다는 사실을 나타낸다. October에 대한 고대 영어명은 Winmonath, 즉 Wine month(포도주의 달)이다. 포도주를 담그는 계절이었기 때문이다.

November |11월|

- November comes from Novem the Latin word for nine. In early Roman calendar, November used to be the ninth month. As July was named after Caesar, and August after Augustus, the Roman Senate offered to name this month after Tiberius Caesar but he refused modestly, saying: "What will you do if you have thirteen emperors?"

November는 9를 의미하는 라틴어 Novem으로부터 나왔다. 초기 로마력에서 November는 9번째 달이었다. July(7월)가 Julius Caesar(줄리어스 시저)에서 따오고, August(8월)가 Augustus(아우구스투스)에서 딴 것처럼 로마 원로원은 이 달의 이름을 Tiberius Caesar(티베리우스 카이사르)를 따서 명명하자고 제안했다. 그러나 그는 "여러분들이 13번째 황제를 갖는다면 어떻게 할 것인가?"라고 말하며 정중히 거절했다.

December |12월|

- In Latin, decem means "ten." December was also the tenth month in the Roman calendar until a monthless winter period was divided between January and February. December is the month with the shortest daylight hours of the year in the Northern Hemisphere and the longest daylight hours of the year in the Southern Hemisphere.

라틴어에서 decem은 '10'을 의미한다. 달 명칭이 없었던 겨울철이 두 개로 나뉘어 January(1월)와 February(2월)라는 명칭을 부여받기 전까지는 December는 로마력에서 10번째 달이었다. 12월은 북반구에서는 낮 길이가 연중 가장 짧으며, 남반구에서는 낮 길이가 가장 길다.

요일(曜日) 이름은 고유명사

요일 이름은 고유명사 취급하여 관사도 붙이지 않고 대문자로 쓴다. 우리나라의 요일 이름에는 불(火), 물(水), 나무(木), 쇠(金), 흙(土) 등 다섯 가지 요소에 달과 해를 더해서 일주일의 각 날에 이름을 붙이고 있다. 영어로 된 요일 이름은 그 유래가 어떻게 될까?

Sunday | 일요일 | 日

- In the Judaeo-Christian tradition it is the first day of the week, but from mid-20th century it is often counted as the seventh day of the week. In Slavic languages Sunday (undividable day—referencing seven) is both the first and seventh days of the week. It is first because Wednesday is literally the "middle" of the week, while it is seventh because Tuesday, Thursday and Friday are literally the "second," "fourth" and "fifth" days of the week. Sunday is considered a holiday in many countries of the world and as part of the weekend. Predominantly countries influenced by Islamic (or Jewish) culture often have Friday (or Saturday) as a weekly holiday instead. Sunday is named after Sunne, German goddess of the sun, from which the word sun is also derived.

유대-기독교 전통에서는 일요일은 주(週)의 첫 날이지만 20세기 중엽부터 일요일은 흔히 주(週)의 일곱째 날로 간주되어 왔다. 슬라브어에서는 일요일은 주의 첫 번째 날도 되고 일곱 번째 날도 된다. (7이라는 숫자를 착안하면 일요일은 나눌 수 없는 날이다.) 수요일은 문자 그대로 주의 중간이란 의미이기 때문에 일요일은 첫 번째 날이다. 반면에 Tuesday(화), Thursday(목), Friday(금)는 문자 그대로 주의 '두 번째', '네 번째', '다섯 번째' 날이기 때문에 일요일은 일곱 번째 날이다. 세계의 많은 나라에서는 일요일을 휴일로 치며 주말의 일부로 간주한다. 이슬람(혹은 유대) 문화의 영향을 받은 나라에서는 주로 일요일 대신에 금요일(혹은 토요일)을 주말 휴일로 친다. Sunday는 독일의 태양의 여신 Sunne의 이름을 땄으며, 역시 sun이란 단어도 Sunne에서 유래했다.

Monday | 월요일 | 月 |

- Monday gets its name from the Moon, which in turn gets its name from Mani, the Germanic Moon god. Similarly, the names in Latin-based languages such as the Italian name (Lunedi), the French name (lundi), the Spanish name (Lunes), and the Rumanian name (Luni) come from the Latin name for Moon, Luna. The Hindi word for Monday is Somvar, with Som being the Sanskrit name for the moon.

월요일은 달(月, the Moon)에서 그 이름을 따왔다. 거슬러 올라가 Moon은 다시 게르만 민족의 '달(月)의 신'인 Mani에서 따왔다. 이와 유사하게 이탈리아어(Lunedi), 프랑스어(lundi), 스페인어(Lunes), 루마니아어(Luni)와 같은 라틴어 계열의 월명은 달(Moon)의 라틴어 Luna에서 비롯되었다. 월요일의 힌디어(북인도 말)는 Somvar다. Som은 산스크리트어로 달(the moon)이다.

Tuesday | 화요일 | 火 |

한자 화(火)는 전쟁과 관련이 깊다. 화력(火力)은 '무기의 힘'을 말한다. 라틴어, 그리스어, 한자어 어느 쪽이든 화요일이 전쟁·불을 공통적으로 사용하는 점은 흥미롭다.

- The name of Tuesday comes from Middle English Twisday, named after the Nordic god Tyr, who was the equivalent of the Roman war god Mars. In Latin, it is called Martis dies which means "Mars Day." In Romance languages except Portuguese, the word for "Tuesday" is similar to the Latin name. (ex. mardi in French)

화요일이란 이름은 중세 영어 Twisday에서 나왔으며, Twisday는 북유럽의 신 티르(Tyr: 전쟁과 승리의 신)에서 따왔다. 티르(Tyr)는 로마의 전쟁 신 마르스(Mars)에 해당한다. 라틴어로는 화요일(Tuesday)이 Martis dies(Mars Day를 의미)다. 포르투갈어를 제외한 라틴계 언어(Romance languages)에서는 Tuesday에 해당하는 단어는 라틴명과 유사하다. (예: 프랑스어로는 Mardi)

해설 라틴계 언어: 라틴어 계통의 근대어로 프랑스어·이탈리아어·스페인어·루마니아어 따위

Wednesday | 수요일 | 水 |

- Wednesday is the third day of the week in most western countries and the fourth day of the week in the Judeo-Christian calendar. The name comes from the Middle English Wednes dei, which means the day of the Germanic god Woden.

    수요일(Wednesday)은 대부분의 서구에서 주(週)의 세 번째 날이며, 유대-기독교력 역법(曆法)에서는 네 번째 날이다. 이 이름은 중세 영어 Wednes dei에서 왔다. Wednes dei는 독일의 신 Woden(주신 主神)의 날을 의미한다.

Thursday | 목요일 | 木 |

- Thursday is the fourth day of the week in most western countries and the fifth day of the week in the Judeo-Christian calendar. In countries that adopt the Sunday-first convention, it is considered the fifth day of the week. However, in ISO 8601 it is the fourth day of the week. The contemporary name comes from the Old English Þunresdæg (with loss of -n-), meaning "Day of Thunor."

    목요일은 대부분의 서구에서 주의 네 번째 날이며 유대-기독교 역법(曆法)에서는 다섯 번째 날이다. 일요일을 첫 번째 날로 삼는 관행을 택한 나라에서는 주의 다섯 번째 날로 간주되지만 ISO 8601에서는 주의 네 번째 날이다. 현재의 이름은 Day of Thor(Day of Thunder, 뇌신의 날)를 의미하는 고대 영어 Þunresdæg(n이 탈락된)에서 나왔다.

    > 해설 ISO: International Organization for Standardization(국제 표준화 기구).
    > ISO 8601: 날짜와 시간 표시 형식에 관한 국제표준 Þunresdæg의 Þ는 현대 영어의 th에 해당함

Friday | 금요일 | 金 |

Friday is the sixth day in countries that adopt a Sunday-first convention. In ISO 8601, in work-based customs, and in countries adopting Monday-first conventions, it is considered the fifth day of the week. In most countries with a five-day work week, Friday is the last workday before the weekend and is, therefore, viewed as a cause for celebration or relief. In some offices, employees are allowed to wear less formal attire on Fridays, known as Casual Friday or Dress-Down Friday. In Saudi Arabia, however, Friday is the last day of the weekend and Saturday is the first workday. Moreover, in Israel, Friday is the first day of the weekend, and Sunday is the first workday. The name Friday comes from the Old English frigedæg meaning the day of Frigga.

금요일은 일요일을 첫날로 삼는 관행을 채택한 나라에서는 여섯 번째 날이다. ISO 8601에서, 근무일을 기준으로 하는 관행에서는, 그리고 월요일을 첫날로 삼는 관행에서는 금요일이 주의 다섯 번째 날로 간주된다. 주 5일 근무제를 채택하는 대부분의 나라에서는 금요일이 주말 전의 마지막 근무일이다. 따라서 금요일은 축하 의식이나 휴식을 기다리는 날로 간주된다. 근무처에 따라서는 토요일에 간편한 옷을 입는 것이 허용되므로 '금요일은 복장 자유의 날'이라는 의미로 Casual Friday 또는 Dress-Down Friday라고 불린다. 그러나 사우디에서는 금요일은 주말의 마지막 날이며 토요일은 첫 근무일이다. 또한 이스라엘에서는 금요일이 주말의 첫날이며 토요일은 첫 근무일이다. 금요일이란 이름은 '프리가 신의 날(the day of Frigga)'을 의미하는 고대 영어 frigedæg에서 나왔다.

Saturday | 토요일 | 土 |

Saturday is the sixth day of the week while in a traditional sense, it is the seventh day of the week. It was named no later than the second century for the planet (Saturn), which controlled the first hour of that day according to Vettius Valens. The planet was named for the Roman god of agriculture Saturn. It has been called dies Saturni ("Saturn's Day"), through which form it entered into Old English as Sæternesdæg and gradually evolved into the word "Saturday."

토요일은 주의 여섯 번째 날이지만, 전통적 의미에서는 토요일은 주의 일곱 번째 날이다. Saturday란 이름은 일찍이 2세기에 행성의 이름인 Saturn(토성)—베티우스 발렌스에 따르면 토성은 그날의 첫 시간을 관장함—을 따서 지었다. 이 행성의 이름은 로마의 농업의 신 새턴(Saturn)의 이름을 따서 명명했다. 토요일은 토성의 날(dies Saturni · Saturn's Day)이라고 불렸다. 이런 형태를 거치면서 고대 영어에서는 Sæternesdæg로 발전하다가 점차 Saturday란 단어로 발전했다.

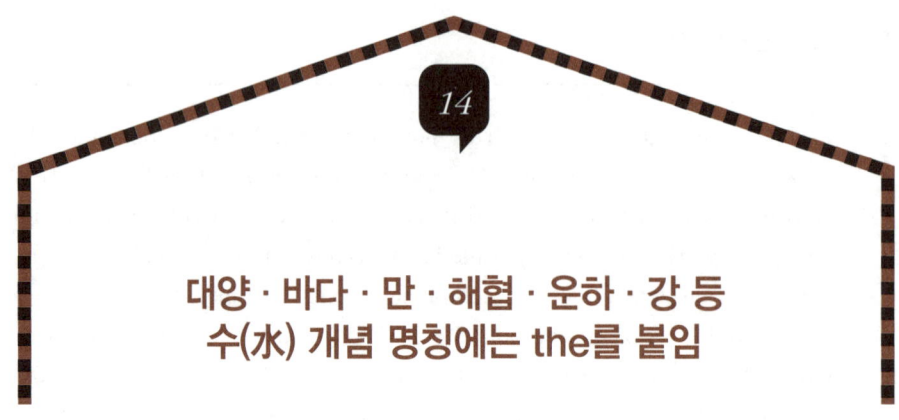

대양 · 바다 · 만 · 해협 · 운하 · 강 등 수(水) 개념 명칭에는 the를 붙임

호수 이름에는 the를 붙이지 않는다. 호수는 완전히 육지로 둘러싸여 있어 육지 개념으로 본다.

대양 이름

- the Atlantic (Ocean) 대서양
  the Pacific (Ocean) 태평양

the Pacific (Ocean) | 태평양 |

- The Pacific Ocean (from the Latin name Mare Pacificum, "peaceful sea," bestowed upon it by the Portuguese explorer Ferdinand Magellan) is the largest of the Earth's oceanic divisions.

  태평양—포르투갈 탐험가 페르디난드 마젤란이 붙인 라틴 이름 Mare Pacificum 'peaceful sea'(평화로운 바다)에서 유래—은 지구의 대양(大洋) 중에서 가장 크다.

바다 이름

일반적으로 육지·섬으로 둘린 바다를 이를 때는 sea를 사용한다.

- the Red Sea 홍해
  the East Sea 동해
  the South Sea 남해
  the Mediterranean (Sea) 지중해

the East Sea | 동해 |

- U.S. Forces Korea has refuted a North Korean accusation that a U.S. antiballistic missile defense system being deployed in the East Sea is an attempt to isolate and crush the communist country.

  주한 미군은 동해에 배치된 미국의 대탄도탄 요격 미사일 시스템이 북한을 고립 분쇄시키기 위한 것이라는 북한의 주장을 부인했다.

  - 2004년 10월 5일자 코리아 헤럴드의 기사 일부

the East Sea(동해)인가, the Sea of Japan(일본해)인가?

근 400년이 다 되어 가는 소설 〈걸리버 여행기〉(1726)의 삽화(지도)에 한국이 나올까? 이 책에 일본은 비교적 상세하게 나온다. 걸리버의 삽화(지도)에는 JAPON(일본)이 보이는데 옆에 있어야 할 한반도는 아슬아슬하게 빠져 있으나 Sea of Corea(동해, 東海)가 있다. 이 삽화 자료만 하여도 독도가 한반도의 고유 영토라는 것이 입증된다. 위키피디아의 기록을 보자.

- Although the "Sea of Japan" is the commonly used term to refer to the sea amongst most other countries, both North Korea and South Korea have advocated for a different name to be used. South Korea has argued that it should be called the "East Sea"; North Korea, the "East Sea of Korea." As a result of Korean objections to the name the "Sea of Japan," some English-language publications refer to it as the Sea of Japan (the East Sea), incorporating a version of the Korean name. On August 27, 2007, the Ninth Conference on the Standardization of Geographical Names elected to retain the title of the body of water as the "Sea of Japan." F. J. Ormeling, chair of the session, stated, "I encourage the three countries concerned to find a solution acceptable to all of them, taking into account any relevant solutions, or else to agree to differ and to report the outcome of these discussions to the next conference."

대부분의 다른 나라는 이 바다를 언급할 때 대개 Sea of Japan(일본해, 日本海)이라고 하지만, 북한과 남한은 다른 이름을 사용해야 한다고 주장하고 있다. 남한은 the East Sea라고 불려야 한다고 주장하고 북한은 East Sea of Korea라고 불려야 한다고 주장해 오고 있다. Sea of Japan이라는 이름에 대한 코리아의 반대 결과로 영어로 된 출판물 가운데는 Sea of Japan (East Sea)이라고 한국 명칭을 병용한 것도 있다. 2007년 8월 27일 지명 표준화 9차 회의는 이 바다의 명칭을 Sea of Japan이라고 그대로 사용하기로 표결했다. 이 회의의 의장인 F. J. Ormeling은 "나는 관계 3국으로 하여금 타당한 해결책을 찾아 그들 모두가 받아들일 수 있는 해결책을 찾기를 촉구한다. 그렇지 않으면 서로 견해 차이를 인정하여 다투지 말고 이 논의의 결과를 다음 회의로 넘길 것을 촉구했다."고 말했다.

국제 사회에서 접경 지역의 영문 표기 문제는 '유엔(UN) 지명 표준화 회의'에서 다뤄진다. 지명 표기를 통일하기 위해 5년마다 열리는 회의다. 여기서는 각국별 지명 표준화 정책과 외래 지명 문제, 접경 지역에 있는 지형에 대한 표기 문제 및 로마자 표기 문제 등이 주요 의제로 다뤄진다. 정부는 1992년 제6차 유엔 지명 표준화 회의에서 '동해'의 영문 표기 문제를 공식 제기한 바 있다.

정부는 1992년 제6차 '유엔 지명 표준화 회의'에 동해(East Sea)의 영문 표기 문제를 국제 사회에 공식 제기한 바 있다. 당시 The Japan Times(2002년 9월 7일자)의 Sea of Japan to remain Sea of Japan(그대로 '일본해'로 하기로 한 일본해)이란 제목의 기사를 보자.

- A 10-day UN conference on geographical names concluded Thursday without addressing demands by South Korea and North Korea that the name for the body of water now called the Sea of Japan be changed, Japanese delegation officials said. The Sea of Japan—the body of water bordered by the Korean Peninsula, the Russian Far East and the western side of the Japanese archipelago—is known in South Korea as the East Sea and in North Korea as the Sea of Korea.

South Korea and Japan both want their names for the Sea of Japan to be reflected in world atlases and took up the issue at the UN Conference on the Standardization of Geographical Names. Japanese officials said there was little substantial debate on the issue at the conference, which the Japanese delegation argues is not the proper venue to address specific geographical names.

"I think the Japanese position won acceptance," Koji Inomata, the chief Japanese delegate to the U.N. conference, told reporters after the meeting. Inomata, minister at the Japanese Embassy in South Korea, said the Japanese government has no intention of using any name other than Sea of Japan and plans to explain that in bilateral talks with the South Korean government.

Inomata said the Sea of Japan appellation issue has not emerged in talks between Japan and North Korea, as the two countries have no diplomatic relations. South Korea argues that the current use of the term Sea of Japan reflects Japan's one-time predominance in the region, marked by its 1910~1945 rule of the Korean Peninsula. Japan argues that the term Sea of Japan has been used internationally since the late 18th century and that it is not an issue to be decided on at a UN meeting.

현재 일본해라고 불리는 바다 명칭을 바꿔야 한다는 남북한의 주장 제기 없이 지리 명칭에 대한 10일간의 유엔회의가 목요일 막을 내렸다고 일본 대표단의 관리들이 말했다. 일본해(한반도 주변과 러시아의 먼 동쪽, 일본 섬들의 서쪽에 있는 바다)는 남한에서는 동해, 북한에서는 한국해로 알려져 있다.

남한측과 일본측 모두가 세계 지도에 그 바다가 자국의 이름을 반영할 것과 지리학상의 명칭에 관한 유엔의 회담에서 공정하게 거론되기를 바라고 있다. 일본 관계자는 일본 대표측이 지리학상의 이름의 명확한 표기 방식을 적절히 판결하기는 힘들 것이라고 주장하는 등 약간의 본질적인 논쟁들도 회담 중에 있었다고 말했다.

코지 이노마타, 유엔 회담에 일본 대표로 참가한 그는 회의 후, "일본이 더 유리한 입장에 있는 것 같다."고 말했다. 한국에 있는 이노마타 일본 외교부 장관은 일본 정부는 '일본해' 외의 다른 이름을 쓸 이유도 없고 남한정부와 서로 상반되는 의견으로 이를 설명할 계획도 없다고 밝혔다.

또한 그는 북한과는 외교 관계가 없기 때문에 일본해의 표기에 관한 논쟁은 일본과 북측 두 나라 사이에는 없다고 말했다. 남한의 일본해의 명칭이 사용되는 시간에는 일본이 1910~1945년, 한반도는 한 번 일본에 의해 지배되었던 지역이라는 것을 반영할 것이라고 주장했다. 이에 일본은, 일본해의 명칭 사용은 18세기 말 이후부터 국제적으로 사용되어져 왔었는데 왜 이제 와서 유엔회담에서 거론하려는 것이냐며 이 슈가 안 된다고 주장했다.

유엔 지명 전문가 회의(UNGEGN: United Nations Group of Ex perts on Geographical Names)는 전 세계 지역 명칭 표기에 대한 권고안을 만들어 상위 기구인 유엔 '지명 표준화 회의'에 제출하는 유엔 산하 기구다. 2007년 12월 6일 국제 지역 명칭 표기에 관한 학회 참석차 한국을 방문한 피터 레이퍼(Peter Raper) 유엔 지명(地名) 전문가 회의 전 의장(1998~2002 의장 역임)은 7일 이렇게 밝혔다.

"동해를 적정 지점에서 둘로 갈라 각자 부르고 싶은 대로 부르자. 해양엔 3가지 종류가 있다. 해안선을 기준으로 12해리 안에 있는 영해(領海), 200해리 안에 있는 배타적 경제수역(EEZ: Exclusive Economic Zone), 그리고 마지막으로 영해 바깥에 있지만 EEZ는 아닌 공해(公海: international ocean)다. 동해가 여기에 속한다. 동해는 EEZ는 아니지만 사실상 한·일 양국이 어업 협정을 통해 각각 특정 구역에서 조업을 하는 만큼 EEZ 성격이 강하다. 따라서 바다 중간 한 지점을 경계로 해서 둘로 나눠 각자 자국에 인접한 바다를 부르고 싶은 대로 부르는 게 합리적인 해결책이다."

만(灣) 이름

灣(만)이란 弓(활 궁)처럼 몹시 휘어서 굽어진 해안선(海岸線)에 의하여 둘린 수역(水域)이다. 우리나라 영어사전에는 bay는 gulf보다 작다고 나와 있지만 실제적인 예는 그렇지 않다. 벵골 만(the Bay of Bengal)의 크기는 멕시코 만(the Gulf of Mexico)보다 커 페르시아 만(the Persian Gulf)과 거의 같다.

- the Persian Gulf 페르시아 만
  the Gulf of Mexico 멕시코 만
  the Wonsan Bay 원산 만(북한 강원도 동해안에 있는 만)
  the Bay of Bengal 벵골 만(인도양 북동부에 있는 만)
  The Chesapeake Bay 체서피크 만(미국 Maryland 주와 Virginia 주 사이에 있는 만)

the Persian Gulf | 페르시아 만 |

the Persian Gulf(페르시아 만)는 이란(1935년에 '페르시아'에서 '이란'으로 개칭)과 아라비아 반도 사이에 있다. 국제적으로 용인된 이름은 '페르시아 만'이다. 아랍 여러 나라에서는 'the Arabian Gulf(아라비아 만)'이라고 한다. 만 연안에는 이란 외에 이라크, 쿠웨이트, 사우디아라비아, 바레인, 카타르 및 아랍에미리트연방국이 있다. '아라비아 만'이라는 별칭에서도 미루어 짐작되듯 만 안에 있는 여러 섬의 영유권을 둘러싸고 이란과 아랍 국가와의 분쟁 등 국제적 긴장 지역의 하나다.

the Wonsan Bay | 원산만(북한 강원도 동해안에 있는 만) |

- Kim Jong Il, general secretary of the Workers' Party of Korea and chairman of the DPRK National Defence Commission, gave field guidance to the new saltern in Wonsan Bay which has put its production on a normal footing.

김정일 조선노동당 총서기 겸 조선민주주의 인민공화국 국방위원회 위원장은 생산을 정상 가동한 원산만의 새로운 제염소를 현장 지도했다.

- 2005년 7월 22일 조선중앙통신(the Korean Central News Agency)

해설 (1) 원산시(元山市)는 원래 함경남도에 속했으나 해방 후 북조선에서 신설한 강원도의 도청 소재지다.

(2) 조선중앙통신은 북한 유일의 통신으로서 북한 정부 당국의 의사를 정식으로 대변하는 국영통신으로 세계 주요 국가들에 통신 뉴스 송신이 주요 업무다. 이 통신의 기사에는 the 없이 Wonsan Bay로 되어 있다.

해협 이름

우리나라의 사전에는 '해협'의 영어는 channel 또는 strait라고 되어 있다. 좀 더 자세한 경우는 channel이 strait보다 크다고 되어 있다. 그러나 이 두 단어는 크고 작은 것을 나타내는 것이 아니라 개념적으로 차이가 있다.

라틴어로 '수관(水管)'을 뜻하는 channel은 '섬과 대륙 사이의 넓은 바다(a wide stretch of water between an island and a continent)'를 말한다. 반면에 종종 복수형으로도 사용하는 strait(s)는 '양쪽의 보다 더 큰 바다를 연결하는 좁고 긴 바다(a narrow strip of water that links two larger areas of ocean or sea)'를 말한다. 결론적으로 말하면 channel은 육지와 육지를 가르는 개념이며, strait는 바다와 바다를 연결하는 개념이다. 뿐만 아니라 channel과 strait는 대소의 개념이 아니라 channel은 strait를 포함하는 개념이다. 영국 해협과 도버 해협을 예로 들어 보자.

- The English Channel is an arm of the Atlantic Ocean that separates the island of Great Britain from northern France and joins the North Sea to the Atlantic. It is about 562km long and varies in width from 240km at its widest to only 34km in the Strait of Dover. The Strait of Dover is the strait at the narrowest part of the English Channel.

영국 해협은 그레이트 브리튼(Great Britain)과 프랑스 북부를 가르는 대서양의 중요한 부분이다. 길이는 562km이며 폭은 가장 넓은 곳이 240km이며 가장 좁은 곳은 단지 34km인 도버 해협이다. 도버 해협은 영국 해협의 가장 좁은 해협이다.

the Korea Strait | 대한 해협 |

- The Korea Strait is a sea passage between South Korea and Japan, connecting the East China Sea and the East Sea (the Sea of Japan) in the northwest Pacific Ocean. The strait is split by the Tsushima Island into the Pusan Strait and the Tsushima Strait.

대한 해협은 한국과 일본 사이를 통과하는 해양 통로이다. 동중국해와 북서태평양의 동해를 연결한다. 대한 해협은 대마도(對馬島, 쓰시마 섬)를 사이에 두고 동서 2개의 해협―부산 해협(부산~대마도)과 쓰시마 해협(대마도~규슈)―으로 나뉜다.

the Strait of Hormuz | 호르무즈 해협 |

- The Strait of Hormuz connects the Persian Gulf and the Oman Sea, through which Persian Gulf petroleum is shipped to the world.

  호르무즈 해협은 페르시아 만(灣)과 오만 해(海)를 잇는다. 이 해협을 통해 페르시아 만의 석유가 세계에 수송된다.

The Strait of Malacca | 말라카 해협 |

- The Strait of Malacca, which lies between Peninsular Malaysia and Sumatra, and connects the Indian Ocean with the South China Sea, is one of the highest-volume shipping lanes in the world.

  말레이시아 반도와 수마트라 섬 사이에 있으며, 인도양과 남중국해를 연결하는 말라카 해협은 세계에서 가장 많은 양의 화물을 수송하는 해상 운송로 중의 하나다.

운하 이름

- Suez Canal (x) 수에즈 운하
  the Suez Canal (o)
  the Canal of Suez (o)

- A channel is a narrow, deep waterway connecting two bodies of water. The difference between a Canal and a Channel is that a canal is man-made, whilst the channel is not.

  해협은 두 개의 수역을 연결하는 좁고 깊은 수로다. 운하와 해협의 차이점은 운하는 인간이 만든 것이고, 해협은 그렇지 않다는 점이다.

강 이름

- the Rhine (River) 라인 강
  the (River) Thames 템스 강

the Han River | 한강 |

- the Han River (미국식)
  the River Han (영국식)

The Han River in South Korea is the confluence of the Namhan River (South Han River), which originates in Mount Daedeok, and the Bukhan River (North Han River), which originates on the slopes of Mount Geumgang in North Korea. The River flows through Seoul and then merges with the Imjin River shortly before it flows into the Yellow Sea. The total length of the Han River is 514km. Although it is not a long river, the lower Han is remarkably broad for such a relatively short river. Within Seoul city limits, the river is more than 1km wide. The river is also known for its huge coefficient of river regime (ratio between the maximum and minimum amount of flow) of 1:390.

The Han River and its surrounding area played an important role in Korean history. The Three Kingdoms of Korea strove to take control of this land, where the river was used as a trade route to China (via the Yellow Sea). However, the river is no longer actively used for navigation, because its estuary is located at the borders of the two Koreas, barred for entrance by any civilian.

Even though "Namhan" and "Bukhan" are homonymous to the acronyms Namhan (South Korea) and Bukhan (North Korea), used commonly in South Korea, this is a mere coincidence. The Chinese character (hanja) for the Han River is not "韓" ("Korea") but "漢" (the Chinese Han dynasty or "China" in general).

남한의 한강은 대덕산에서 발원한 남한강과 북한의 금강산 물매에서 발원한 북한강이 합류한 강이다. 이 강은 서울을 관통하여 흘러가다 임진강과 합류, 곧바로 서해로 흘러들어 간다. 총 길이는 514km로 긴 강은 아니지만 한강 하류는 비교적 짧은 강에 비해 폭은 상당히 넓다. 서울시 경계 내의 폭은 1km 이상이다. 뿐만 아니라 이 강은 1: 390이라는 큰 하상계수(河狀係數: 최대유량과 최소유량의 비율)로 잘 알려져 있다.

한강과 주변 지역은 한국 역사에서 대단히 중요한 역할을 하였다. 삼국시대 때는 이 지역을 지배하려고 쟁패하였다. 이 지역에서 한강은 (서해를 통하여) 중국으로 가는 교역로로 사용되었다. 그러나 이 강은 더 이상 수로로 적극적으로 사용되지 못하고 있다. 강의 어귀가 두 한국의 경계선에 위치하여 민간의 출입이 금지되어 있기 때문이다.

남한(南漢: 남한강)과 북한(北漢: 북한강)은 남한에서 흔히 사용되는 약어인 남한(南韓: 남쪽 한국)과 북한(北韓: 북쪽 한국)과 동음이의어(同音異義語, homonym)다. 이것은 단순한 우연의 일치다. 한강을 의미하는 한자는 韓(한국)이 아니라 漢(중국 한(漢)왕조 혹은 일반적으로 중국)이다.

> **해설** 하상계수(河狀係數 coefficient of river regime): 강의 어느 지점에서 수년간의 최대 유량과 최소 유량과의 비율을 말한다. 하상계수가 클수록 유량의 변동이 크고, 작을수록 유량의 변동이 작아서 안정되는 셈이다. 결국 하상계수가 작을수록 홍수 방지나 수자원 이용의 입장에서도 유리하다. 하상계수가 크면 큰 홍수나 심한 갈수(渴水) 상태에 이르러 큰 해를 입는다.
>
> 〈한서지리지(漢書地理志)〉에는 한강(漢江)이 대수(帶水), 광개토왕릉비(廣開土王陵碑)에는 아리수(阿利水), 〈삼국사기〉의 백제 건국 설화에는 한수(寒水)로 되어 있다. 한강의 명칭에 '漢'이라는 글자를 쓴 것은 중국 문화를 도입한 이후의 일이다. '아리', 즉 '알'은 고대에 크다거나 신성하다는 의미로 쓰였으며 '한'도 이와 비슷한 뜻이다.

the Yalu River | 압록강 |

- - The Yalu River (Chinese) or the Amnok River (Korean), is a river on the border between China and North Korea. The Chinese name comes from a Manchu word (Yalu ula) meaning "the boundary between two fields." The Korean name is the Korean pronunciation of the same Chinese characters.

야루장(중국어) 혹은 압록강(한국어)은 중국과 북한의 경계를 이루는 강이다. 중국 명칭은 '두 들판의 경계'란 의미의 만주어(얄루 울라)에서 왔다. 한국명은 중국 문자의 한국어 발음이다.

> **해설** 압록강(鴨綠江)의 글자 그대로의 뜻은 '오리처럼 푸른 강'이며, 영어 명칭으로는 Yalu River로 통칭된다.

the Rubicon | 루비콘강 |

- Japan has crossed the Rubicon, with surprisingly little opposition at home or abroad, by starting to dispatch armed soldiers to Iraq in their first deployment to a combat zone since World War II. In a departure ceremony, Prime Minister Koizumi and Self-Defense Minister Ishiba presented the colors, or flags, to a detachment of 500 soldiers in black berets, camouflage battle uniforms and black boots.

일본은 이라크에 군대를 파병하기 시작함으로써 루비콘 강을 건넜는데, 이것은 제2차 세계대전 이래 전투지역에 첫 번째로 군대를 배치한 것이다. 놀랍게도 국내외에서 거의 반대하지 않았다. 출정식에서 고이즈미 총리와 이시바 방위청장관은 검은 베레모를 쓰고 위장 전투복, 검은 군화 차림의 500명의 파병부대에 군기와 기(旗)를 수여했다.

The Rubicon is a 29km long river in northern Italy. The river flows from the Appennines to the Adriatic sea. 'Crossing the Rubicon' is a popular idiom meaning to go past a point of no return; the river was a Roman boundary between Cisalpine Gaul and Italy. Julius Caesar crossed the river in 49 BC deliberately as an act of war. Historian Suetonius quoted Caesar as having said, "the die is cast" upon taking this action.

루비콘은 이탈리아 북부에 있는 29km의 긴 강이다. 아펜니노(Appennines) 산맥에서 아드리아 해로 흐른다. 루비콘 강을 건너는 것'은 곧 '돌아갈 수 없는 한계선을 넘는 것'을 의미하는 널리 알려진 관용구다. 이 강은 시살파인 골(Cisalpine Gaul)과 이탈리아 로마의 경계선이다. 줄리어스 시저는 기원전 49년 이 강을 건넜는데 그것은 전쟁 행위였다. 역사가 수에토니우스(Suetonius)는 시저가 이 행동을 취할 때 '주사위는 던져졌다'고 말했다고 인용했다.

> **해설** 시살파인 골(Cisalpine Gaul): 로마에서 보아 알프스 산맥 남쪽에 위치한 속주(屬州) 갈리아로 현재 이탈리아 북부에 해당
>
> 수에토니우스(Suetonius, 69~122): 고대 로마 제정기의 전기 작가로 카이사르로부터 도미티아누스에 이르는 〈12황제의 전기〉가 주요 작품이다.

15

대륙 · 지협 · 반도 등 바다에 둘러싸인 토(土) 개념 명칭에는 the를 붙임

대륙 이름

continent(대륙)는 라틴어로부터 생성된 말로 continuous(토지가 계속된)란 개념과 content(알맹이, 즉 섬·반도에 대하여 본토)라는 개념이 포함된 단어다.

- Asia (o) 아시아
  the Asia (x)

- the Asian Continent (o) 아시아 주(洲)
  the Continent of Asia (o)

- the Old Continent 구대륙 유럽·아시아·아프리카
  the New Continent 신대륙 남북 아메리카
  the Dark Continent 암흑대륙 아프리카

Asia | 아시아 |

- The word Asia originated from the Ancient Greek word "*A aĺa*," first attributed to Herodotus in reference to Anatolia or to the Persian Empire. Herodotus comments that he is puzzled as to why three women's names are used to describe one enormous land mass (Europa, Asia, and Libya, referring to Africa), stating that most Greeks assumed that Asia was named after the wife of Prometheus.

Asia라는 단어는 고대 그리스어 *Aota*에서 기원했는데, 이 말은 헤로도토스(그리스의 역사가, BC 484~425)가 아나톨리아(지금의 터키)나 페르시아제국에 관련하여 언급하면서 최초로 사용했다. 헤로도토스는 왜 여성 이름 셋이 거대한 하나의 땅덩어리, 즉 유럽, 아시아, 리비아(아프리카를 말함)를 말하는 데 사용되었는지 수수께끼라고 언급하면서, 대부분의 그리스 사람들은 아시아(Asia)라는 이름은 프로메테우스(Prometheus)의 아내의 이름에서 따왔다고 생각한다고 진술한다.

the Continent

- The term "the Continent" (capitalized), used predominantly in the European isles and peninsulas, such as the British Isles, Sardinia, Sicily and the Scandinavian Peninsula, means mainland Europe, although it can also mean Asia when said in Japan.

  영국 제도(諸島)와 사르디니아, 시칠리아 그리고 스칸디나비아반도와 같은 유럽의 섬과 반도에서 널리 사용된 the Continent(대문자로)라는 용어는 유럽 본토를 의미하며, 일본에서 사용될 때는 아시아 본토를 의미한다.

윈스턴 처칠은 1946년 3월 5일 미국 미주리 주 풀턴(Fulton)에 있는 웨스트민스터 대학(Westminster College)의 연설에서 An iron curtain has descended across the Continent.(대륙을 가로질러서 철의 장막이 드리워져 있다)라고 말했다. 소련의 비밀주의를 비난하기 위해 사용한 말이다. 소련이 지배하는 지역에서는 소련이 무제한으로 권력을 확대해가고 있는데, 이런 움직임에 제동을 걸기 위해서는 압도적인 무력이 필요하다고 말하였다. 이는 제2차 세계대전 후의 "냉전"을 알리는 유명한 말이 되었는데, 처칠은 이 연설 이전에도 편지 속에서 이 말을 사용하였다. 이 말은 나치스 독일의 선전장관 J. P. 괴벨스가 독일 패전 직전에 쓴 논문에서 최초로 사용하였다고 알려져 있다. the Sinews of Peace(평화의 힘)라고 이름 붙은 이 연설의 일부분을 보자.

I have a strong admiration and regard for the valiant Russian people and for my wartime comrade, Marshal Stalin. There is deep sympathy and goodwill in Britain—and I doubt not here also—towards the peoples of all the Russians and a resolve to persevere through many differences and rebuffs in establishing lasting friendships. We understand the Russian need to be secure on her western frontiers by the removal of all possibility of German aggression.

We welcome Russia to her rightful place among the leading nations of the world. We welcome her flag upon the seas. Above all, we welcome constant, frequent and growing contacts between the Russian people and our own people on both sides of the Atlantic. It is my duty however, for I am sure you would wish me to state the facts as I see them to you, to place before you certain facts about the present position in Europe.

From Stettin in the Baltic to Trieste in the Adriatic, an iron curtain has descended across the Continent. Behind that line lie all the capitals of the ancient states of Central and Eastern Europe. Warsaw, Berlin, Prague, Vienna, Budapest, Belgrade, Bucharest and Sofia, all these famous cities and the populations around them lie in what I must call the Soviet sphere, and all are subject in one form or another, not only to Soviet influence but to a very high and, in many cases, increasing measure of control from Moscow.

본인은 용맹스러운 러시아인들과 본인의 전우였던 스탈린 원수에 대해 강한 찬탄과 경의를 느끼고 있습니다. 영국에서는—그리고 여기서도 그러하리라 믿어 의심치 않습니다만—러시아 전역의 국민에 대해 깊은 호감과 우의를 느끼고 있으며 많은 차이점과 좌절을 뚫고 영속적인 우의를 수립하려는 결의가 존재하고 있습니다. 우리는 러시아가 독일 침략 가능성을 제거함으로써 그들의 서부전선을 안정화할 필요가 있다고 이해합니다.

우리는 세계를 선도하는 국가들 가운데 있는 적절한 국가 러시아를 환영합니다. 우리는 러시아의 국기가 바다에서 펄럭이는 것을 환영합니다. 무엇보다도, 우리는 변함없고 건재하고 있고 발전하는 대서양을 사이에 두고 있는 러시아 국민들과 우리나라의 국민들과의 접촉을 환영하는 바입니다. 그러나 본인은, 여러분께서 생각하는 바의 사실들을 그대로 여러분에게 말씀드리기를 바라마지 않으시리라 확신하면서, 유럽의 현 정세에 관한 몇 가지 사실을 여러분 앞에 개진하는 것을 본인의 의무라고 생각합니다.

발틱 해의 슈테틴에서 아드리아 해의 트리에스테까지 유럽 대륙을 가로질러 철의 장막이 쳐져 있습니다. 그 선 뒤에는 고대 국가들과 중앙 및 동부 유럽의 모든 수도들이 자리 잡고 있습니다. 바르샤바, 베를린, 프라하, 빈, 부다페스트, 베오그라드, 부카레스트, 그리고 소피아 등, 이 모든 유명한 도시들과 그 주변의 인구들은 본인이 말하는 바 소위 소련권 내에 들어 있으며 형태의 차이는 있으나 모두 소련의 영향력에 대해서뿐만 아니라 매우 고도의, 때로는 점증하는 모스크바로부터의 통제를 면치 못하고 있습니다.

지협 이름

지협(地峽, isthmus)은 두 대륙 또는 큰 육지 사이를 잇는 좁고 긴 육지를 말한다. 바다를 잇는 해협과는 반대되는 개념이다. 지협은 운하를 건설하는 데 좋은 후보지이기도 하다. 태평양과 대서양을 잇는 파나마 운하나 지중해와 인도양을 잇는 수에즈 운하가 좋은 예다.

- Suez Isthmus (x) 수에즈 지협
  the Suez Isthmus (o)
  the Isthmus of Suez (o)

반도 이름

- the Korean Peninsula 한반도
  the Balkan Peninsula 발칸 반도
  Peninsular Malay 말레이 반도
  the Malay Peninsula 말레이 반도

the Korean Peninsula | 한반도 |

- The Korean Peninsula extends southward about 1,100km from the continental Asia into the Pacific Ocean and is surrounded by the Sea of Japan(the East Sea) to the east, the East China Sea to the south, and the Yellow Sea to the west, the Korea Strait connecting the first two bodies of water. Until the end of World War Two, Korea was a single political entity whose territory roughly coincided with the Korean Peninsula.

  Since the cessation of the Korean War in 1953, the northern half has been occupied by North Korea, while the southern half has been occupied by South Korea. "Korean (or Korea) Peninsula", or "Korea", is sometimes used to refer to these two states together, though in South Korea, and in common discourse among many native English speakers, the word "Korea" refers specifically to the South. This may be due to the perception of North Korea being a taboo subject in and of itself. Also, since North Koreans rarely travel outside of North Korea, the presumption is that any Korean one encounters is from the south.

The northern boundaries for the Korean Peninsula are commonly and tacitly taken to coincide with today's political borders between North Korea and her northern neighbors, China(1,416km along the provinces of Jilin and Liaoning) and Russia(19km).

These borders are formed naturally by the rivers Yalu/Amnok and Tumen/Tuman/Duman. Taking this definition, the Korean Peninsula including its islands has an area of 220,847km^2. The peninsula is called Chosun Bando in North Korea and Han Bando in South Korea due to the different names for Korea.

한반도는 남쪽으로, 즉 아시아 대륙에서 태평양 쪽으로 약 1,100km 뻗어 있다. 동쪽 바다는 일본해(동해), 서쪽 바다는 황해(서해), 남쪽 바다는 남해이며, 대한 해협이 두 개의 바다(동해와 서해)를 연결한다. 제2차 세계대전 전까지 한국은 단일정치체제였으며 그 영토는 대략 한반도와 일치한다.

1953년 한국전쟁 휴전 이래 북반부(北半部)는 북한이, 남반부(南半部)는 남한이 지배하게 된다. 흔히 '한반도' 또는 '한국'이라는 단어가 이 두 국가를 다함께 일컫는 데 사용되지만, 남한에서는 그리고 많은 영어 원어민들이 흔히 말할 때는 '한국'이라는 단어는 곧 남한을 가리킨다. 이것은 북한은 본질적으로 금기의 대상이라는 인식에서 비롯된 것이다. 또한 북한 사람들은 북한 밖을 여행하는 경우가 드물기 때문에 세계 어디에서나 마주치게 되는 한국 사람은 모두 남한에서 온 사람이라는 추정이 가능해진다.

한반도의 북쪽 경계는 보통 묵시적으로 북한과 북한 이웃인 중국—지린(吉林, 길림)성에서 랴오닝(遼東, 요동)성에 이르는 1,416km—과 러시아(19km) 사이의 정치적 국경과 일치한다.

압록강과 두만강이 자연적으로 국경을 형성하고 있다. 이렇게 하여 한반도의 면적은 도서를 포함하여 220,847 km^{2}가 된다. 한반도를 북한에서는 조선반도(朝鮮半島), 남한에서는 한반도(韓半島)라고 부른다. 이는 한국을 칭하는 서로 다른 두 개의 이름 때문에 그렇게 된 것이다.

해설 in and of itself: in itself (원래, 기본적으로) + of itself (저절로, 자기 스스로)

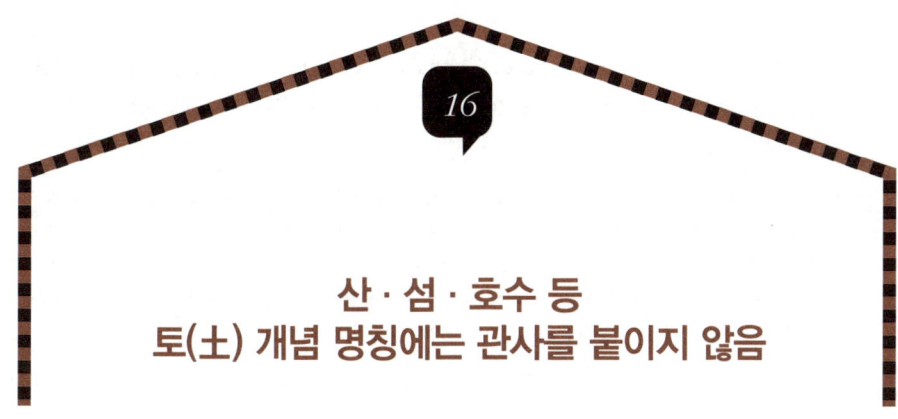

산·섬·호수 등 토(土) 개념 명칭에는 관사를 붙이지 않음

산·섬·호수 등 토(土) 개념의 고유명사에는 the를 붙이지 않는다. 호수도 육지 개념으로 본다. 완전히 육지로 둘러 싸여 있기 때문이다.

산 이름

- Mt. Baekdu (o) 백두산
  Mount Baekdu (o)
  Baekdu Mountain (o)
  the Mt. Baekdu (x)
  the Mount Baekdu (x)
  the Baekdu Mountain (x)

- volcanic Baekdu Mountain (x) 화산(火山)인 백두산
  the volcanic Baekdu Mountain (o)

Mt. Baekdu | 백두산 |

Baekdu Mountain, also known as Changbai Mountain in China, is a volcanic mountain on the border between China and North Korea. At 2,744m, it is the highest mountain of the Changbai mountain range to the north and Baekdudaegan mountain range to the south. It is also the highest mountain in Korea and Manchuria. The Korean name, Baekdu-san, means "white-headed mountain." The Chinese name, Changbai Shan means "perpetually white mountain." One of the highest crater lakes in the world, called Heaven Lake, lies at the top of the mountain.

백두산(중국에서는 창바이산(長白山)이라고 함)은 중국과 북한의 변경에 있는 화산이다. 해발 2,744m인 이 산은 북쪽으로는 창바이산맥(장백산맥)과 남쪽으로는 백두대간으로 뻗어 내려간다. 백두산은 이 두 산맥 중에서 가장 높은 산이다. 뿐만 아니라 한국과 만주에서도 가장 높은 산이다. 백두산이라는 한국 이름은 '정상(頂上)이 하얀 산'이란 의미다. 중국 이름 창바이산은 '영원히 하얀 산'이란 의미다. 산 정상에 세계에서 가장 높은 화산호(火山湖) 중의 하나인 천지(天池)가 있다.

Mt. Halla | 한라산 |

- 인터넷 위성 영상 정보 사이트에서 우리 영토를 검색해 보면, 부산 수영만은 Suiei-Wan, 남해 천황산은 Tenno San, 그리고 한강 하구의 강화만은 Koka-wan 등 일본식 표기 일색이다. 우리가 '독도는 우리 땅'이라 목이 쉬도록 외치는 사이에 일본은 사이버 공간에서 소리 없이 그들의 영토를 확장하고 있는 것이다. 그러나 지리부도를 펼쳐놓고 대전을 찾아보라고 하면 엉뚱하게도 부산이나 목포 쪽에서 헤매고 있는 게 우리 청소년들의 현실이다. 그들은 제주도 한라산이 외국에서 Mount Auckland나 Kanra-san으로 불린다는 사실을 알 리가 없다.

호수 이름

Heaven(ly) Lake | 백두산 천치 |

- Heaven(ly) Lake(Chonji in Korean·Tianchi in Chinese) is a crater lake on the border between China and North Korea. In 1962, North Korea and China agreed to formally draw national boundaries through the Chonji Lake. It is a caldera atop the volcanic Baekdu Mountain. At an altitude of 2,189.1m, it covers an area of 9.82km^2 with a south-north length of 4.85km and east-west length of 3.35km. The name Chonji literally means heavenly pond. The lake was listed by UNESCO as a World Heritage Site in 1990.

하늘의 호수(한국어: 천지·중국어: 티엔츠)는 중국과 북한의 경계에 위치한 분화구 호수이다. 1962년에 북한과 중국은 천지를 관통하는 국경선을 긋는 데 공식 합의했다. 백두산(화산) 정상에 있는 칼데라(화산 폭발 등으로 생긴 대규모 함몰 지형)이다. 고도는 2,189.1m이다. 면적은 9.82km²로 남북의 길이는 4.85km이고 동서의 길이는 3.35km이다. 천지라는 이름은 말 그대로 하늘의 못을 의미한다. 1990년 유네스코 세계유산으로 등록되었다.

The Great Lakes ㅣ오대호ㅣ

오대호(伍大湖)라고 싸잡아 말할 때는 the를 붙이지만 다섯 개의 큰 호수를 각각 말할 때는 붙이지 않는다. 다섯 호수의 이름은 서쪽에서 동쪽으로 차례대로 다음과 같다.

- Lake Superior : the largest by volume, area and depth
  슈피리어 호 : 부피가 가장 크고, 면적이 가장 넓으며 가장 깊음

  Lake Michigan : the second-largest by volume and third-largest by area
  미시간 호 : 부피가 2번째로 크고, 면적이 3번째로 넓음

  Lake Huron : the third-largest by volume and second-largest by area
  휴런 호 : 부피가 3번째로 크고, 면적이 2번째로 넓음

  Lake Erie : the smallest by volume and shallowest of all the Great Lakes
  이리 호 : 부피가 가장 작으며 깊이가 오대호 중 가장 얕음

  Lake Ontario : the second-smallest by volume and smallest by area
  온타리오 호 : 부피가 2번째로 작으며 면적이 가장 작음

The Great Lakes are a group of five large lakes on or near the Canada-United States border. They are the largest group of freshwater lakes on Earth. They are sometimes referred to as inland seas.

오대호(伍大湖)는 미국과 캐나다의 국경에 또는 국경 옆에 있는 다섯 개의 큰 호수를 말한다. 세계에서 가장 큰 민물호수 군(群)이다. 내륙의 바다라고 불리기도 한다.

섬 이름

- **Dokdo** 독도(獨島)의 한국식 표현
  Takeshima 죽도(竹島), 독도의 일본식 표현
  The Liancourt Rocks 리앙쿠르 바위섬 (독도의 영어식 표현)

The Liancourt Rocks | 독도 |

- The Liancourt Rocks—Korean: Dokdo(solitary island)·Japanese: Takeshima(bamboo island)—are a group of islets in the East Sea(the Sea of Japan), whose ownership is disputed between South Korea and Japan. South Korea currently occupies the islands. "Liancourt Rocks" comes from the French whaling ship Liancourt which charted the islets in 1849. The Korean Central News Agency of North Korea refers to them as Tok Islet in its English-language articles, and supports control of the islands by "the Korean nation."

South Korea claims it as Korean territory from records that date back to the sixth century, and the 1900 Korean Empire ordinance officially incorporating it into the modern Ulleung County. Japanese claims come from seventeenth century records, as well as a "terra nullius" incorporation in 1905. Today, South Korea classifies the islets as a part of Ulleung County, North Gyeongsang Province, while Japan classifies them as part of Okinoshima Town, Oki District, Shimane Prefecture.

리앙쿠르 바위섬—한국어: 독도(獨島)·일본어: 다케시마(竹島, 죽도)—은 동해(일본해)의 여러 개의 섬으로 일본과 남한 사이에 영유권 분쟁 중이다. 이 섬은 현재 남한이 소유하고 있다. '리앙쿠르 바위섬'이란 이름은 1894년에 이 섬을 해도에 그려 넣었던 프랑스의 포경선 이름인 리앙쿠르에서 비롯됐다. 북한중앙통신은 영문 기사에서 Tok Islet(작은 외딴섬)이라고 하며 이 섬의 "the Korean nation(남북한)"의 관할을 지지한다.

남한은 기록상 6세기부터 한국 영토라고 주장하고 있으며 1900년 대한제국 칙령에 의거 울릉군에 공식 편입시켰다. 기록상 일본의 주장은 17세기부터 시작되었으며 1905년에 "무주지(terra nullius) 영토(領土)로 편입했다. 현재 남한은 이 섬을 경상북도 울릉군에 포함시키고 있다. 반면 일본은 이 섬을 시마네현 오키군 오키노시마정에 편입시켰다.

17

토(土) 개념 복수형 명칭에는 the를 붙임

대륙

- the Americas 남북 아메리카

산맥

- the Alps 알프스 산맥
  the Himalayas 히말라야 산맥
  the Rocky Mountains 로키 산맥

the Alps | 알프스 산맥 |

정확히 말해서 알프스 산은 없다. 알프스 산맥(the Alps · the Alpine range)만 있을 뿐이다.

The Alps is the name for one of the great mountain range systems of Europe, stretching from Austria and Slovenia in the east, through Italy, Switzerland, Liechtenstein and Germany to France in the west. The highest mountain in the Alps is Mont Blanc, at 4,808m, on the Italian-French border. The word "Alps" was taken via French from Latin Alpes, which may be influenced by the Latin words albus(white) or altus(high).

알프스 산맥은 유럽의 대산맥체계의 하나로 동쪽의 오스트리아와 슬로베니아에서 시작해서 이탈리아와 스위스, 리히텐슈타인, 독일을 거쳐 서쪽의 프랑스에까지 이른다. 산맥에서 가장 높은 산은 프랑스와 이탈리아의 국경에 있는 몽블랑 산(4,801m)이다. Alps란 단어는 라틴어 알페스(Alpes)―라틴 단어 알부스(albus: white)나 알투스(altus: high)의 영향을 받은 것으로 보임―에서 기원하여 프랑스어를 거쳐 생성되었다.

18

선박 이름에는 the를 붙임

the Titanic처럼 선박에는 the를 붙인다.

- **the Titanic** 타이타닉 호 (1912년 뉴펀들랜드 남쪽에서 침몰한 영국 호화 여객선)
  the Mayflower (1620년 Pilgrim Fathers가 영국에서 신대륙으로 타고 간 배 이름)

- **Amateurs built the Ark, Professionals built the Titanic.**
  아마추어가 방주를 만들었고 프로가 타이타닉을 만들었다.

the Titanic | 타이타닉 호 |

The Titanic was so strong and huge that people called her as "The Unsinkable" or "The Ship of Dream." The Titanic had entered the Grand Banks off Newfoundland. An ice field lay ahead of her, and the Captain alerted his crew to keep a sharp eye out. But he didn't slow the ship. He hoped to set a new crossing record with the Titanic and kept his speed at twenty-two knots.

타이타닉 호는 아주 강하고 아주 거대해서 '침몰할 우려가 없는 배' 또는 '꿈의 배'라고 불렸다. 타이타닉 호는 뉴펀들랜드(캐나다 동해안에 있는 섬) 근해에 있는 그랜드뱅크(얕은 바다로 세계 4대 어장의 하나)에 들어갔다. 배의 전방에 빙원(氷原)이 있었다. 선장은 선원들에게 예의주시하라고 일렀다. 그러나 그는 속도를 늦추지는 않았다. 그는 타이타닉 호로 횡단 신기록을 세우려는 희망을 갖고 22노트의 속력을 유지했다.

19

항공기·우주선 이름에는 관사를 붙이지 않음

항공기와 우주선 이름에는 관사를 붙이지 않는다.

Air Force One | 에어포스 원 |

- Air Force One is the air traffic control call sign of any United States Air Force aircraft carrying the President of the United States. While these aircraft are referred to as Air Force One only while the president is on board, the term is commonly used to describe either of the two aircraft normally used and maintained by the U.S. Air Force solely for the president. Air Force Two is the air traffic control call sign used by any United States Air Force aircraft carrying the Vice President.

에어포스 원은 미국 대통령 탑승 불특정 미 공군기의 air traffic control call sign(항공교통관제 호출부호)이다. 이 비행기들은 대통령이 탑승하는 동안에만 "에어포스 원"이라고 부르는 반면 이 용어는 일반적으로 미국 공군이 대통령만을 위해서만 정상적으로 사용되고 유지되는 항공기를 말하는 데 사용된다. 에어포스 투는 부통령 탑승 불특정 미 공군기가 사용하는 항공교통관제 호출부호이다.

미국 대통령 전용 탈것에는 모두 1호를 뜻하는 '원(One)'이 들어간다. 전용 비행기는 '에어포스 원(Air Force One, 미 공군 대통령 전용기)', 전용 헬기는 '머린 원(Marine One, 미 해병대 대통령 전용 헬기)', 심지어 골프 카트조차도 '골프 카트 원(Golf Cart One)'이라는 이름이 붙는다.

20

권위적인 장중한 공공건물 이름에는 the를 붙임

- the Pantheon 판테온
  the San Pietro Basilica 성 베드로 대성당
  the Capitol 미국 의회 의사당
  the Lincoln Memorial 링컨 기념관
  the British Museum 대영 박물관
  the Blue House 청와대
  the State Department 미국 국무부
  the United States Secret Service 미국 비밀검찰(USSS)
  the United States Park Police 미국 공원경찰(USSP)
  The United States Marshals Service 미국 연방보안청(USMS)

공공 건조물의 이름에는 관사를 붙인다. 특히 돔(dome)이 있는 공공 건조물에는 정관사 the를 붙이는 경향이 많다. 돔이란 원개(圓蓋), 즉 왕관처럼 생긴 둥근 반구형으로 된 지붕이나 천장을 말한다. 건조물의 돔은 사람의 관(冠, 갓 관)에 해당한다. 돔이 있는 신전, 성당, 의사당, 기념관 건물 등은 의관을 정제하듯 장중하고 권위적인 느낌이 든다. 돔이라는 말은 라틴어의 domus dei(신의 집)에서 나왔다. 진기한 소장품이 들어 있는 박물관, 최고 권력자가 있는 대통령 관저, 국가를 운영하는 정부기관의 이름에도 정관사 the를 붙인다.

the Pantheon | 판테온 |

the Pantheon은 이탈리아 로마에도 있고, 프랑스 파리(판테옹)에도 있다. 로마의 판테온의 장대한 돔은 근대 이전에 지어진 것으로는 가장 크다. '판테온'이란 단어는 본시 라틴어 보통명사다. 어원은 그리스어이며, 의미는 temple of all the gods(만신전·모든 신을 모시는 신전)이다. 문법적으로도 여러 개 중에 특정의 것을 지칭하려니 정관사 the를 붙일 수밖에 없다. 로마의 판테온은 그 명칭과는 달리 7세기 이래 Christian church(그리스도 교회)로 사용되어 오고 있다.

the San Pietro Basilica | 성 베드로 대성당 |

the Basilica라고도 한다. san은 이탈리아어로 saint(성인)란 의미며, basilica는 대성당이라는 의미다. 이탈리아 로마 내의 세계에서 가장 작은 나라 바티칸시국(市國)에 있다. 성(聖) 베드로의 무덤 위에 세워진 4세기의 성당인데, 16세기에 미켈란젤로가 재건하였다. 미켈란젤로가 설계한 이 성당의 돔은 높이 44.3m, 안지름 41.4m다. 가톨릭의 본산에 어울리는 규모와 성격을 나타낸다.

the Cathedral of Saint Paul | 세인트 폴 대성당 |

the Cathedral of Saint Paul(세인트 폴 대성당)은 영국 런던을 대표하는 거대한 건축물로 돔의 안지름이 30.8m다. Saint/St. Paul's Cathedral이라고도 하는데, 이때는 소유격과 관사는 나란히 둘 수 없으므로 the를 쓰지 않는다.

the Abbey | 웨스트민스터 대성당 |

웨스트민스터 대성당(Westminster Abbey)에는 the를 붙이지 않는다. the Abbey라고 하기도 한다(보통명사 abbey를 고유명사로 전용하였으므로 the를 붙였음). 정식 명칭은 the Collegiate Church of St. Peter, Westminster(웨스트민스터 성 베드로 대성당)이다.

the Capitol | 미국 의회 의사당 |

capital과 Capitol의 발음은 다 같이 [캐퍼틀]이나 의미는 다르다. capital(명사·형용사)에는 (1)수도(의), (2)자본(의), (3)대문자(의), (4)생사에 관한[capital crime(죽을 죄)·capital error(치명적인 과오)]의 여러 가지 의미가 있다. capital은 라틴어 caput(머리)에서 비롯됐다. caput는 captain(우두머리)과 cattle(가축)의 어원이기도 하다.

the Capitol은 미국의 워싱턴 D.C에 있는 높이 94m의 국회의사당으로 미국 민주주의의 심장으로 기능하고 있다. 푸른 하늘을 배경으로 150피트(약 45m) 높이의 돔이 있는데, 이것은 로마의 The San Pietro Basilica(성(聖) 베드로 대성당)에 있는 돔을 기본으로 한 것이다. 돔 위에는 6미터 높이의 자유의 여신이 칼을 차고 독수리 머리 모양의 투구를 쓰고 새의 깃털을 꽂고 서 있다.

의사당 건물을 올려다보는 것만으로도 미국인들의 자부심을 느낄 수 있다. 국회의사당 건물에는 540개의 방이 있다. 건물은 53ha 넓이의 공원 가운데 서 있는데 이곳을 Capitol Hill이라 한다. the Capitol은 원래 로마의 the Capitoline Hill 위의 Jupiter 신전이었다.

the Lincoln Memorial | 링컨 기념관 |

링컨 대통령을 기념하고 '인간 정신이 갖고 있는 관용과 지조 및 정직의 미덕'을 기리기 위해 워싱턴 D.C에 세운 것이 the Lincoln Memorial(링컨 기념관)이다. 아테네의 the Parthenon(파르테논 신전)을 본떠 설계했다.

- "In this temple, as in the hearts of the people for whom he saved the Union, the memory of Abraham Lincoln is enshrined forever." Beneath these words, the 16th President of the United States—the Great Emancipator and preserver of the nation during the Civil War—sits immortalized in marble. As an enduring symbol of Freedom, the Lincoln Memorial attracts anyone who seeks inspiration and hope.

    "에이브러햄 링컨이 구한 미(美)합중국 국민의 가슴 속에서처럼 이 전당에 그에 대한 추억이 영원히 간직되어 있다." 이 말 바로 밑에 미국의 제16대 대통령—위대한 해방자이며 남북전쟁 동안 국가를 지킨 분—이 대리석으로 조각되어 영원히 앉아 있다. 자유의 영원한 상징으로서 링컨 기념관은 영감과 희망을 찾는 사람의 주의를 끈다.

the British Museum | 대영 박물관 |

로제타석(the Rosetta Stone: 1799년 나폴레옹 원정 때 나일 하구의 Rosetta 부근에서 발견되어 고대 이집트 상형 문자 해독의 실마리가 된 비석), 소크라테스 소형상, 페리클레스 반신상, 율리우스 카이사르 및 로마 제왕들 흉상 등을 소장하고 있다. 2000년 11월에 한국관이 신설되었는데, 구석기 유물부터 청자·백자 등 조선 후기 미술품 250여 점을 전시하고 있다.

the Blue House | 청와대 |

- Cheong Wa Dae(The Blue-Tiled House or the Blue House) is the executive office and official residence of the South Korean head of state, the President of the Republic of Korea. Both the English and Korean names refer to the building's blue roof. Cheong Wa Dae is in fact a complex of buildings, built largely in the traditional Korean style with some modern elements.

  청와대(靑瓦臺: 푸른 기와를 이은 집·푸른 집)는 남한의 국가수반인 대한민국 대통령의 집무실과 공관이다. 영어명과 한국명 모두 이 건물의 청색(靑色) 지붕을 말한다. 청와대는 사실상 주로 전통적인 한국식으로 지어졌으나 일부는 현대식 요소를 갖춘 종합빌딩이다.

the State Department | 미국 국무부 |

- In the United States, the State Department is the government department that is concerned with foreign affairs. In contrast to Iraq where the Pentagon is deeply involved, North Korea's nuclear problem has been dealt with mainly by the State Department.

  미국에서 국무부는 외교에 관련된 정부 부처다. 국방부가 깊숙이 개입한 이라크와는 대조적으로, 북한의 핵문제는 주로 국무부가 다루어오고 있다.

the United States Secret Service | 미국 비밀검찰 |

우리나라의 모든 영한사전에는 '1865년 미국 재무부 소속으로 창설되어 위조지폐 적발과 대통령 경호 등을 주 임무로 함'이라고 기록되어 있으나 이는 구 정보이다.

약칭은 USSS이고 로고는 the United States Secret Service worthy of trust and confidence(믿음과 신뢰를 자랑하는 미국 비밀검찰)이다. 3,200명의 비밀요원(secret agent)과 1,200명의 제복 직원(uniformed officer)으로 구성되어 있으며 임무는 금융 범죄(financial crime) 수사 및 Presidential protection(대통령 경호)이다. 전에는 재무부 소속이었으나 지금은 미국 국토안보부(the United States Department of Homeland Security) 소속이다.

the United States Park Police | 미국 공원경찰 |

- The United States Park Police (USPP) is the oldest uniformed federal law enforcement agency in the United States. It functions as a limited service law enforcement agency with responsibilities and jurisdiction in those National Park Service areas primarily located in Washington DC, San Francisco, and New York City areas and certain other government lands.

In addition to performing the normal crime prevention, investigation, and apprehension functions of an urban police force, the Park Police are responsible for policing many of the famous monuments in the United States and share law enforcement jurisdiction in all lands administered by the Service with a force of National Park Rangers. The agency also provides protection for the President and visiting dignitaries. The Park Police is a distinct unit of the National Park Service, which is a bureau of the Department of the Interior.

미국 공원경찰은 미국에서 제복(制服)을 착용하는 가장 역사가 깊은 연방 법 집행 기관이다. 이 기관은 주로 워싱턴 D.C, 샌프란시스코, 그리고 뉴욕시의 여러 지역과 다른 행정구역에 위치한 국립공원 관리청의 관할지역에서 책임과 권한을 부여받은 준사법 집행기관 기능을 한다.

공원경찰은 도시 경찰이 갖는 통상적인 범죄예방, 수사, 체포기능을 수행하는 외에, 미국의 유명 유적 중 많은 곳의 치안을 유지하는 책임을 지며, 국립공원 관리청 관할지역에서의 법 집행 권한을 국유림 순찰경비대와 공유한다. 또한 이 기관은 대통령과 방문 요인의 신변을 보호한다. 공원경찰은 국립공원 관리청과는 별개의 관청으로 내무부의 국(局)이다.

The United States Marshals Service | 미국 연방보안청 |

- USMS is a federal law enforcement agency within the United States Department of Justice and is the oldest federal law enforcement agency in the United States. The official spelling is the plural form "US Marshals Service," not the possessive form "US Marshals' Service." The USMS is the enforcement arm of the federal courts, protecting federal courts and ensuring the effective operation of the judicial system.

연방 보안청은 미국 법무부 산하 연방 법 집행 기관으로 미국에서 가장 역사 깊은 연방 법 집행 기관이다. 공식 철자는 소유격 형태 — US Marshals' Service — 가 아니라 복수 형태 — US Marshals Service — 이다. 연방 보안청은 연방 법원의 권한을 집행하는 권력기관으로 연방 법원을 보호하고 사법체계의 기능이 효율적으로 발휘되도록 한다.

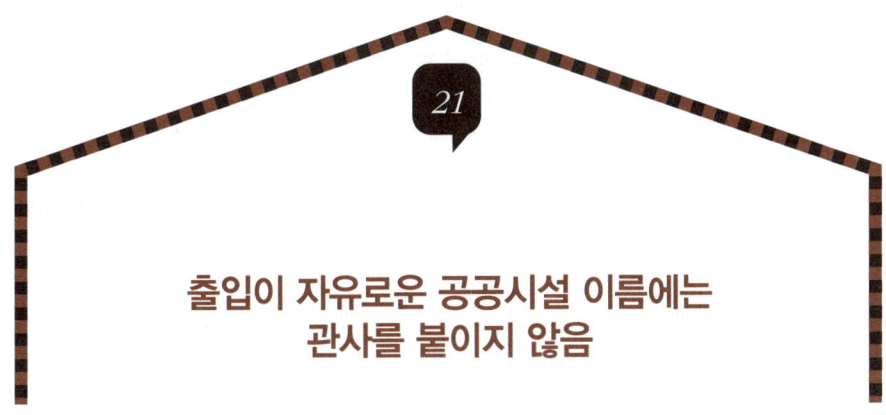

출입이 자유로운 공공시설 이름에는 관사를 붙이지 않음

역, 광장, 도로, 다리, 공항, 항구 등 아무나 자유롭게 접근할 수 있는 교통 시설물이나, 공원, 대학 등 공공 시설물에는 정관사 the를 붙이지 않는다.

역 이름

- **Gangnam station** is close by.
  강남역이 바로 옆이다.

Seoul Station | 서울역 |

- Seoul Station is a major railway station in Seoul, South Korea. The station is the primary terminus for the Gyeongbu Line and the Gyeongui Line. The station is the primary terminus for the KTX and express services to Busan and the local service to Doransan. The station used to be the terminus for all long-distance trains on the Gyeongbu, Honam, Jeolla, and Janghang Lines, but in early 2004, the terminus for most Honam, Jeolla, and Janghang Line trains was moved to Yongsan.

  The station building, designed by Professor Tsukamoto Yasushi of Tokyo Imperial University, was finished in 1925. This red brick building resembles Tokyo Station Building. The station was expanded throughout the post-Korean War era, and a new adjacent terminal was completed in 2004 in time for the new KTX high-speed rail service. Seoul Station is also served by Seoul Subway Line 1 and Line 4.

서울역은 남한의 서울에 위치한 주요 기차역으로 경부선과 경의선의 시발종착역이다. 서울역은 부산행 KTX와 급행열차, 그리고 도라산행 완행열차의 시발종착역이다. 과거에는 경부선, 호남선, 전라선, 장항선 등 모든 장거리 열차가 운행되었으나, 2004년 초 대부분의 호남선, 전라선, 장항선 열차들의 시발종착역은 용산역으로 바뀌었다.

서울역 건물은 동경제국대학 교수 쓰카모토 야스시가 디자인했으며 1925년 완공되었다. 붉은 벽돌 건물은 도쿄역의 모습과 닮았다. 한국 전쟁 후 확장되었다. 이후 KTX 운행에 맞추어 인근에 새로운 역사가 2004년에 완공되었다. 서울역은 서울 지하철 1호선과 4호선이 통과한다.

Waterloo Station | 워털루 역 |

- Waterloo Station is located in the London Borough of Lambeth. It is named after the Battle of Waterloo in which Napoleon was defeated near Brussels. Somewhat ironically, it is now London's gateway for train passengers from France and Belgium. In 1998, French politician Florent Longuepee wrote to British Prime Minister Tony Blair demanding unsuccessfully that the station be renamed on the grounds that the name is insensitive to French visitors. Meeting "under the clock at Waterloo station" was a traditional rendezvous for people planning to travel together or arriving from separate locations.

워털루 역은 램버스(런던 남부의 자치구)에 위치해 있다. 이 역의 이름은 나폴레옹이 패배한 브뤼셀(벨기에의 수도) 부근 워털루 전투에서 따온 것이다. 좀 아이러니컬하게도 이 역은 지금 프랑스와 벨기에에서 온 열차 승객의 런던 관문이 되었다. 1998년 프랑스 정치인 Florent Longuepee는 토니 블레어 총리에게 이 이름이 프랑스인 방문객의 감정을 헤아리지 않는다는 이유로 개명할 것을 요구했으나 불발에 그쳤다. "워털루 역 시계 아래서"의 만남은 함께 여행을 하거나 각기 다른 장소에서 도착하는 사람들에게 하나의 전통이 되었다.

> 해설 워털루 전투(Battle of Waterloo): 1815년 6월 엘바 섬에서 돌아온 나폴레옹 1세가 이끈 프랑스군이 영국·프로이센 연합군과 벨기에 남동부 워털루(Waterloo)에서 벌인 전투로, 프랑스군이 패배하여 나폴레옹 1세의 지배가 끝나게 되었다.

광장 이름

- Tiananmen Square 천안문 광장(天安門廣場)
  Trafalgar Square 트래펄가 광장
  Madison Square 매디슨 광장

Tiananmen Square | 천안문 광장 |

우리나라 인터넷 영어사전에는 천안문 광장을 the Tienanmen Square라고 the를 붙이고 있으나 이는 잘못된 것이다.

- Tiananmen Square is the large plaza near the center of Beijing, China, named after the Tiananmen(literally, Gate of Heavenly Peace) which sits to its north, separating it from the Forbidden City. The square is 880m south to north and 500m east to west, a total area of 440,000m² which makes it the largest open-urban square in the world.

    It has great cultural significance as a symbol because it was the site of several key events in Chinese history. Outside of China, the square is widely known for the Tiananmen Square protests of 1989, when hundreds of unarmed democracy-activists were slaughtered by the People's Liberation Army on the orders of Chinese leader Deng Xiaoping.

    Some Western reporters who were on the square during the unfolding events reported that they saw no one actually die on the square itself, though did see bloodied people but could not confirm whether they were either dead or injured. However, Chinese expatriates who left the country after the killings said that the total number of deaths ended up being in the thousands.

중국 베이징(北京, 북경)시 중심부에 있는 큰 광장으로 톈안먼 광장의 북쪽에 있는 자금성의 정문인 톈안먼(글자 뜻은 천안문—태평천국(太平天國)의 문)의 이름을 따서 지었다. 남북으로 880m, 동서로 500m, 넓이 44만m²로, 도시에 있는 광장 중 세계에서 가장 넓다.

이 광장은 하나의 상징물로서 커다란 문화적 의미를 갖고 있다. 중국 역사상 몇몇 주요 사건의 현장이기 때문이다. 중국 밖에서는 이 문이 1989년 천안문 광장 저항사건으로 널리 알려져 있다. 그때 민주화를 요구하는 수백 명의 비무장 행동주의자들이 중국지도자 등소평의 명령으로 인민해방군에게 살육당했다.

사건의 와중에 현장에 있었던 일부 서방기자들은 광장 그곳에서는 어느 누구도 죽는 것을 보지 못했고 피투성이가 된 사람들은 보았으나 그들이 죽었는지 부상당했는지는 확인할 수 없었다고 보도했다. 그러나 살육사건 후 중국을 떠난 중국 사람들은 사망자의 총 숫자가 수천 명에 이른다고 말했다.

Trafalgar Square | 트래펄가 광장 |

- Trafalgar Square is a square in London that commemorates the Battle of Trafalgar (1805), a British naval victory of the Napoleonic Wars. Nelson's Column is in the centre of the square, surrounded by fountains and four huge bronze lions; the metal used is said to have been recycled from the cannon of the French fleet. The column is topped by a statue of Viscount Nelson, the admiral who commanded the British Fleet at Trafalgar.

- The Square has become an enormously important symbolic social and political location for Londoners and visitors alike, developing over its history from an esplanade peopled with figures of national heroes, into the country's foremost place politique. Its symbolic importance was demonstrated in 1940 when the Nazi SS developed secret plans to transfer Nelson's Column to Berlin following an expected German invasion.

The square, a popular site for political demonstrations, is the site of not only Nelson's Column but also other statues and sculptures of note. Marc Quinn's sculpture Alison Lapper Pregnant—a 3.6m 13t marble torso-bust—was installed on the fourth plinth on 15 September 2005. The statue (side view) shows Lapper naked and heavily pregnant. She is an artist who was born with no arms and shortened legs due to a condition called phocomelia.

트래펄가 광장은 런던에 있는 광장으로 나폴레옹 전쟁(1796~1815)에서 영국 해군에게 승리를 가져다준 트래펄가 전투를 기념하기 위한 것이다. 넬슨의 원주(기념물)는 광장의 중심에 있으며, 빙 둘러 분수대와 4마리의 거대한 청동 사자상이 있다. 이 사자상을 만드는 데 사용된 금속은 넬슨이 격침시킨 프랑스 함대의 대포를 녹여 만들었다고 한다. 이 원주의 꼭대기에 트래펄가에서 영국 함대를 지휘했던 제독 넬슨 자작(子爵)의 동상이 놓여 있다.

이 광장은 런던 사람이나 방문객 모두에게 정치사회적으로 매우 중요한 상징성을 띤 장소다. 국가유공자 조상이 있는 광장으로, 그리고 영국에서 첫째가는 정치적 장소로 그 역사를 면면히 이어오고 있다. 1940년 나치는 영국을 침략한 다음 넬슨 동상을 베를린으로 옮기는 비밀계획을 세웠다. 이것은 이 광장의 상징적 중요성을 증명하였다.

정치 집회로 유명한 이 광장은 넬슨 기념물은 물론이고 유명한 동상이나 조각 작품의 현장이기도 하다. 마크 퀸의 조각 작품 '임신한 앨리슨 래퍼'—높이 3.5m 무게 15톤의 대리석 토르소버스트(나체 상반신 조상)—가 2005년 9월 15일 제4 대좌(臺座)에 설치되었다. 이 조각상(옆얼굴)은 래퍼의 만삭(滿朔)의 알몸을 보여 준다. 예술가인 그녀는 해표지증(海豹脂症)이라는 질환으로 태어날 때부터 양팔이 없고 다리가 짧다.

> 해설 politique: 불어로 영어의 political에 해당
> an expected German invasion: 독일의 영국 침략이 불발에 그쳤으므로 부정관사 an을 붙였음

Madison Square | 매디슨 광장 |

- Madison Square is centered on a 6.8 acre public park in the New York City borough of Manhattan, named for James Madison, fourth President of the United States and co-author of the United States Constitution.

  매디슨 광장은 뉴욕시 맨해튼 자치구에 있는 6.8에이커의 한 공원의 중심에 있으며, 미국 제4대 대통령이자 미국 헌법의 공동 기초자인 제임스 매디슨의 이름을 땄다.

도로 이름

Oxford Street(옥스퍼드 대로)처럼 원칙적으로 the를 붙이지 않는다. the Silk Road(비단길)는 silk road를 고유명사로 전용하였으므로 the를 붙인다.

Oxford Street | 옥스퍼드 대로 |

- Oxford Street is a major thoroughfare in London, England, and is one of the world's most famous streets for shopping, with over 300 shops.

  옥스퍼드 대로는 영국 런던의 주요 도로이며 세계에서 가장 유명한 쇼핑가의 하나로 가게 수는 300개가 넘는다.

The Silk Road | 비단길 |

- The Silk Road or the Silk Route is a series of trade and cultural transmission routes that were central to cultural interaction through regions of the Asian continent connecting East and West by linking traders, merchants, pilgrims, monks, soldiers, nomads and urban dwellers from China to the Mediterranean Sea during various periods of time.

Trade on the Silk Road was a significant factor in the development of the great civilizations of China, Egypt, Mesopotamia, Persia, Indian subcontinent, and Rome, and helped to lay the foundations for the modern world. The first person who used the term "Seidenstraße" or "Silk Road" in 1877 was the German geographer Ferdinand von Richthofen .

비단길은 여러 시기를 통하여 중국으로부터 지중해까지 무역업자, 상인, 순례자, 수도승, 군인, 유목민, 도시 거주자를 연결시켜 줌으로써 문화적으로 상호간에 중요한 역할을 하였던 일련의 교역 문화 유통로로, 동서를 연결하는 아시아 대륙의 여러 지역을 통과한다.

비단길을 통한 교역은 중국, 이집트, 메소포타미아, 페르시아, 인도의 대륙, 그리고 로마의 거대한 문명의 발전에 중요한 요인이 되었으며 근대 세계의 초석을 까는 데 도움을 주었다. 1877년 자이덴슈트라센(Seidenstrassen·Seidenstraße = Silk Road)이라는 용어를 처음으로 사용했던 사람은 독일인 지리학자 페르디난트 폰 리히트호펜(Ferdinand von Richthofen, 1833 ~ 1905)이었다.

다리 이름

Waterloo Bridge처럼 the를 붙이지 않는 경우도 있고, the Harvard Bridge처럼 the를 붙이는 경우도 있다. 샌프란시스코의 the Golden Gate Bridge(금문교, 金門橋)는 보통명사 golden gate bridge를 고유명사로 전용하였으므로 the를 붙인다.

Waterloo Bridge | 워털루 다리 |

- Waterloo Bridge is a road and foot traffic bridge crossing the River Thames in London, England. The name of the bridge is in memory of the British victory at the Battle of Waterloo in 1815. Thanks to its location at a strategic bend in the river, the views of London from the bridge are widely held to be finer than from any spot at ground level.

워털루 다리는 영국 런던의 템스강을 가로지르는 보행자 겸용 도로 다리이다. 다리의 이름은 1815년 워털루 전투에서의 영국의 승리를 기념하여 명명되었다. 이 다리는 템스강의 요충(要衝)을 이루는 굴곡부에 위치하고 있어, 다리에서 본 런던의 전망이 넓게 들어와 어느 지점에서 본 것보다 훌륭하다.

the Harvard Bridge | 하버드 다리 |

Cambridge(케임브리지)라는 지명은 케임브리지 대학이 있는 영국 케임브리지 주(州)이기도 하고 Harvard와 MIT 대학의 소재지인 미국 매사추세츠(Mass.) 주의 도시이기도 하다. 매사추세츠의 케임브리지와 보스턴의 경계를 이루며 흐르는 강이 찰스 강이다. 이 강을 건너는 다리가 있다. 이 다리 바로 옆에 MIT가 있고 더 떨어진 곳에 하버드 대학이 있다. 그런데 이 다리의 이름이 '하버드 다리'다. naming legend(작명에 관한 전해오는 이야기)가 있다.

- The bridge carrying Massachusetts Avenue (Route 2A) from Back Bay, Boston to Cambridge is commonly know as the Harvard Bridge. It is the longest bridge over the Charles River. When it was built, the state offered to name the bridge for the Cambridge school that could present the best claim for the honor. Harvard submitted an essay detailing its contributions to education in America, concluding that it deserved the honor of having a bridge leading into Cambridge named for the institution. MIT did a structural analysis of the bridge and found it so full of defects that they agreed that it should be named for Harvard.

보스턴의 백 만(灣)으로부터 케임브리지에 이르는 매사추세츠로(2A로)를 연결하는 다리가 있는데 이 다리는 보통 '하버드 다리'로 통한다. 이 다리는 찰스 강(江)에서 가장 긴 다리다. 그런데 그 다리가 완료되었을 때 수(州)는 그 다리에 이름을 붙일 만한 공을 가장 많이 내세울 수 있는 케임브리지 소재 대학에 그 영광을 돌리겠다고 했다. 하버드 대학은 케임브리지로 이어지는 다리가 자기 대학의 이름을 따는 영광을 안을 자격이 있다는 결론을 내리고 미국의 교육에 기여한 바를 자세히 밝히면서 그 다리의 이름은 하버드로 해야 한다는 글을 제출했다. 이 다리의 구조적 분석을 한 MIT는 그 교량이 결함이 많다는 것을 알고는 그 이름을 하버드 다리로 해야 한다는 데 동의했다.

- The order not to bomb **the Yalu bridges** was the most indefensible and ill-conceived decision ever forced on a field commander in our nation's history.

    압록강 다리를 폭격하지 말라는 명령은 우리나라 역사상 야전군 사령관에게 내려진 가장 졸렬한 결정이다.

    해설 the Yalu bridges는 특정 다리를 칭하는 것이 아니라 압록강(the Yalu)을 가로지르는 모든 다리를 말한다. 한국 전쟁 당시 미국 정부는 전역(戰域)을 한반도로 국한시키는 소위 국지전(limited war)을 명했다. 이는 만주에 있는 중공군 기지는커녕 중공군과 군수물자의 이동 통로인 압록강 다리조차 폭격할 수 없음을 의미했다. 이에 대하여 맥아더가 한 말이다.

항구 이름

Incheon Harbor | 인천항 |

The Battle of Incheon was a decisive invasion and battle during the Korean War. A briefing led by Admiral James Doyle concluded "the best that I can say is that Incheon is not impossible." Officers at the briefing spent much of their time asking about alternative landing sites such as Kunsan. MacArthur spent 45 minutes after the briefing explaining his reasons for choosing Incheon.

He said that because it was so heavily defended, the enemy would not expect an attack there, that victory at Incheon would avoid a brutal winter campaign, and that, by invading a northern strong point, the UN forces could cut off North Korean lines of communication. Incheon was also chosen because of its proximity to Seoul. Washington approved the invasion.

Destroyer Squadron Nine, headed by the USS Mansfield, sailed into Incheon Harbor, where it fired upon enemy gun emplacements. The attacks tipped off the North Koreans that a landing might be imminent. The North Korean officer at Wolmi-do assured his superiors that he would throw the enemy back into the sea.

인천상륙작전은 한국전쟁의 결정적인 침입 전투였다. 해군 제독 제임스 도일(James Doyle)은 브리핑에서 '내가 최선을 다해 말할 수 있는 것을 인천은 불가능하지 않다는 것입니다.'라고 결론 내렸다. 브리핑에 참석한 장교들은 군산과 같은 상륙 장소의 대안에 대해서 질의를 하느라 많은 시간을 소비했다. 맥아더는 브리핑 후 인천을 선택하는 이유를 45분간에 걸쳐서 설명했다.

적은 인천을 아주 삼엄하게 방어하고 있기 때문에 그곳의 공격을 예상하지 못할 것이며, 인천에서 승리하게 되면 모진 겨울 전투를 피하게 될 것이며, 북한의 거점을 공격함으로써 유엔군은 북한의 통신망을 단절시킬 수 있을 것이라고 말했다. 또한 인천은 서울과 가깝기 때문에 선택되었다. 미국 정부는 이 작전을 승인했다.

미국 전함 맨스필드호의 선도를 받은 제9 구축함 전대(함대의 일부)는 인천항으로 들어갔다. 거기에서 전대는 적의 포대에 함포사격을 가했다. 그 공격은 상륙이 임박했다는 것을 북한에게 알리는 종소리였다. 월미도의 북한장교는 상관에게 적을 바다에 수장시키겠다고 장담했다.

공원 이름

- Hyde Park 하이드 파크
  The Serengeti 세렌게티

Hyde Park | 하이드 파크 |

London에서는 공원을 the Park라고 한다. park를 고유명사로 전용하였으므로 the를 붙인다.

- Hyde park is one of London's finest historic landscapes. There is something for everyone in Hyde Park. With over 4,000 trees, a lake, a meadow, horse rides and more it is easy to forget you're in the middle of London.

  하이드 파크는 런던에서 가장 뛰어난 역사적으로 유명한 풍경 중 하나다. 하이드 파크에는 모든 이에게 소중한 그 무엇인가가 있다. 4,000그루 이상의 나무, 호수, 초원, 승마장 그 외에 여러 가지가 있어 런던의 중심부에 있다는 사실을 깜박 잊게 한다.

The Serengeti | 세렌게티 |

탄자니아의 초원 세렌게티(Serengeti)에는 정관사 the를 붙인다. '끝없는 초원'이란 보통명사를 고유명사화한 것이기 때문에 the를 붙인다.

- The Serengeti is a 60,000km^2 savanna which lies over Tanzania. The biannual migration that occurs there is considered one of the seven tourist travel wonders of the world. The region contains several national parks and game reserves. Its name is derived from the Maasai language and means "Endless Plains." The Serengeti has more than 2 million herbivores and thousands of predators.

  세렌게티는 탄자니아에 있는 60,000km^{2}의 초원이다. 거기서 일어나는 연 2회의 동물 이주(移住)는 세계의 7대 불가사의 관광명소 중 하나다. 이 지역에는 여러 개의 국립공원과 사냥 금지 구역이 포함되어 있다. 이름은 마사이 어에서 비롯됐으며 '끝없는 초원'이란 의미다. 200만 마리 이상의 초식 동물과 수천 마리의 육식 동물이 있다.

궁전 · 성 및 대학 이름에는 관사를 붙이지 않음

궁전 이름

천상(天上)의 절대자 God(신, 神)에 관사가 없는 것처럼 지상의 절대자는 왕이었으며 궁전은 왕과 동일시된다. 이 절대 권력의 중심지인 궁전 이름에는 관사를 붙이지 않는다.

- Deoksu Palace[Deoksugung]　덕수궁
  Buckingham Palace　버킹엄 궁
  Blenheim Palace　블레넘 궁
  the Alhambra　알람브라 궁 (보통명사의 고유명사로의 전용)

Buckingham Palace | 버킹엄 궁 |

- Buckingham Palace is the official London residence of the British monarch. The palace is a setting for state occasions and royal entertaining, and a major tourist attraction. It has been a rallying point for the British people at times of national rejoicing and crisis.

  버킹엄 궁전은 영국 군주의 런던 관저다. 이 궁전은 국가의 행사와 왕실의 연회가 열리는 장소이며 주요 관광명소다. 이곳은 국가적으로 경축할 일이 있을 때, 국가가 위기에 처할 때, 영국 국민의 활력을 다시 결집시키는 장소가 되어 왔다.

Blenheim Palace | 블레넘 궁 |

영국에서 palace란 타이틀은 왕의 거처에만 주어지는 것은 아니다. Blenheim Palace는 군인이었으며 정치가였던 초대 말버러 공작(the 1st Duke of Marlborough, 1650~1722)—본명 John Churchill—의 country house(시골의 저택)이다. 1704년 앤(Anne) 여왕은 블레넘 전투(Battle of Blenheim)—영국의 프랑스·바이에른(Bavaria)과의 전투—에서 승리한 초대 말버러 공작 존 처칠에게 그의 공로를 치하하여 이 별장을 선사했다. 초대 말버러 공작인 존 처칠부터 현재 11대 말버러 공작이 거주하고 있다. 처칠(Sir Winston Churchill)이 태어난 생가이기도 하다. 처칠의 아버지는 말버러 공작 7세의 셋째 아들이다. 이 궁전의 거대한 동쪽 문 위에는 다음과 같은 명판(名板)이 새겨져 있다.

Under the auspices of a munificent sovereign this house was built for John Duke of Marlborough and his Duchess Sarah, by Sir J Vanbrugh between the years 1705 and 1722. And the Royal Manor of Woodstock, together with a grant of ￡240,000 towards the building of Blenheim, was given by Her Majesty Queen Anne and confirmed by act of parliament.

후덕한 국왕의 후원으로 이 주택은 말버러 공작 존과 그의 부인 사라를 위하여 Sir J Vanbrugh에 의해 1705년부터 1722년 사이에 지어졌다. 이 우드스톡 영지(領地)와 이 건물 축조 비용 24만 파운드를 앤 여왕 폐하가 하사하였으며 의회의 승인을 받았다.

해설 John Duke of Marlborough: (1) John(본명)과 Duke of Marlborough(작위명)는 동격 관계, (2) Duke와 Marlborough도 동격 관계이므로 of를 '~의'라고 옮기지 않는다.

the Alhambra | 알람브라 궁전 |

보통명사를 고유명사로 전용하였으므로 the를 붙인다.

- The Alhambra(Arabic: Al-Hamra meaning "the red") is a palace and fortress complex of the Moorish monarchs of Granada, in southern Spain, being currently a museum exhibiting exquisite Islamic architecture.

알람브라 궁전(아랍어로는 '알함라'이며 '붉은 건물'이라는 의미)은 스페인 남부의 그라나다에 있는 무어 왕의 궁전·요새 복합체다. 지금은 훌륭한 이슬람 건축을 자랑하는 박물관이다.

The Alhambra (literally "the red palace") is a palace and fortress complex of the Moorish monarchs of Granada, in southern Spain, occupying a hilly terrace on the south-eastern border of the city of Granada. It was the residence of the Muslim kings of Granada and their court, but is currently a museum exhibiting exquisite Islamic architecture.

알람브라 궁전(글자 뜻은 '붉은 궁전')은 스페인 남부의 그라나다에 있는 무어 왕의 궁전·요새 복합체로 그라나다 시(市) 남동 경계의 경사진 대지(臺地)를 차지하고 있다. 그곳은 그라나다의 이슬람 왕들의 거처였으며 궁전이었으나 지금은 훌륭한 이슬람 건축을 자랑하는 박물관으로 사용되고 있다.

해설 무어(Moor): 8세기 스페인을 점거한 아프리카 서북부의 회교 부족
대지(臺地): 주위보다 고도가 높고 넓은 면적의 평탄한 표면을 가지고 있는 지형

성 이름

성(城)에는 두 가지의 개념, 즉 castle(대저택 또는 안전한 은신처)이라는 개념과 wall(변경을 방어하기 위한 담)이라는 개념이 있다. 전자는 영국의 경우에 해당된다. 그래서 영국에는 An Englishman's house is his castle.(영국인 집은 그의 성이다)라는 속담이 있다. 후자는 한국이나 중국의 경우에 해당된다. 어느 경우든 the를 붙이지 않는다.

- **Windsor Castle** 윈저 성
  Osaka Castle 대판성
  Namhansanseong 남한산성
  the Forbidden City 자금성 (보통명사의 고유명사화)
  the Great Wall of China 만리장성 (보통명사의 고유명사화)

Windsor Castle | 윈저 성 |

Windsor Castle, in Windsor in the English county of Berkshire, is the largest inhabited castle in the world and, dating back to the time of William the Conqueror, is the oldest in continuous occupation. Together with Buckingham Palace in London and Holyrood Palace in Edinburgh, it is one of the principal official residences of the British monarch. Queen Elizabeth II spends many weekends of the year at the castle, using it for both state and private entertaining.

영국 버크셔 주(州) 윈저에 있는 윈저 성은 사람이 거주하는 성으로서는 세계에서 가장 크며, 그 기원은 정복왕 윌리엄 시대로 거슬러 올라가 가장 오랜 세월 동안 지속적으로 거주해 오고 있다. 런던의 버킹엄 궁전과 에든버러의 홀리루드 궁전과 더불어 영국 군주의 주요 관저 중 하나다. 여왕 엘리자베스 2세는 이 성에서 해마다 많은 주말을 보내며, 국가적인 그리고 개인적인 연회 장소로 사용하고 있다.

Namhansanseong | 남한산성 |

- Namhansanseong is located on Namhansan immediately to the southeast of Seoul. It contains fortifications that date to the 17th century, and a number of temples. The construction began in 1624, when the Manchus were threatening Ming China. In 1636, the Manchus invaded and Injo fled with his court and 13,800 soldiers to Namhansanseong. Here they were well defended and the king enjoyed the protection of a bodyguard comprised of 3,000 fighting monks.

The Manchus were not able to take the fortress by storm, but after 45 days of siege the food supply inside ran out, and the king was forced to surrender, giving his sons as hostages and shifting allegiance from the Ming. The Manchu had the Samjeondo Monument erected to mark this event, which is on the southern route from Seoul to Namhansanseong.

남한산성은 서울 남동부 가까이에 위치한 남한산에 있다. 17세기의 여러 축성과 많은 사찰을 끼고 있다. 축성 공사는 만주(청나라)가 명나라를 위협하고 있었던 1624년에 시작되었다. 1636년 만주(청나라)의 침략으로 인조가 조정의 신하와 13,800명의 병사와 함께 남한산성으로 도피했다. 여기에서 이들은 잘 보호되었으며 왕은 3,000명의 승군(僧軍)으로 구성된 호위대의 보호를 받았다.

만주(청나라)는 폭우로 성을 점령할 수는 없었으나 45일간의 포위로 성내에 식량 공급이 어려워졌다. 왕은 항복을 강요받자 아들들을 볼모로 내주고 명나라에는 군신(君臣)의 예(禮)를 거두고 청나라에게 군신의 예를 갖추게 되었다. 청나라는 이 공덕을 자랑하기 위해 삼전도비(三田渡碑)를 세우게 했으며, 이 비는 지금 서울 남쪽 남한산성으로 가는 길에 있다.

the Forbidden City | 자금성 |

보통명사를 고유명사로 전용하였으므로 the를 붙인다.

- The Forbidden City was the Chinese imperial palace from the mid-Ming Dynasty to the end of the Qing Dynasty. The palace complex consists of 980 surviving buildings with 8,707 bays of rooms and covers 720,000m^2. The Forbidden City was declared a World Heritage Site in 1987, and is listed by UNESCO as the largest collection of preserved ancient wooden structures in the world.

- The common English name "the Forbidden City" is a translation of the Chinese name Zijin Cheng(literally "Purple Forbidden City"). Another English name of similar origin is "Forbidden Palace." The name "Zijin Cheng" is a name imbued with significance on many levels.

Zi or "Purple" refers to the North Star which in traditional Chinese astrology was the abode of the Celestial Emperor. The Forbidden City, as the residence of the terrestrial emperor, was its earthly counterpart. Jin or "Forbidden" referred to the fact that no-one could enter or leave the palace without the emperor's permission. Cheng means a walled city.

자금성은 명조(明朝) 중기부터 청조(清朝) 말기까지 중국 황제의 궁궐이었다. 이 궁궐은 8,707개의 방이 딸린 980채의 건물로 구성되어 있으며 지금도 남아 있다. 넓이는 72만m^{2}에 이른다. 1987년 자금성은 유네스코의 세계유산으로 지정되었으며, 세계 최대 구식 목조건축 보존(保存)물로 유네스코 명부에 등재되어 있다.

일반적인 영어 명칭 the Forbidden City(금단의 도시)는 중국 명칭 '쯔진청(Zijin Cheng: 글자 그대로는 Purple Forbidden City)'의 번역이다. 비슷한 어원의 다른 영어 명칭은 Forbidden Palace(금단의 궁궐)다. '쯔진청(Zijin Cheng)'이라는 이름에는 여러 개념이 함축되어 있다.

'쯔(Zi)', 다시 말해서 자줏빛(紫)은 전통적인 중국 점성술에서 천상(天上)의 황제가 거처하는 북극성(北極星, North Star)을 말한다. 지상(地上)의 황제가 기거하는 곳으로서의 자금성은 천상(天上)의 황제가 거처하는 북극성에 대한 상대적 개념이다. 진(Jin) 즉 '금단의(Forbidden)'란 허가 없이는 누구도 들어가거나 나가거나 할 수 없다는 것을 뜻한다. '청(Cheng)'은 성곽도시(walled city)를 말한다.

the Great Wall of China | 만리장성 |

보통명사를 고유명사로 전용하였으므로 the를 붙인다.

- the Great Wall of China 만리장성(萬里長城)
  the Long Wall of 10,000 Li

대학 이름

학문의 전당인 대학의 이름에도 the를 붙이지 않는다. Harvard University(하버드 대학)에는 the를 붙이지 않으나, the University of London(런던 대학)은 of의 제한을 받으므로 the를 붙인다. UCLA는 University of California at Los Angeles(캘리포니아 대학 로스앤젤레스 캠퍼스)의 두문자어(頭文字語)다.

Harvard University | 하버드 대학 |

Harvard University has grown from 9 students with a single master to an enrollment of more than 18,000 degree candidates. Seven presidents of the United States—John Adams, John Quincy Adams, Theodore and Franklin Delano Roosevelt, Rutherford B. Hayes, John F. Kennedy and George W. Bush—were graduates of Harvard. Its faculty have produced 40 Nobel laureates.

하버드 대학은 9명의 학생과 1명의 선생으로 시작하여 1만 8천여 학위 취득 희망자가 다니는 학교로 성장했다. 일곱 명의 미국 대통령—존 애덤스, 존 퀸시 애덤스, 시어도어 루스벨트, 프랭클린 델라노 루스벨트, 러더퍼드 B. 헤이스, 존 F. 케네디, 그리고 조지 W. 부시—이 하버드 출신이다. 지금까지 배출된 하버드의 교수 출신 노벨상 수상자는 40명이다.

23 서적 및 신문·잡지의 이름은 경우에 따라 다름

우리나라의 문법 참고서는 대부분 '서적 및 신문·잡지 등에는 the를 붙인다'고 되어 있다. 그러나 이것은 사실과 거리가 멀다. 지면(紙面) 매체의 이름에 the를 붙이고 안 붙이고는 일정한 규칙이 없다. 개개의 사례에 따라 다르다.

서적 이름

⟨Hamlet(햄릿)⟩, ⟨Othello(오셀로)⟩, ⟨Macbeth(맥베스)⟩에는 관사가 없다. 인명이 책명으로 됐기 때문이다. ⟨Faust(파우스트)⟩도 사람 이름이기 때문에 관사가 없다. 헤밍웨이의 ⟨A Farewell to Arms(무기여 안녕)⟩에서 'A Farewell'은 '영원한 한 차례의 안녕'을 나타내므로 부정관사 a가 붙어 있다. '전쟁은 이제 그만'이라는 의미다. 기번(Gibbon)의 저서 ⟨The History of the Decline and Fall of the Roman Empire(로마 제국 쇠망(衰亡)사)⟩에는 the가 세 개나 붙어 있다. 모두가 제한의 성격을 띠기 때문이다.

the Bible | 성경 |

- Prosperity is the blessing of the Old Testament; adversity is the blessing of the New.
  영화는 구약이 준 축복이지만 역경은 신약이 준 축복이다.
  – 프랜시스 베이컨(Francis Bacon, 1561~1626): 영국의 철학자·정치가·과학자

성경을 ⟨the Bible⟩, ⟨the Book⟩, ⟨the Scriptures⟩라고 한다. scripture란 단어는 라틴어로 '쓴 것', '적은 것'이란 뜻의 보통명사다. 신약성서·구약성서 또는 그 둘을 가리켜 Holy Scripture 또는 the (Holy) Scriptures라고 한다. bible도 '성스러운 책'이란 의미의 보통명

사다. 그러니 수많은 책 중에 기독교의 성경을 의미하려면 the를 붙여 the Bible(그 성스러운 책)이라고 해야 한다. bible의 어원은 항구 이름이다. the Online Etymology Dictionary에 기록된 어원을 추적해 보자.

> The word bible is from the Latin phrase biblia sacra ('holy books'). This stemmed from the Greek term ta biblia ta hagia ('the holy books'), which derived from biblion ('paper' or 'scroll', the ordinary word for 'book'), which was originally a diminutive of byblos ("Egyptian papyrus"), possibly so called from the name of the Phoenician port Byblos from which Egyptian papyrus was exported to Greece.
>
> bible이라는 단어는 라틴어 구절 'biblia sacra(holy books, 성스러운 책들)'에서 나왔다. 이 biblia sacra는 그리스어 ta biblia ta hagia(그 성스러운 책들)이란 말이 나왔으며, 이 말은 거슬러 올라가 biblion('책'을 통상적으로 이르는 단어인 '종이', '두루마리')에서 나왔다. 그런데 이 biblion은 원래 이집트 파피루스(byblos)의 지소어(指小語, diminutive)다. 그리스는 이집트 파피루스를 페니키아(Phoenicia: 지금의 시리아 연안의 옛 나라)의 Byblos라는 항구에서 수입했다. 당시 그리스 사람들은 이 이집트 파피루스를 그냥 byblos라고 불렀던 것 같다.
>
> [해설] 지소어(指小語, diminutive): 작거나 혹은 일반적으로 감정의 함축을 수반하는 대상에 대하여 쓰는 말. 개천(stream)의 지소어가 실개천(streamlet).

the Bible이 관용어로 사용될 때는 소문자를 사용한다.

- **on the bible** 성서에 맹세하여, 결단코
  kiss the bible 성서에 키스하고 맹세하다
  swallow[eat] the bible 속이다, 위증하다

Utopia | 유토피아 |

영국의 작가 토머스 모어 경(Sir Thomas More, 1478~1535)의 정치적 공상 소설(1516)이다. 라틴어로 쓰여진 이 책의 정식 명칭은 〈De Optimo Reipublicae Statu, Deque Nova Insula Utopia · Concerning the highest state of the republic and the new island Utopia(국가의 최선 정체(政體)와 새로운 섬 유토피아에 관하여)〉이다. Utopia(유토피아)는 희랍어로 ou(not)와 topos(place)가 합쳐진 말이다. 유토피아는 일반적으로 '이상향'의 대명사가 되었고, 유토피아 문학의 장르를 창시하는 데 큰 영향을 미쳤다.

- Utopia (from Greek: "no place" or "place that does not exist," as well as "perfect place") is a fictional island near the coast of the Atlantic Ocean written about by Sir Thomas More as the fictional character Raphael Hythloday—from Greek hythlos ('idle talk') plus daiein ('to distribute')—recounts his experiences in his travels to the deliciously fictional island with a perfect social, legal, and political system. It may be used pejoratively to refer to a society that is unrealistic and impossible to realize. It has also been used to describe actual communities founded in attempts to create an ideal society.

유토피아(희랍어로 '이상적인 곳'이란 뜻도 되지만 '어디에도 없는 곳' 또는 '존재하지 않는 곳'이란 뜻도 됨)는 토마스 모어 경이 쓴 대서양 연안 부근에 있는 가공의 섬으로 가공인물인 라파엘 히슬로디(Raphael Hythloday)—희랍어 hythlos (idle talk, 잡담) + daiein (to distribute, 재잘거리기)—완전한 사회적 법률적 정치적 제도를 갖춘 유쾌한 가공의 섬을 여행하면서 얻은 경험을 이야기한다. 유토피아는 현실적으로 불가능한 사회를 경멸적으로 언급하는 데 사용되기도 하지만, 이상사회를 이룩하고자 하는 시도에 근거한 실제적인 공동체를 묘사하는 데 사용되어 왔다.

La Divina Commedia · The Divine Comedy | 신곡 |

divine comedy는 '신(神)의 희극'이라는 의미의 보통명사다. 고유명사로 활용하려면 이탈리아어의 경우 La를 붙여 〈La Divina Commedia〉로, 영어의 경우 The를 붙여 〈The Divine Comedy〉라고 해야 한다. '단테의 신곡'을 영어로 하면 The Divine Comedy by[of] Dante 또는 Dante's Divine Comedy다. 후자의 경우 소유격 다음에는 관사를 붙일 수 없기 때문이다.

A Series of Unfortunate Events | 위험한 대결 |

레모니 스니켓(Lemony Snicket)라는 필명으로 알려진 미국의 동화 작가 대니얼 핸들러(Daniel Handler, 1970~)는 자석에 달라붙는 쇠붙이처럼 날카롭고도 재치 있는 글 솜씨로 주목받는다. 아동 서적 시리즈인 A Series of Unfortunate Events가 핸들러의 대표작이다. 그는 시사주간지 타임(Time)이 발간한 〈Entertainment Weekly(엔터테인먼트 위클리)〉지가 선정한 '연예 오락 부문 가장 창조적인 인물 100인' 중 한 명으로 뽑히기도 했다. 시리즈에 들어 있는 책 제목 또한 재미있다.

- Vile Village 타락한 마을
  Grim Grotto 으스스한 동굴
  Reptile Room 파충류의 방
  Wide Window 넓은 창문
  Bad Beginning 나쁜 시작
  Slippery Slope 미끄러운 비탈
  Hostile Hospital 해가 되는 병원
  Austere Academy 공포의 학교
  Carnivorous Carnival 육식을 즐기는 사육제(謝肉祭)

〈Reptile Room(파충류의 방)〉은 72주간 뉴욕 타임스 베스트셀러 10위 안의 자리를 지키는 등 〈Harry Potter(해리 포터)〉 이후 아이들을 가장 열광시키는 책으로 호평받고 있다. 그런 그가 〈Adverbs(부사)〉(2006)라는 간단한 제목으로 된 성인 소설을 냈다. 이 소설은 뉴욕의 영화·TV프로 제작사인 GreeneStreet Films에 팔렸다. 이 책은 사랑과 연관된 사건을 다룬 여러 인물이 등장하는 컬렉션이다. 〈briefly(간단히)〉, 〈madly(열광적으로)〉, 〈deeply(교묘히)〉 등등의 제목으로 되어 있는 여러 인물의 각기 다른 사랑 이야기를 담은 컬렉션이다.

신문·잡지 – 정관사 the가 붙은 경우

- The Washington Post 워싱턴 포스트 미국의 일간지
  The Economist 이코노미스트 영국의 경제주간지
  The Advocate 애드보케이트 미국의 동성애자(gay) 잡지

〈The Washington Post〉는 '워싱턴의 소식을 전해주는 우체통'이란 의미다. post는 '우체국', '우체통'이란 의미로 '소식을 전해주는 곳'이란 보통명사다. 〈The Economist〉의 economist는 '그 경제학자', '그 경제 전문가'란 의미다. 〈The Advocate〉는 '그 옹호자', '그 주창자'라는 의미다. 모두 다 보통명사가 고유명사로 전용된 경우이므로 정관사 the가 붙었다.

신문·잡지 – 관사가 붙지 않는 경우

- Newsweek 뉴스위크 미국의 주간지
  Time 타임 미국의 주간지

Section 2

영어의 품격은
기초 문법에서 시작한다

Chapter

6

관사 a의 기본적인 쓰임

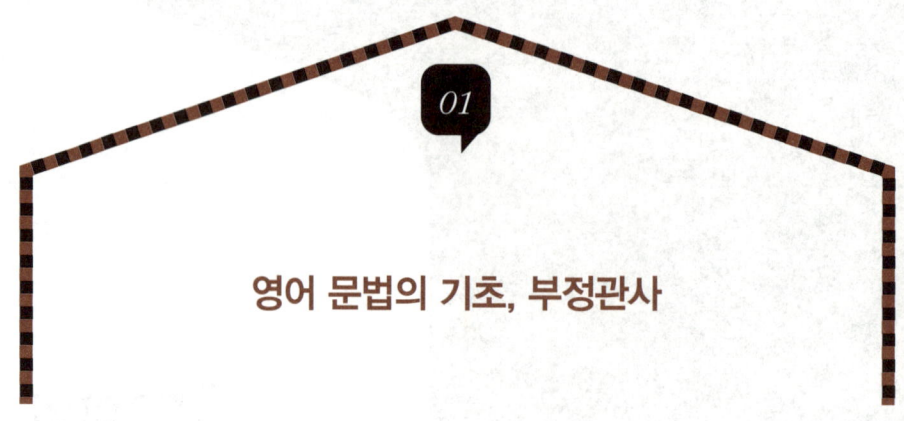

영어 문법의 기초, 부정관사

김동건 아나운서가 진행하는 KBS 대담 프로 〈한국 한국인〉에 임권택 감독이 출연했다. 진행자가 "사모님과 자녀들은 몇 명입니까?"라고 묻자 임 감독이 "사모님 한 명과 자녀들 둘입니다."라고 대답했다. 물음에 충실한(?) 임 감독의 답변이 청중의 폭소를 자아냈다. 이와 같이 우리말은 부정관사를 챙겨 쓰면 웃음거리가 되는 경우가 있는 반면, 영어는 부정관사를 챙기지 않으면 틀린 문장이 된다. 부정관사 a와 an의 다양한 쓰임새를 알아보자.

출처: Wikipedia

아서 밀러(Arthur Miller, 1915~2005)의 〈세일즈맨의 죽음〉은 1949년에 초연된 이래 지금까지도 세계 곳곳에서 공연되고 있는 걸작이다. 원제는 〈Death of Salesman〉이 아니라 〈Death of a Salesman〉이다. 우리말은 단수이더라도 굳이 '하나의'라는 말을 붙이지 않는 반면, 영어는 단수와 복수를 엄격히 구분해 쓴다. 다음 영작의 경우, 우리말에는 없는 '하나의(a)'가 영어에는 들어간다.

- It's a very popular product.
  It's a very hot item.
  그것은 매우 잘 팔리는 상품이다.

- It's a piece of cake.
  It's a breeze.
  It's a cinch.
  그건 (누워서 떡 먹기처럼) 엄청 쉽다.

제이미 컬럼(Jamie Cullum)의 a day와 a kick

a day

영국의 재즈·팝 피아니스트 제이미 컬럼(Jamie Cullum, 1979~)의 "What a difference a day made"의 가사 몇 소절을 보자.

What a difference a day made.
Twenty-four little hours
Brought the sun and the flowers
Where there used to be rain.

What a difference a day makes.
There's a rainbow before me.
Skies above can't be stormy
Since that moment of bliss, that thrilling kiss.

하루는 큰 변화를 가져다주었지요.
스물넷의 짧은 시간이 지나자
비가 왔던 곳에
태양이 빛나고 꽃들이 피었어요.

하루는 큰 변화를 가져다주지요.
내 앞에 무지개가 떴어요.
저 하늘에는 모진 비바람이 사라졌어요.
그 황홀한 순간, 그 짜릿한 입맞춤을 하고 나니.

가사 중 a difference의 a는 우리말로 옮기지 않으나 a day의 a는 우리말로 반드시 옮겨야 한다. 부정관사 a는 one에서 나온 것으로 기본적으로 '(많은 또는 여럿 중에서) 하나의'라는 의미를 지니고 있다.

What a difference a day made는 감탄문이다. what이 감탄문에 사용되면 '대단한'이라는 의미를 갖는다. 평서문 구조로 바꾸면 A day made a big difference.(하루는 큰 변화를 가져왔다)가 된다.

- It may look the same from the outside, but what **a difference a year** makes.
  외관상으로는 같아 보이지만 한 해는 큰 변화를 가져온다.

a kick

제이미 컬럼의 또 하나의 곡 "I get a kick out of you(그대와 함께 있으니 뒤집어지게 좋아)"를 보자. a kick에서 a는 우리말로 옮기지 않는다. 가사 몇 소절을 보자.

I get no kick from champagne.
Mere alcohol doesn't thrill me at all.
So tell me, why should it be true
That I get <u>a kick</u> out of you.
Some like the perfume from Spain.
I'm sure that if I took even one sniff
That would bore me terrifically too.
But I get <u>a kick</u> out of you.

샴페인을 마셔 봐도 별로야.
알코올만으론 절대로 나를 흥분시키지 못해.
그대와 함께 있으니 정말 뒤집어지게 좋아. 왜 그런지 말해 봐.
스페인산 향수를 좋아하는 사람도 있어.
단 한 번만 냄새를 맡아도 틀림없이 나를 엄청 따분하게 할 거야.
그러나 그대와 함께 있으니 기분이 뒤집어지게 좋아.

제이미 컬럼은 공연할 때 발, 무릎, 엉덩이로도 피아노 건반을 두들긴다. 피아노 건반을 밟고 뛰어넘는 퍼포먼스도 펼친다. 그는 공연하며 피아노 10여 대를 망가뜨렸다. 그도 관객도 'kick'을 맛보았다. kick이 명사로 사용될 경우 어떻게 쓰이는지 살펴보자.

- The player received **a kick** on the shin.
  그 선수는 앞정강이를 차였다.

- I got **a kick** out of the show.
  쇼에서 짜릿한 흥분을 맛보았다.

- Let's go bowling just for **kicks**[fun].
  재미 삼아 볼링 하러 가자.

- A How did you enjoy the concert?
     그 연주회 어땠어?
  B I got **a kick**[bang] out of the concert.
     = I found the concert really interesting.
     = I was very excited by the concert.
     아주 좋았어요.

- We really got **a kick** out of his hilarious joke.
  그 사람의 유쾌한 농담 때문에 뒤집어졌어.

위의 예에서 본 바와 같이 a를 '하나'라고 옮길 경우가 있고, 그렇지 않은 경우가 있다. 뿐만 아니라 '하나'라는 의미를 속에 감추면서 여러 다른 의미를 나타내는 경우가 있다. 강한 지시적 의미(strong denotative[explicit] meaning), 약한 지시적 의미(weak denotative[explicit] meaning), 함축적 의미(connotative[implicit] meaning) 등 세 항목으로 나누어서 체계적으로 다루어 보고자 한다.

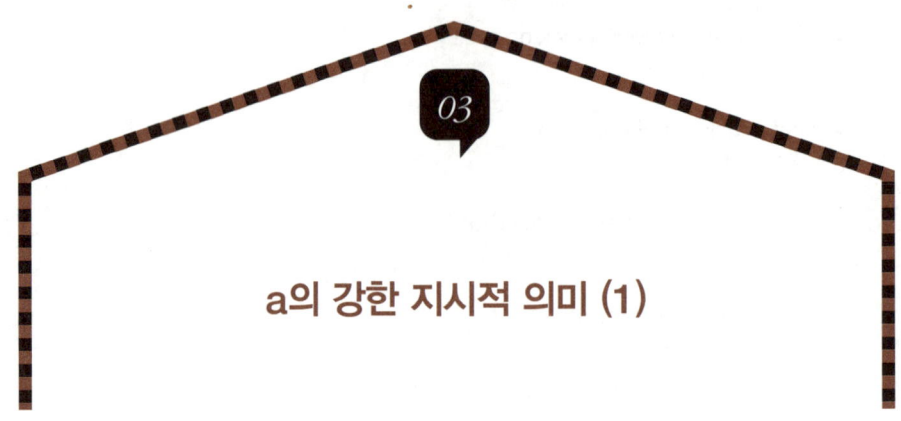

a의 강한 지시적 의미 (1)

one(하나의)의 의미가 분명하게 드러나는 경우

- We have forty million reasons for failure, but not **a single excuse**.
  실패의 이유는 4천만 가지가 있으나 용서를 구하는 사과는 단 한 마디도 없다.

- If you want to be happy for **a year**, plant a garden; if you want to be happy for life, plant a tree.
  1년간 행복하려면 정원을 가꾸고, 평생 행복하려면 나무를 심어라. – 영국 속담

- The types of tours we offer are all-inclusive. You won't to have to lift **a finger**.
  우리가 제공하는 여행 상품은 패키지 상품입니다. 손가락 하나 까닥하지 않으셔도 됩니다.

- I didn't sleep **a wink** last night.
  I didn't get **a wink** of sleep last night.
  I didn't get any shut-eye last night.
  I didn't get any sleep last night.
  간밤에 한숨도 못 잤다.

- It will cost you a lot of money.
  It will cost you **an arm and a leg**. (팔 하나와 다리 하나를 떼내어 주어야 할 겁니다.)
  It will cost you a mint[bundle / fortune].
  It will cost you a fine[pretty] penny.
  돈 꽤나 들 겁니다.

- A We never go out for **a drink** like we used to.
  우리 전처럼 한잔 하러 안 가는 것 같아.

  B OK, then I'll stand you **a drink** today.
  좋아, 오늘 내가 한잔 살게.

- She went to Paris **with a child**. 그녀는 한 아이와 함께 파리에 갔다.
  She went to Paris **with child**. 그녀는 임신 중에 파리에 갔다.

- Stand in **a line**. 일렬로 서세요. 한 줄로
  Stand in **line**. 줄을 서세요. 여러 줄로

- **An apple a day** keeps the doctor away.
  하루에 사과 한 개를 먹으면 의사를 멀리할 수 있다.

- I really have to make it. This is **a once-in-a-life-time opportunity**.
  난 이 일에 꼭 성공해야 해. 일생일대의 기회란 말이야.

- It is clear[manifest] **at a glance**.
  그것은 일목요연하다.

- **A picture** is worth a thousand words.
  직역: 그림 하나가 천 마디 말의 가치가 있다.
  의역: (1) 직접 들여다보는 것이 구구한 설명보다 낫다.
  　　　(2) 백문불여일견(百聞不如一見: 백 번 듣는 것보다 한 번 보는 게 낫다.)

- **A straw** shows which way the wind blows.
  직역: 밀짚 하나가 바람 부는 방향을 보여 준다.
  의역: (1) 일편지추(一片知秋: 한 잎의 낙엽으로 가을이 왔음을 안다.)
  　　　(2) 하나의 단서로 어떤 사건의 전모를 짐작힐 수 있다.
  　　　(3) 될성부른 나무는 떡잎부터 알아본다.
  　　　(4) 조그만 일로도 대세를 알 수 있다.
  　　　(5) 한 가지를 보면 열을 알 수 있다.

- The decrease in stock prices is just **a straw in the wind**. The economy is slowing down these days.
  주가의 감소는 앞으로의 대세를 보여준다. 경제가 요즘 천천히 하강하고 있다.

- It is killing two birds with **a stone**.
  일석이조(一石二鳥)·일거양득(一擧兩得)

- **a drop in a[the] bucket** 물통의 물 한 방울
  a drop in the ocean 바다의 물 한 방울
  　해설　이 metaphor(은유)는 일상적으로 많이 쓰인다. ocean에는 the를 붙인다. bucket에는 a나 the를 붙인다. 위 두 개의 관용구는 a very small amount of something compared to what is actually needed or wanted(실제 필요하거나 원하는 것에 비하여 매우 적은 양)를 말할 때 사용하는 표현이다. 비슷한 의미의 말로 chicken feed(닭의 모이)가 있는데 이는 '매우 적은 돈'이란 의미다.

- For a millionaire, the cost of a luxury car is **a drop in the bucket**.
  백만장자에게는 고급 자동차 값은 껌 값이다.

- My salary is really **a drop in the ocean** compared to the profits I earn for the company.
  내가 받은 봉급은 내가 회사에 가져다주는 수익에 비해서는 아주 적어.

a의 강한 지시적 의미 (2)

a가 have 동사나 there is 다음에 오면 강한 의미

a가 have 동사나 there is 다음에 오면 강한 의미가 되지만, a가 be 동사의 보어로 사용되면 약한 의미가 되므로 주의를 요한다.

- I have no book. 나에게는 책이 없다.
  I have not a book. 나에게는 단 한 권의 책도 없다.

- There was no car on the street. 거리에는 차가 없었다.
  There was not a car on the street. 거리에는 단 한 대의 차도 없었다.

- He is not a fool. 그는 바보가 아니다.
  He is no fool. 그는 결코 바보가 아니다.

- I'm not a philosopher. 나는 쉽게 체념하는 사람이 아니다.
  I'm no philosopher. 나는 결코 쉽게 체념하는 사람이 아니다.

- A Can you help me out with this calculus problem right here?
     여기 이 미적분 문제 좀 도와줄 수 있니?
  B Well, I'm no genius in calculus, but I'll give it a shot.
     글쎄, 수학에 수재는 결코 아니지만, 어디 한번 해 보지.

a의 강한 지시적 의미 (3)

a + 단위를 나타내는 낱말 = 부사구 (~당(當)·~마다)

'a+단위를 나타내는 낱말'에서 a는 전치사 on이나 in의 변형이다.

- A Would you be interested in opening a new savings account?
  새로운 예금 계좌를 개설하지 않으시겠습니까?

  B How much interest do you pay on it?
  금리가 얼마인데요?

  A We pay 3.8% **a year** calculated in compounded interest.
  복리로 연 3.8% 지급합니다.

- We pay 3.8% **a year** calculated in compounded interest.

  We pay 3.8% **per year** calculated in compounded interest.

  We pay 3.8% **each year** calculated in compounded interest.

  We pay 3.8% **every year** calculated in compounded interest.
  복리로 연 3.8% 지급합니다.

- Franklin D. Roosevelt chain-smoked and drank 8 to 10 martinis **a day**.
  프랭클린 D. 루즈벨트는 줄담배를 피우고 매일 8 내지 10잔의 마티니를 마셨다.

- A stockbroker suggested to his client that he buy 100 shares of a silver mine at a dollar **a share**. His client authorized the purchase.
  주식 중개인이 은광의 100주를 주당 1달러에 사라고 제안하자 고객은 구입을 위임했다.

a의 약한 지시적 의미 (1)

동사구조 문장으로 전환될 수 있는 명사구조 문장의 a

부정관사 a가 약한 지시적 의미일 경우는 우리말로 옮기지 않는다.

- A good laugh and a long sleep are the best cures in the doctor's book.
  잘 웃고 잘 자는 게 최고의 의사 처방.

- A What may I do for you.
  무엇을 도와드릴까요?

  B I'd like a shave.
  면도를 하고 싶습니다.

- A How do you want your hair done?
  머리를 어떻게 깎아 드릴까요?

  B Give me a buzz. But a bit longer on top.
  기계로 짧게 밀어 주세요. 그렇지만 윗머리는 좀 길게요.
  해설 buzz: (의성어) (1) 윙윙거리는 소리(humming), (기계의) 소음 (2) 버저 소리, 전화 걸기

- Give me a call.
  전화해 줘.

- Oh, you gave me a fright!
  Oh, you frightened me!
  야, 놀랐잖아

- Keep a cool head!
  Cool it off[down]!
  진정[침착]해라!

- cool head and passionate heart
  차가운 머리와 뜨거운 가슴

- You're doing a good job.
  You're doing well.
  잘하고 있군요.

- Why don't you give me a big hug?
  Why don't you hug me tight?
  저를 꼭 안아 주세요.

- I am an occasional reader.
  I read occasionally.
  나는 이따금 책을 읽는다.

- He is a habitual liar.
  He is always telling a lie.
  He lies habitually.
  그는 노상 거짓말을 한다.

- She is a fluent speaker of English.
  She speaks English fluently.
  그녀는 영어를 유창하게 한다.

- Go over it with a fine-toothed comb.
  Take a close look at it.
  Look carefully into it.
  면밀하게 조사해라.

- Get[Have] a wash before meals.
  Wash up before meals.
  식사 전에 손을 씻어라.

- They took a tour of the facilities.
  They toured the facilities.
  그들은 그 시설을 둘러보았다.

- Take a look at the girl dressed to kill.
  Look at the girl dressed to kill.
  끝내주게 옷 입은 저 여자를 좀 봐.

- He gave me a sudden kiss.
  He kissed me suddenly.
  그는 나에게 별안간 키스를 했다.

a의 약한 지시적 의미 (2)

우리말로 옮기지 않는 막연한 하나를 나타내는 a

셀 수 있는 명사(countable noun)의 단수형 앞에 붙은 a가 막연히 하나를 나타내는 경우를 살펴보자.

- When the Lord closes **a door**, somewhere He opens **a window**.
  하나님께서 문을 닫으실 땐 어딘가에 창문을 여신다.

- There are three faithful friends — **an old wife, an old dog** and ready money.
  믿을 만한 친구 셋이 있다. 늙은 마누라, 늙은 개, 맞돈.

- We both know that I'm **a drunk**. And I know you are **a hooker**. I hope you understand that I am a person who is totally at ease with that.
  내가 술주정뱅이라는 것을 우리 둘 다 알잖아. 그리고 당신이 매춘부라는 걸 알아. 내가 이런 것에 아주 익숙하다는 것을 알아줬으면 해.

- **A whip** is **a member** of **a political party** in **a parliament** who is responsible for making sure that party members are present to vote on important issues and that they vote in the appropriate way.
  원내 대표는 의회에서 당 소속 의원이 출석하여 중요 안건에 투표하는가를, 그리고 당의 방침에 따라 투표하는가를 확인하는 책임을 맡는 정당의 일원이다.

- Dad, can I have a laptop?
  아빠, 저 노트북 사 주시겠어요?
  > 해설 노트북(notebook)은 우리나라에서만 통하는 말. 영어로는 무릎 위에다 올려놓고 사용한다고 해서 laptop이라고 한다.

- It won't be easy getting her approval; she's **a tough nut** to crack.
  그녀의 동의를 얻기가 쉽지 않을 거야. 그녀는 다루기 힘들거든.
  > 해설 a hard[tough] nut to crack은 '깨기 힘든 딱딱한 견과'이므로 a difficult problem(매우 어려운 문제) 또는 an individual who is difficult to deal with(다루기 힘든 사람)라는 의미이다.

- A What happened to your car?
  당신 차에 무슨 문제가 있나요?

  B It broke down again. I think I got **a lemon** from the used car dealer.
  또 고장 났어요. 중고차 업자에게서 불량품을 구입한 것 같아요.
  해설 lemon : (미국 속어) 불쾌한 것[일], 하찮은 것[일], 불량품

- A You won't believe what happened to me.
  나한테 무슨 일이 있었는지 상상하기 힘들 거야.

  B Give it to me **in a nutshell**.
  간단히 얘기해 봐.
  해설 nutshell은 견과(堅果)의 껍데기를 의미한다. 호두(walnut)나 밤(chestnut)처럼 크기가 작은 껍데기 속에 담아 달라는 이 표현은 어떤 얘기를 요약해서 말하라는 뜻이다. 다른 표현으로는 (1) in a very brief way, (2) using few words, (3) in short, (4) in a word, (5) to sum up가 있다.

여럿이 모여서 밥 먹는 자리에서 I am going to the bathroom.(화장실에 가야겠어)이라고 말할 수는 없다. 정부(情婦)를 만날 시간이 다가오는데 I must visit my mistress.(정부한테 가야 해)라고 말할 수는 없다. 이런 여러 경우에 요긴하게 사용하는 표현이 to see a man(누구를 만나기 위하여), to see a man about a dog(개에 대한 문제로 누구를 만나기 위하여), to see a man about a horse(말에 대한 문제로 누구를 만나기 위하여) 등이다.

이 말은 주로 급한 용무(urgent purpose)로 진짜 이유(real reason)를 숨긴 채 자리를 뜨거나 (absent oneself) 슬그머니 빠져나갈(slip away) 때, 또는 행선지(destination)에 대해서 대답하기 곤란한 질문(awkward question)을 받을 때 사용하는 useful and vague excuse(유용하고 애매한 핑계)이다.

- He said he was going to **see a man about a dog**.
  그가 무슨 볼일이 있어서 가 봐야 한다고 했어요.

- A How come you're leaving the table?
  왜 자리를 떠?

  B I'm gonna **see a man about a dog**.
  뭔 일이 있어서.

a의 약한 지시적 의미 (3)

수량을 나타내는 말에 a를 붙여 보자기로 싸듯 여럿을 하나로 만드는 경우

수량형용사·수사 등과 결합한 a는 '하나로 싸는 보자기' 역할을 하여 '복수', '다량'의 개념을 한 묶음으로 묶어 '전체화'하는 역할을 한다.

- **7 years are** not so long.

  A 7 years is not so long.
  7년이란 그다지 긴 세월이 아니다.
  [해설] 7 years는 하나하나의 해를 강조하며, A 7 years는 7년이란 세월을 한 묶음으로 본다.

- Here's **a hundred** (bill). Just give me back fifty.
  100달러 여기 있어요. 50달러만 거슬러 주세요.
  [해설] a hundred의 정확한 의미는 '100달러짜리 지폐 한 장'이다. 그래서 a가 붙는다.

- A Well, here we are. The fare is 7.60 dollars.
    자, 다 왔습니다. 요금이 7달러 60센트입니다.

  B Here's **a twenty** (bill). You can just give me back 10 and keep the change.
    여기 20달러 있습니다. 10달러만 주시고 잔돈은 가지세요.
    [해설] a twenty의 정확한 의미는 '20달러짜리 지폐 한 장'

few와 a few는 어떻게 다른가?

- few : many의 반대 개념(부정적: 조금밖에 없다)

  a few : none의 반대 개념(긍정적: 조금은 있다)
  [해설] few는 개체 개념이므로 many의 반대고, a few는 전체 개념이므로 none의 반대다.

- She has **few** friends. 그녀는 친구가 적다.
  She has **a few** friends. 그녀는 친구가 조금 있다.

- Many Koreans learn English, but few (Koreans) learn Chinese.
  영어를 배우는 한국인은 많지만 중국어를 배우는 한국인은 드물다.

- only a few 극소수(의)
  only a little

  a few 약간(의)
  a little

  not a few 적지 않음[않은]
  not a little

  quite a few 상당히 많음[많은]
  quite a little
  a great many
  a good many

  > 해설 위의 예는 모두 형용사나 명사로 사용됨
  > few·many는 수를 나타내고 little은 양을 나타냄

- He had **quite a few** girlfriends. (형용사)
  그에게는 여자 친구가 꽤 많았다.

  Quite a few of them agreed. (명사)
  그들 중 꽤 많은 사람들이 찬성했다.

- You'll be tickled pink to know that your donation will help feed **quite a few** hungry people.
  당신이 기부한 돈으로 많은 배고픈 사람들이 밥을 먹게 된다는 사실을 알면 매우 기쁠 것입니다.
  > 해설 be tickled pink: 매우 기뻐하다 (tickle someone pink의 수동태, tickle:기쁘게 하다, pink:매우)

- "Never trust anyone over 30" may be, in the real world, a slogan of prehistoric culture, but in **quite a few** recent movies it has the ring of prudent advice.
  "서른 살이 넘은 사람은 누구도 믿지 마라"는 말이 현실 세계에서는 구시대 문화의 구호로 치부될 수 있겠지만, 최근 몇 편의 영화에서는 현명한 조언처럼 들린다.
  > 해설 have the ring of: ~처럼 들리다 (← ~의 (본질이 아닌) 테두리를 갖다)
  > have the ring of truth: 사실처럼 들리다

- A great fortune is a great slavery.
  많은 재산을 갖게 되면 그것에 크게 예속된다.

a의 함축적 의미 (1)

a가 '(하나처럼) 똑같은'이라는 의미를 갖는 경우

'같은 깃털의 새는 함께 모이는 법이다', '가재는 게 편이요, 솔개는 매 편이다'는 Individuals of like character, taste, or background tend to gather together.(비슷한 성격, 취미, 출신의 사람들은 함께 모이는 경향이 있다)를 뜻하는 표현이다. 영어 속담에 Birds of a feather flock together.가 있다. feather(깃털)에 a나 the same이 붙으면 '한[같은] 종류의 깃털' → '같은 종류'란 의미가 된다.

- They had no trouble selecting their outing. They are all birds of **a feather**.
  그들은 피크닉 장소를 선택하는 데 이론이 없었다. 그들은 동색이다.

- We're two of **a kind**.
  We're birds of **a feather**.
  We're made from **a mold**.
  We're like two peas in **a pod**.
  우리는 비슷한 면이 많아. (우리는 많이 닮았다.)

- Two of **a trade** seldom agree.
  동업자는 뜻이 맞지 않는다.

- They are all **of age**. 그들은 모두 성년이다.
  They are all **of an age**. 그들은 모두 동갑이다.

2005년 2월 15일자 〈Science Daily〉(미국 워싱턴)의 Do Opposites Attract Or Do Birds Of A Feather Flock Together?(극과 극이 서로 끌릴까, 아니면 끼리끼리 합쳐질까?)란 제목의 기사를 보자.

 Do people tend to select romantic partners that are similar to them or opposite to them? And does spouse similarity lead to marital happiness? In one of the most comprehensive studies ever undertaken on these questions, researchers at the University of Iowa find that people tend to marry those who are similar in attitudes, religion and values. However, it is similarity in personality that appears to be more important in having a happy marriage. The findings appear in the February issue of the Journal of Personality and Social Psychology, published by the American Psychological Association.

사람들은 자기의 연애 상대를 고를 때 자기와 비슷한 상대를 고를까, 아니면 자기와 정반대인 상대를 고를까? 아이오와 대학교 연구진이 이 문제에 대해 지금까지 이루어진 연구 중에서 가장 포괄적인 연구를 한 바, 이들에 따르면, 사람은 태도, 종교, 가치에 있어서 서로 유사한 사람과 결혼하는 경향이 있다고 한다. 그러나 행복한 결혼을 하는 데 있어서 한층 중요한 것으로 보이는 것은 다름 아닌 개성의 유사성이다. 이 연구 결과는 APA(미국심리학회)가 출판한 〈인성·사회심리학 저널〉 2월호에 나와 있다.

'끼리끼리 모이다'의 또 다른 표현에 Like seeks[attracts] like.가 있다. like는 '비슷한 사람(것)', '같은 사람(것)'이라는 명사다. like 앞에 관사가 없는 것은 주어와 목적어가 서로 대칭을 이루는 대구(對句) 형태를 취하고 있기 때문이다. 대구법(Parallelism)과 짧은 교차대구법(Chiasmus)에서는 관사를 생략한다.

- In the realm of mind, **like attracts like**. If the soul is peaceful, then it attracts peaceful environment and people around it.
  정신세계에서는 끼리끼리 모입니다. 영혼이 평화로우면 그 가까이로 평화로운 환경이 형성되고 평화로운 사람들이 모이게 됩니다.

- When the broken hearted people living in the world agree, there will be an answer, Let it be.
  세상을 살아가며 낙심한 사람들이 동병상련할 때에도, 현명한 대답이 있어요. '순리에 맡겨라'이지요.

a의 함축적 의미 (2)

[a+고유명사]에서 a가 '~라는'이라는 의미를 갖는 경우

- A Who are you?
     누구십니까?

  B I'm **a Robert**.
     저는 로버트라고 합니다.

  > **해설** 첫 인사할 때 상투적으로 쓰는 '저는 ~라는 사람입니다'를 영어로 어떻게 표현할까? 이름 앞에 a만 붙이면 된다. 자기 자신을 말할 때는 a Mr. Robert라고 하지 않는다. 자신에게 존칭어를 쓸 수 없기 때문이다. 우리나라의 경우 전화 응대에서 흔히 쓰이는 '저는 미스 김인데요.'는 희극적이다.

- A Mr. Smith wants to see you.

  A certain Mr. Smith wants to see you.

  One Smith wants to see you.

  A certain Smith wants to see you.

  '스미스' 씨라는 분이 당신을 만나기를 원합니다.

  > **해설** 남을 칭할 때는 격식 차린 표현을 해야 하므로 Mr.나 Dr. 따위를 붙인다. 경칭을 붙이지 않는 경우는 a Smith라 하지 않고 a certain이나 one을 써서 a certain Smith, one Smith처럼 쓴다.

어떻게 [a+고유명사]가 '~라는'이라는 의미를 가지게 되었을까? 다음 문장을 보면 A Mr. Smith가 '스미스라는 분'으로 옮겨지는 이유를 알 수 있다.

- A man who is called[named] Mr. Smith wants to see you.
  ⇨ A man of Mr. Robert wants to see you.
  ⇨ A Mr. Robert wants to see you.

a의 함축적 의미 (3)

'어떤'이라는 의미를 갖는 경우

- 여럿 중 하나를 의미할 때는 '어떤'으로 번역
  전체 중 일부를 의미할 때는 '약간'으로 번역

미국 극작가 아서 밀러(Arthur Miller, 1915~2005)의 작품 〈Death of a Salesman〉의 정확한 의미는 〈어떤 세일즈맨의 죽음〉이다.

- **See you Saturday.** 오는 토요일에 보자.
  He died of a Saturday. 그는 어느 토요일에 죽었다.

- **In a sense, life is only a dream.**
  어떤 의미에서 인생은 한낱 꿈에 불과하다.

- **He has been seeing some woman.** some woman (누군지 모르겠으나 어떤 여성)
  He has been seeing a certain woman. a certain woman (이름을 감추겠는데 어떤 여성)
  He has been seeing a[one] woman.
  그는 어떤 여성과 사귀고 있다.

some woman이나 a certain woman이나 모두 '어떤 여자'로 번역되지만, certain의 기본적인 의미는 어디까지나 '정해진', '일정한'이다. a certain quantity(일정량), a certain time(정해진 시간), a certain place(정해진 장소) 등으로 해석한다. a certain woman의 저변에는 '그 여자가 누구인지 알지만 밝히지 않겠다'는 전제가 깔려 있다. '성병'을 a certain disease(어떤 병)로, '임신하여'를 in a certain condition(어떤 상태)으로 완곡하게 표현하는 것도 이런 의도다.

- A little bird told me.
  (날아가는) 어떤 작은 새가 말해 주었어요. → 소문으로 들었어요.

'소문으로 들었다'나 '어디선가 들었다'를 A little bird told me.(어떤 작은 새가 말해주었다)나 I heard a little bird sing so.(어떤 작은 새가 그렇게 말하는 걸 들었다)라고 표현한다. 이 표현은 비밀스러운 이야기를 꺼낼 때, 특히 이야기의 출처를 밝히기 곤란한 상황에서 주로 사용하며, 이 말을 할 때는 흔히 Keep it to yourself!(너만 알고 있어야 해!)나 Keep it secret!(비밀로 해!) 등이 뒤따른다.

- A A little bird whispered in my ear that Mr. Robert will be fired soon. You must not tell anybody.
  누가 나에게 귓속말로 그러는데 로버트가 곧 해고될 거래. 아무에게도 얘기하지 마.
  B All right. My lips are sealed.
  그래. 입을 봉하고 있을게.

- The news was conveyed by word-of-mouth.
  그 소식은 구두로 전달되었다.

- The new product seems to have gained popularity by powerful word-of-mouth.
  신제품이 꽤 입소문을 타서 인기를 얻고 있는 것 같다.
  해설 word-of-mouth: 구두 (입소문)

a의 함축적 의미 (4)

'어느 정도', '약간', '좀'이라는 의미를 갖는 경우

- He has **a knowledge** of Latin.
  그는 라틴어를 좀 안다.

- He is scrupulous in[to] a degree.
  He is scrupulous in some degree.
  He is scrupulous to **a certain degree**.
  그는 어느 정도 꼼꼼하다.

- A ship could be seen in the distance. 멀리 배 한 척을 볼 수 있었다.
  That picture looks more beautiful at **a distance**. 저 그림은 좀 떨어져서 보면 더 잘 보인다.

- Alexander was a handsome youth with shoulder-length blond hair, a prominent forehead, a ruddy complexion and "**a certain melting look** in his eyes."
  알렉산더(대왕)는 미남이었다. 머리는 어깨까지 내려오는 금발이었으며 이마는 짱구였다. 얼굴의 혈색은 좋았고 '약간 감상적인 눈빛'을 띠었다.

> **영어의 품격을 2배 높이는 핵심 Tip**
>
> ● certain의 의미 변화
> (1) 확실한 → (2) 일정한 → (3) 어떤 → (4) 약간
> (1) a certain cure 확실한 치료법
> (2) a certain place 일정한 장소
> (3) a certain person 어떤 사람
> (4) a certain extent 약간 (어느 정도)

보통명사를 추상명사로 바꾸는 a

[a+보통명사]가 추상명사가 되는 경우가 있다. 구체적으로 살펴보자.

- He has **a dainty tooth**.
  그는 식성이 까다롭다.

  He has **a green thumb**.
  그는 원예에 소질이 있다.

  He has **an eye** for color.
  그는 색채에 대한 안식이 있다.

  He has **an ear** for music.
  그는 음악에 대한 감각이 있다.

우리말에 '교편'이라는 단어가 있다. 교편(敎鞭)이란 '학생을 가르칠 때 교사가 쓰는 회초리' 혹은 '학생을 가르칠 때 필요한 것을 가리키기 위해 선생이 가지는 가는 막대기'를 말한다. 그런데 '교편을 놓다'는 '교원 생활을 그만두다', '교편을 잡다'는 '교원으로서 교육하는 일에 종사하다'를 의미한다. 이러한 수사법을 시넥더키(synecdoche, 제유법, 提喩法)라 한다. 사물의 일부나 그 속성을 들어서 그 전체나 자체를 나타내는 일종의 비유법이다. 따라서 a tooth는 '식성'을, a thumb는 '소질'을, an eye는 '색채에 대한 감각'을, an ear는 '소리에 대한 감각'을 상징한다.

'교편을 잡다'는 우리말에만 있는 수사법이다. 교편(敎鞭)은 teacher's pointer[ruler]이지만, '그는 1970년 이래로 교편을 잡고 있다'의 영어 표현은 He has been a teacher since 1970. 이다.

tooth

- 보통명사 : 이
  추상명사 : 식성, (음식에 대한) 취미, 기호

(1) tooth가 보통명사로 사용된 경우

- I had **a decayed tooth** pulled.
  나는 충치를 두 개 뺐다.

- I had my **wisdom tooth** pulled and don't want to go out until the swelling goes down.
  나는 사랑니를 뽑아서 부기가 가라앉을 때까지 외출하고 싶지 않다.

(2) tooth가 추상명사로 사용된 경우(단수를 쓰는 경우)

- My son has **a sweet tooth**.
  나의 아들은 단것을 좋아한다.

- My son is a picky eater. 나의 아들은 식성이 까다롭다.
  My son is a fussy eater.
  My son is fastidious about food.
  My son was born with **a dainty tooth**.

thumb

- 보통명사 : 엄지손가락
  추상명사 : 손재주

- My mother **has a green thumb** when it comes to house plants.
  실내에서 키우는 분재는 나의 어머니가 재배의 명인입니다.
  해설 a green thumb: (1) 식물을 재배하고 건강하게 키우는 솜씨 (2) 성공[돈벌이]의 재능

- A All my house plants are in sorry shape.
     나의 집의 식물들은 볼품이 없어.

  B It's clear you don't **have a green thumb**.
     너는 확실히 원예에 소질이 없나 봐.

- Poor Bob can't play the piano at all. He has **all thumbs**.
  Poor Bob can't play the piano at all. His fingers are **all thumbs**.
  Poor Bob can't play the piano at all. He has **ten thumbs**.
  Poor Bob can't play the piano at all. He does not have **green fingers**.
  Poor Bob can't play the piano at all. He does not have **a green thumb**.
  가엾게도 밥은 피아노를 전혀 못 친다. 그는 손재주가 없다.

- A Is he good at basketball?
  그 사람 농구 잘하니?

  B No, he is **all thumbs** when it comes to sports.
  아냐, 그는 스포츠라면 재주가 없어.

eye

- 보통명사 : 눈
  추상명사 : 시각(視覺), 안식(眼識)

- His eyes are bigger than his belly.
  다 먹지도 못하면서 욕심만 부린다.

eye는 단수로 추상명사 역할을 하는 경우도 있다. 사격에서 목표물을 조준((照準)할 때 한쪽 눈을 감고 한 눈으로만 집중하는 경우를 연상해 보자. have an eye for는 '~을 보는 눈이 있다'는 의미이며, keep an eye on은 '~이 앞으로 어떻게 될지 눈을 고정시키다'라는 의미다.

- He had **an eye** to pictures. 그는 그림을 감상했다.
  He had **an eye** for pictures. 그는 그림을 보는 눈이 있었다.

- He has **no eye** for beauty.
  그녀는 미에 대한 안식(眼識)이 없다.

- A Yeah. I've heard he's a good catch.
  그래. 그 사람 신랑감으로 그만이라더라.

  B He wooed me to live together. I think he has **an eye** for beauty.
  그가 나더러 같이 살자고 조르는 거야. 그가 미인을 보는 눈이 있는 것 같아.
  해설 good catch: 잡고 싶은 사람 → 좋은 결혼 상대자, 훌륭한 인재

- He has **a good eye** for color.
  그는 색채에 대한 뛰어난 감각을 가지고 있다.

- You should **keep an eye** on the promising player.
  그 유망한 선수를 주시해 봐.

- A Alan's been acting strangely lately.
  앨런이 요즘 이상하게 행동해요.

  B **Keep an eye** on him. He might try to do something stupid.
  계속해서 그를 주시해 봐. 그가 바보 같은 짓을 할지도 몰라.

ear

- 보통명사 : 귀
  추상명사 : (1) 청각, 청력
            (2) 음감(音感: 음의 식별력)

(1) ear가 보통명사로 사용된 경우

- A Will you join us, Robert?
  로버트, 같이 갈래?

  B I'm sorry, but I'm up to my **ears** in work.
  미안하지만 일이 산더미처럼 밀려 있어.

- He is wet behind **the ears**.
  그는 미숙하다.(그는 풋내기다.)

- He is deaf of **an ear**.
  그는 한쪽 귀가 안 들린다.

- It goes in **one ear** and right out the other.
  그것을 한쪽 귀로 듣고 한쪽 귀로 흘려버렸다.

- I learned English learn by **the ear**.
  I learned English by keeping my **ears** open.
  나는 영어를 귀동냥으로 배웠다.

(2) ear가 추상명사로 사용된 경우

- He has **a good ear** for music
  He appreciates music keenly.
  그는 음악에 대한 뛰어난 감각을 가지고 있다.

- I don't have **a very good ear** for music.
  저는 음악에는 별로 소질이 없습니다.

- He has **an ear** for music.   그는 음악을 안다.
  He has **no ear** for music. (=He is deaf to music.)   그는 음악을 모른다.

- She sings with **a sure ear** for pitch.
  그녀의 노래는 음정이 틀림없다.

- He turned **a deaf ear** to my repeated warnings.
  그는 재삼 경고해도 쇠귀에 경(經) 읽기였다.

- The President should give **ear** to the public opinion.
  대통령은 여론의 동향에 귀기울여야 한다.

Section 2

영어의 품격은
기초 문법에서 시작한다

Chapter 7

관사를 생략하는 경우

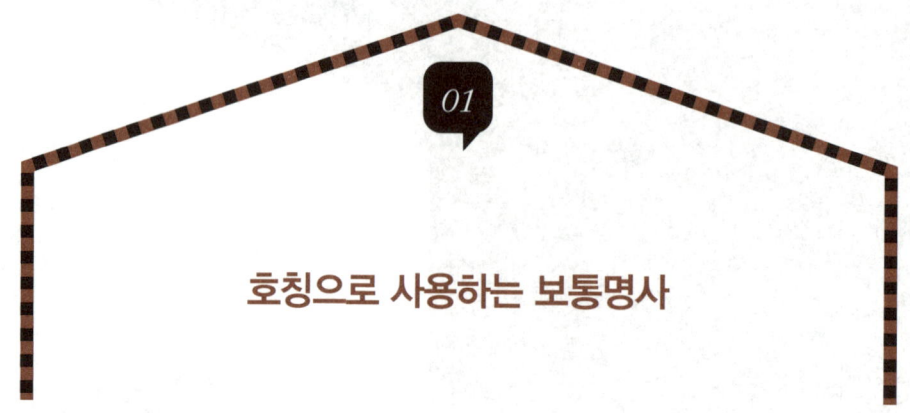

호칭으로 사용하는 보통명사

아버지를 부를 때 아버지의 이름을 부르는 자식은 없다. 그냥 '아버지(Father)'라고 부른다. 이때 '아버지'는 고유명사다. 보통명사 mother, father, grandfather, grandmother, brother, sister, uncle, aunt, child, baby, waiter(가정의 잔심부름꾼), cook, nurse 등 가정의 일원을 나타내는 낱말이 가정에서 사용되는 경우, 이는 곧 이름(고유명사)이 된다. 따라서 글로 쓸 경우 문장 중간이라 할지라도 관사나 소유격 없이 사용되며 대문자로 쓰기도 한다.

- **Daughter** am I in my mother's house; But mistress in my own.
  나의 어머니 집에서는 나는 딸이고 나의 집에서는 주부이다.
  해설 Daughter am I in my mother's house는 I am Daughter in my mother's house의 도치이다.

- **Father**, I cannot tell a lie, I did it with my little hatchet.
  아버지, 저는 거짓말을 할 수가 없어요. 제가 자귀로 그것을 잘랐어요.

- **Mother** was busy fixing dinner. (고유명사)
  My mother was busy fixing dinner. (보통명사)
  어머니는 저녁 준비를 하시느라 분주하시다.

- **Father**'s words still linger in my ears. (linger: 상태동사)
  Father's words are still ringing in my ears. (ringing: 동작동사)
  아버지의 말씀이 아직도 귀에 쟁쟁하다.

- A I advise you to play golf, **man**.
     나 너에게 골프를 권한다, 이 사람아.

  B I can't afford it, **boss**.
     형편이 안 됩니다, 형님.

- A You should never take the law into your own hands.
  법으로 해야지 폭력을 쓰면 안 되지.

  B **Man**. Necessity knows no law, **man**.
  이봐. 급한데 무슨 법이야.

- A If you have an issue with me, just bring it on now.
  나에게 불만이 있으면 지금 털어놓으세요.

  B Let's take it outside after the meeting, you **chicken**.
  회의가 끝나면 밖에서 한번 붙어 봅시다, 겁쟁이 같으니.

- My nickname is **Big Mouth**.
  나의 별명은 '구라'입니다.

- You've have **cried wolf** so many times.
  네 말은 콩으로 메주를 쑨다고 해도 못 믿겠다.
  [해설] cry wolf: 허보(虛報)를 전하다

- **Baby** is eighteen months old. 젖먹이가 18개월이다.

  I love you, **baby**. 사랑해요, 여보. (여기서 baby는 여자친구 또는 아내를 뜻한다.)

- **Baby** is suffering from flu. (고유명사)

  My baby is suffering from flu. (보통명사)
  아기가 독감으로 앓고 있다.

실물이 아닌 명칭을 말하는 보통명사

- A colonel ranks **a major**. 대령은 소령보다 높다.

  He was promoted to the rank of **major**. 그는 소령으로 진급되었다.

- He was promoted to the rank of **captain**.

  He was promoted to **captaincy**.

  He was promoted **captain**.
  그는 대위로 진급했다.

- He is **a colonel**. 그는 대령이다.

  He was promoted **colonel**. 그는 대령(이라는 계급)으로 진급했다.

- He got promoted to **department head**.
  그는 부서장으로 승진했다.

- We call this flower **tulip**. (o)

  We call this flower <u>tulips</u>. (x)

  We call this flower <u>a tulip</u>. (x)

  We call this flower <u>the tulip</u>. (x)
  이 꽃을 '튤립'이라고 부른다.

- **A barometer** is used to measure the pressure of the atmosphere.
  기압계는 기압을 재는 데 이용된다.

  To measure the atmospheric pressure we have instruments called **barometer**.
  기압을 측정하는 데 사용하는 기압계라는 도구가 있다.

인명 앞의 관직·칭호를 나타내는 보통명사

- **President Bush** 부시 대통령 (대통령은 호칭)

  The poet Byron 시인 바이런 (시인은 직업명)

- **President** Eisenhower once said, "**The president** cannot escape from his office."

  아이젠하워 대통령은 "대통령은 임무를 피할 수 없다."고 말한 바 있다.

  해설 대통령이라는 자리는 못해먹겠다고 피할 수 있는 그런 자리가 아니라는 의미다. president는 보통명사이므로 관사를 붙여야 한다. 그러나 앞의 president는 인명 앞에 사용되는 관직 명칭으로 관사를 붙이지 않는다. Seoul City(서울시)를 하나의 단어로 보듯 President Eisenhower를 하나의 단어로 인식해야 한다.

Vice President Johnson, Mr. Speaker, Mr. Chief Justice, President Eisenhower, Vice President Nixon, President Truman, reverend clergy, fellow citizens, we observe today not a victory of party, but a celebration of freedom—symbolizing an end, as well as a beginning—signifying renewal, as well as change.

존슨 부통령, 하원의장, 대법원장, 아이젠하워 대통령, 닉슨 부통령, 트루먼 대통령, 존경하는 성직자 여러분, 동포 여러분, 우리는 오늘 당파의 승리가 아니라 자유의 승리를 축하합니다. 이 자유의 승리는 시작뿐만 아니라 끝을 상징하며, 변화뿐만 아니라 재생을 의미합니다.

— 케네디(Kennedy) 대통령의 1961년 취임 연설(inaugural address)의 첫 부분

해설 부통령이 상원의장을 겸하므로, 여기의 Mr. Speaker는 하원의장을 말한다.

- **General of the Army MacArthur** served his country as a soldier for about 60 years.

  맥아더 육군 원수는 약 60년 동안 군인으로서 조국에 봉사했다.

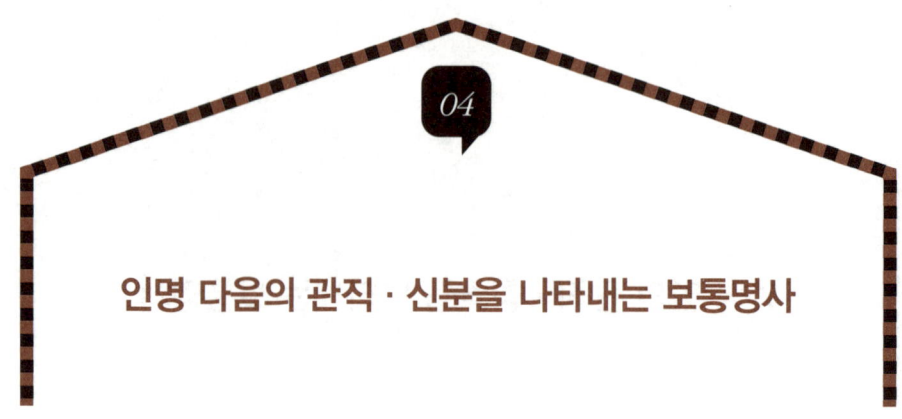

인명 다음의 관직·신분을 나타내는 보통명사

- Edwin J. Feulner, **president of Heritage Foundation**, said that a regime change in N.K. is a long-term goal for the Bush administration.
  에드윈 J. 풀너 헤리티지 재단 이사장은 북한의 정권 교체는 부시 정부의 장기 목표라고 말했다.

 The Japanese Instrument of Surrender was the written agreement that established the armistice ending the Pacific War and with it Word War Two. It was signed on the deck of the USS Missouri in Tokyo Bay on September 2, 1945. The surrender ceremony aboard the deck of the Missouri lasted 23 minutes and was broadcast throughout the world. After the two official Japanese representatives, <u>Foreign Minister Mamoru Shigemitsu</u> and <u>General Yoshijiro Umezu</u>, <u>Chief of the Army General Staff</u>, signed both copies of the Instrument of Surrender. Afterwards, <u>US Army General Douglas MacArthur</u>, <u>Supreme Commander for the Allied Powers</u>, also signed.

일본 항복 문서는 태평양전쟁을 종식시키고 더불어 제2차 세계대전에 종언을 확립하는 협정서였다. 이 문서는 1945년 9월 2일 도쿄만(Tokyo Bay)에 정박 중인 미국 전함 미주리호 함상에서 서명되었다. 미주리호 갑판에서 거행된 항복 의식은 23분간 진행되었으며 전 세계에 방송되었다. 두 명의 일본 공식 대표인 외무대신 마모루 시게미츠와 육군 참모총장 육군대장 요시지로 우메즈가 두부의 항복문서에 서명했다. 이어서 연합군 최고사령관 미국 육군원수 맥아더 역시 서명했다.

05

관직 · 신분 · 자격을 나타내는 보통명사 보어

보어로 사용되는 보통명사가 오직 한 사람만이 차지하는 직책·관직·지위·역할 등을 나타내는 경우에는 관사를 붙이지 않는다. 다만 여럿 중 하나일 경우는 a를 붙인다.

주격 보어

- Mark Twain was **editor of a Missouri paper**.
  마크 트웨인은 미주리 주의 한 신문의 편집자였다.

- Nancy Pelosi is **Speaker** of the United States House of Representatives.
  낸시 펠로시는 미국 하원의장이다. (오직 하나)

  Nancy Pelosi is **a member** of the United States House of Representatives.
  낸시 펠로시는 미국 하원의원이다. (여럿 중 하나)

- Kennedy was **President of the United States**.
  케네디는 미국 대통령이었다.

appoint · constitute · crown의 보어

- May 1, 2007, Mr. Robert was <u>appointed</u> **president** of our company.
  2007년 5월 1일자로 로버트 씨가 우리 회사의 사장에 임명되었다.

- He was elected <u>constituted</u> **representative** of our party.
  그가 우리당의 대표로 선정되었다.

- He was <u>crowned</u> **king**.
  그는 왕으로 등극했다.

| Chapter 7 | 관사를 생략하는 경우

06

직책 · 역할 · 자격을 나타내는 as · for가 유도하는 보통명사

- He was elected <u>as</u> **President**. (대통령이란 직위에 중점을 두는 느낌)

  He was elected <u>for</u> **President**. (대통령으로 근무하기 위하여의 느낌)

  He was elected <u>(to be)</u> **President**. (그와 대통령의 관계가 매우 긴밀한 느낌)

  He was elected <u>to</u> **the Presidency**. (도달한 대통령직에 중점을 두는 느낌)
  그는 대통령으로 선출되었다.

- He was appointed **governor**.
  그는 지사로 임명되었다.

- The people crowned him **king**.
  국민은 그를 왕위에 앉혔다.

- I was elected **monitor of my class**.
  나는 반장으로 선출되었다.

- He will run <u>for</u> **President**.

  He will run <u>for</u> **the Presidency**.

  He will run <u>as</u> **a presidential candidate**.

  He will run <u>as</u> **a candidate for President**.

  He will candidate <u>for</u> **the presidential election**.
  그는 대통령에 입후보할 것이다.

  [해설] ~에 입후보하다: run for(미국) · stand for(영국)

- He ended up <u>as</u> **head of a firm**.
  그는 마침내 회사의 사장이 되었다.

- He doubles <u>as</u> **producer and director**.
  그는 제작자와 연출가의 1인 2역을 한다.

- He acted <u>as</u> **umpire** in the baseball game.
  그는 그 야구 시합의 심판을 보았다.

- In Korea most women willingly accept their traditional role <u>as</u> **wife and homemaker**.
  대부분의 한국 여성들은 아내와 주부로서의 전통적 역할을 기꺼이 받아들인다.

한 사람만이 차지하는 직책·지위의 보통명사가 아닌 경우에는 관사를 붙임

- He was elected **a member of the National Assembly**.
  그는 국회의원에 당선되었다.
  해설 여러 구성원 중 한 사람을 가리킬 때는 관사(a)를 붙인다.

- The king dubbed him **a knight**.
  국왕은 그에게 나이트 작위를 수여했다.
  해설 dub는 4형식 동사이다. knight는 여럿 중 하나이므로 관사(a)를 붙인다.

- He lives as **a saint**.
  그는 성인의 생활을 하고 있다.

- He is moonlighting as **a waiter**.
  그는 웨이터로 부업을 하고 있다.

- Caesar crossed the Rubicon. He returned to Rome **a hero**! He was Emperor of Rome!
  카이사르는 루비콘 강을 건넜다. 그는 영웅이 되어 로마로 되돌아갔다. 그는 로마의 황제와 같은 존재였다.
  해설 카이사르는 로마 제국의 기틀을 닦았으며, 양아들 옥타비아누스(Octavianus)가 초대 황제가 되었다.

- On August 4, 1834 Lincoln (age 24) is elected to the Illinois General Assembly as **a member of the Whig party**.
  1834년 8월 4일 링컨(24세)은 휘그당 후보로 출마하여 일리노이(Illinois) 주 의회의원에 당선되었다.

- As **a General (four-star) in the United States Army,** Powell also served as National Security Advisor (1987~1989) and Chairman of the Joint Chiefs of Staff (1989~1993).
  미국 육군 장군(4성)으로서 파웰은 역시 국가안보보좌관(1987~1989)과 합참의장(1989~1993)을 지냈다.

07

형용사적 성격이 다분한 보통명사 보어

형용사적 성격이 다분한 명사 보어에는 관사를 붙이지 않는다.

- (1) The Child is **father** of the Man.

  (2) Necessity is the father of invention.

  > 해설 (1) father: '아버지와 같은(fatherly)'이라는 형용사적 의미거나 '원형', '본형'이라는 추상적 개념.
  > (2) father: 보통명사. 이 문장은 '필요가 발명을 낳는다.'는 의미다.

- She is more child than **woman**.

  She is childlike than womanlike.
  그녀는 여성적이라기보다 어린애 같다.

- This man is more **hero** than **scoundrel**.

  This man is more of a hero than of a scoundrel.
  이 사람은 악당이라기보다는 영웅이다.

- He is **merchant** through and through.
  그는 철두철미한 장사꾼이다.

be master of (…의 소유자다, …에 통달하다)

- He **is** thoroughly **master of** English.

  He **is** thoroughly **masterly of** English.

  He is good at English.

  He is enlightened on English.

  He is acquainted with English.
  그는 영어에 능통하다.

be master of oneself (자제하다)

- He that is master of himself will soon **be master of** others.
  자신을 지배하는 자는 곧 다른 사람을 지배한다.

- You're master of your own words, but once spoken, your words may **be master of** you.
  당신이 당신이 한 말의 주인이다. 그러나 일단 입으로 말을 뱉으면, 말이 말한 사람의 주인이다. – 스코틀랜드 속담

관사 없는 보통명사 + enough to ~

- I was fool (=foolish) **enough to** lend money to the swindler.
  나는 어리석게도 그 사기꾼한테 돈을 빌려주었다.

- Socrates was philosopher **enough**, on the eve of his death, **to** see his body as a shell and to say to himself: "That is not I."
  소크라테스는 죽기 전날 밤에 자기의 육체를 일종의 껍데기로 보고 '그것은 내가 아니다.'라고 스스로에게 말할 만큼 철학적이었다.

  해설　philosopher = philosophic

양보부사절(관사 없는 명사+as ~)에서 관사 없는 보통명사는 형용사

- **Woman** as she is, she is equal to the job.
  그녀는 여자이지만 그 일을 감당할 수 있다.

woman은 주절의 주어 she에 대한 동격 서술어이지만 관사가 없는 데는 그럴 만한 이유가 있다. 다음 변화 과정을 잘 살펴보자.

　(Being) as woman as she is (a woman), she is equal to the job.
　⇒ (as) woman as she is, she is equal to the job.
　⇒ Woman as she is, she is equal to the job.

She is as wise as his husband.(그녀는 남편만큼 현명하다)에서처럼 as~as는 동등 비교를 나타내는 상관관계 구조이므로 그 속에 명사가 들어갈 수 없다.

- **Girl** as she was, she was brave. (o)
  A girl as she was, she was brave. (x)
  그녀는 소녀이지만 용감했다.

The Child is father of the Man

My heart leaps up when I behold
A rainbow in the sky:
So was it when my life began;
So is it now I am a man;
So be it when I shall grow old,
Or let me die!
The Child is father of the Man;
And I could wish my days to be
Bound each to each by natural piety.

하늘의 무지개를 바라볼 때면
언제나 이 가슴은 두근거려요.
나의 삶이 시작한 때도 그러하였고.
어른이 된 지금 역시 그러해요.
내가 늙어서도 그러할지니,
그렇지 않으면 죽어 버리리!
어린이는 어른의 아버지
바라건대 내 삶의 하루하루가
자연의 경건함으로 맺어지소서.

출처: Wikipedia

The Child is father of the Man(어린이는 어른의 아버지). 영국 낭만주의 시인 워즈워스(William Wordsworth, 1770~1850)의 섬세한 서정시 〈The Rainbow(무지개)〉이다. father 앞에 the가 없는 데는 깊은 의미가 있다. 역설적인 이 명(名) 표현에서 the Child는 '어린이의 본성'이고, the Man은 '어른의 본성'이다. 이때 father는 '아버지와 같은(fatherly·fatherlike)'이라는 형용사적 의미거나 '원형·본형'이라는 추상적 개념이다.

그가 8세 때 어머니가 죽었고 그 후 5년 뒤 아버지마저 여의었다. 그는 가정에서 느끼지 못했던 사랑을 자연(주위의 계곡과 초원지대)에서 찾았으며 어린 나이에 고독을 자족했다. 가장 많이 자연의 아름다움을 느낄 때는 어린 시절이기 때문에 어른이 자연세계에 들어가려면 어린이의 마음으로 돌아가야 한다는 생각을 시인은 이렇게 표현한 것이다. 많은 아름다운 추억이 어린 시절에 만들어지므로 어른이 돼서도 그 어린 시절을 회상하며 기뻐할 수 있다.

The Child is father of the Man의 일반적 의미

영어 관용구에 in one's childhood(어릴 적에)와 in one's second childhood(늘그막에)가 있다. 후자가 함축하는 의미는 나이가 들면 어린 시절로 돌아가게 된다는 의미다. Our grandmother, getting very old, has entered her second childhood.(우리 할머니는 늙으시더니 다시 어린이가 되었다)

워즈워스보다 100년 훨씬 전 영국 시인 드라이든(John Dryden, 1631~1700)은 "Men are but children of a larger growth.(어른은 보다 크게 자란 어린이에 불과하다)"라고 말했다. 드라이든과 워즈워스의 말은 겉보기로는 다르지만 그 저변에 흐르는 개념엔 차이가 없다.

시간 개념으로 보면 과거는 현재의 아버지이고 미래는 현재의 아들이다. 따라서 누구든 자기의 어린 시절은 자기의 아버지인 셈이고 자기의 미래는 현재의 자기의 아들인 셈이다. 어린 시절에 쌓인 경험이 어른이 된 뒤에도 영향을 끼치기도 하고, 싹이 자라서 고목이 되듯 세 살 버릇 여든까지 간다. 비슷한 개념의 말들을 살펴보자.

- **Men are but children of a larger growth.**
  어른은 보다 크게 자란 어린이에 불과하다. – 드라이든(John Dryden, 1631~1700)

  Childhood shows the man, as morning shows the day.
  어린 시절이 인간을 만들고 아침이 하루를 연다. – 밀턴(Milton, 1608~1674)

  A person's personality forms during childhood and does not really change.
  인간의 본성은 어린 시절에 형성되며 실로 변하지 않는다.

  What is learned in the cradle is carried to the tomb[grave].
  요람(어릴 때)에서 배운 버릇 무덤(죽을 때)까지 간다.

  Vegetables fit for use are recognized by the small sprout.
  쓸모가 있는 식물은 어린 싹으로 알 수 있다.

관계사의 선행사 감탄문을 인도할 경우 보통명사이지만 관사를 붙이지 않음

- **Fool** that I was! 아, 난 정말 바보였구나.

  Fool that I am! 아, 난 정말 바보로구나.

보어를 담보하는 관사 없는 보통명사

명사 보어냐 형용사 보어냐에 따라서 의미의 변화가 없는 경우가 있고, 의미의 변화가 있는 경우도 있다.

- He is wise. [의미 변화가 없는 경우]
  그는 현명하다.

  He is a wise man.
  그는 현명한 사람이다.

- The best things in life are free. [의미 변화가 있는 경우]
  삶에서 가장 좋은 것은 공짜이다.

  The best things in life are freedom.
  삶에서 가장 좋은 것은 자유다.

 The best things in life are free. Although this may not always seem true, because money appears to bring happiness, the best things in life cannot be bought; they are, in fact, free. Here, the best things refer to love, family, friendship, health and other such things.

삶에서 가장 좋은 것은 돈이 들지 않는다. 돈이 행복을 가져다주는 것처럼 보이기 때문에 이 말이 반드시 옳은 것으로 들리지 않을지 모르지만, 삶에서 최고의 것은 돈으로 살 수 없다. 사실, 그것들은 무료다. 이 점에서, 가장 좋은 것은 사랑, 가족, 우정, 건강 등등이다.

turn의 보어는 관사 없는 보통명사

- She became **a traitor**. (o)

  She became <u>traitor</u>. (x)

  She turned <u>a traitor</u>. (x)

  She turned **traitor**. (o)

  그녀는 반역자가 되었다.

  [해설] turn이 2형식동사로 사용되면 '~이 되다', 3형식동사로 사용되면 '~을 돌리다'라는 의미가 된다. turn이 2형식동사로 사용될 경우 보어로 사용되는 보통명사에 관사를 붙여서는 안 된다. 목적어로 보일 수 있는 가능성을 완전히 차단하고 보어라는 점을 확실하게 담보하기 위해서는 traitor를 형용사로 만드는 길밖에 없다. 형용사로 만드는 방법은 관사를 없애는 것이다.

- He turned **politician**. (politician = 보어)

  그는 정치인이 되었다.

  He turned a politician. (a politician = 목적어)

  그는 어떤 정치인의 마음을 바꿔놓았다.

- He turned Catholic. 그는 천주교도가 되었다.

  He turned a Catholic. 천주교도 한 사람을 (물레방아에 묶어 놓고) 돌렸다.

choose의 목적격 보어는 관사 없는 보통명사

- We **chose** him <u>a doctor</u>.

  우리는 그에게 의사를 추천해 주었다.

  [해설] 동서고금을 막론하고 의사를 선출하는 경우는 없지 않은가? 5형식으로 해서 '우리는 그를 의사로 선출했다'라고 해석하면 어색한 문장이 된다.

- (1) We **chose** him <u>chairman</u>.

  우리는 그를 의장으로 선출했다.

  (2) We **chose** him <u>a repairman</u>.

  우리는 그에게 수리공 한 분을 골라 주었다(추천해 주었다).

  [해설] (1) chose는 5형식 동사로서 chairman이 [목적격 보어]로 관직을 나타낸다.
  (2) chose는 4형식 동사로서 chairman이 [직접목적어]이다.

- We **chose** him <u>President</u>.

  We **chose** him <u>for President</u>.

  우리는 그를 대통령으로 뽑았다.

- We **chose** him <u>a present</u>.

  We **chose** <u>a present</u> for him.

  우리는 그에게 선물을 골라 주었다.

식사명에 관사를 붙이지 않는 이유

식사명에 관사를 붙이지 않는 것은 breakfast, lunch, supper, dinner를 dessert, tea와 같은 물질명사로 취급하기 때문이다.

breakfast

- I'll fix **breakfast**.
  아침 준비할게요.

- We have **breakfast** at seven every morning. 우리는 매일 아침 7시에 아침을 먹는다.
  We had **a good breakfast** this morning. 우리는 오늘 아침에 아침 식사를 잘 했다.
  해설 두 번째 문장에서는 good의 제한을 받아 아침 식사의 성격을 규정하므로 a가 붙어 있다.

- They eat **a breakfast** that lacks the carbohydrates that provide energy fast.
  그들은 에너지를 재빨리 공급해 주는 탄수화물이 함유돼 있지 않은 아침 식사를 한다.

breakfast란 말 자체가 breaking the fast(단식 중단하기)라는 추상적 개념의 명사다. 영어 단어 breakfast는 수면이 먹는 것을 막으므로 잠자는 동안에는 본의 아닌 단식을 할 수밖에 없다는 개념에서 비롯되었다. 이 단식은 breakfast라는 첫 식사로 중단된다.

또한 breakfast는 물질적 개념의 명사이기도 하다. 조반(朝飯)이란 '아침에 먹는 밥'이다. 보통 조반이란 아침에 일어난 직후 먹는 하루의 첫 번째 meal(끼니)이다. meal이란 단어는 한 끼에 먹는 음식물의 양을 말한다.

미국의 대표적인 아침식사는 scrambled eggs, bacon, toast, coffee 및 orange juice. 또한 일반적인 것은 cereal이나 oatmeal, pancakes 또는 waffles. 시간에 쫓겨 출근길·등굣길

에서 coffee와 doughnut으로 때우는 일도 흔하다. 영국에서는 oatmeal이나 cornflakes, bacon, ham, egg, toast에 butter나 marmalade, 그리고 tea를 곁들인다.

lunch

lunch는 하루의 중간에 먹는 간단한 식사다.

- I'd like to treat you to **lunch**.
  당신에게 점심을 대접하고 싶은데요.

- I usually **have[eat] lunch** at a fast food restaurant.
  나는 대개 패스트푸드 식당에서 점심을 먹는다.

- Would you **go to lunch** or to a movie?
  점심 먹으러 갈 것인가, 아니면 영화를 보러 갈 것인가?

supper

supper는 저녁 식사, 특히 가벼운 저녁 식사를 뜻한다. 보통 음료수(차, 코코아 등)와 토스트, 비스킷 등으로 구성된 늦은 밤의 가벼운 식사를 말한다.

- I'll just microwave **a TV supper** myself.
  그냥 (인스턴트식품을) 전자레인지에 돌려서 TV를 보며 간단히 저녁을 때워야겠다.

dinner

dinner는 하루의 중간 혹은 저녁에 먹는 하루의 주요 식사를 뜻한다. 특히 저녁에 갖는, 종종 누군가를 축하하거나 어떤 경우를 축하하기 위하여 마련한 형식을 갖춘 식사를 말한다. 영·미에서는 dinner를 보통 저녁에 먹는데, 일요일에는 dinner를 낮에 먹는다. 낮에 먹으면 저녁에는 간단한 supper가 된다. 손님을 초대할 때는 dinner에 초대하는 것이 예의로 되어 있다.

- They went out for **dinner**. 그들은 저녁 식사를 하러 외출했다.
  The dinner he gave me was very good. 그가 나에게 베푼 저녁 식사는 참 좋았다.

관사를 관용적으로 생략한 경우가 많은 관용구

보통명사이지만 전치사와 결합하여 부사구를 이룰 경우 관사 없이 사용되는 경우가 많다.

on file (철해져서, 참조를 위해)

- Unfortunately, we don't have any vacancies right now, but we will keep your CV **on file**.
  지금은 안타깝게도 빈자리가 없지만 당신의 이력서를 잘 보관해 둘게요.

by heart (암기하여)

- 그는 많은 시를 암기했다.
  He learned many poems **by heart**.

to schedule (예정대로)

- Everything is going [according] **to schedule**.
  모든 것이 계획대로 진행되고 있습니다.

on easy street (유복한 신분으로, 재정적으로 독립하여)

- Mr. Jones is finally living **on easy street**.
  존스 씨는 드디어 편안한 삶을 살고 있다.

- Work hard if you want to get **on easy street** when you get older.
  나이 더 들어서 돈 걱정 없이 편히 살고 싶으면 열심히 일해라.

take advantage of나 on top of the world의 경우 of 이하의 제한을 받으므로 the를 넣어야 하겠지만 관습상 쓰지 않는다. 그러나 take the top of the table의 경우는 the를 넣는다. 이와 같이 관용구는 경우마다 다르므로 사용에 주의를 요한다.

by rule of thumb(눈대중으로, 경험으로)

실생활에서 자(길이를 재는 데 쓰는 도구)가 없을 때 손가락으로 재기도 한다. rule of thumb은 '어림셈', '눈대중', '경험'이라는 뜻이며, by rule of thumb은 '어림잡아 말하면', '경험으로 보아', '눈대중으로'라는 뜻으로 사용된다.

- A How many people do you think will show up for the meeting?
  모임에 몇 명이나 참석할까요?

  B **By rule of thumb**, anywhere between 350~500 people.
  경험으로 보아 350~500명 정도가 옵니다.

- I get it over without relying on medication. I just follow **rule of thumb**. My rule of thumb is regular healthy meals, regular moderate exercises and daily meditation.
  나는 약을 먹지 않고 이겨낸다. 그냥 경험을 따른 것뿐이다. 나의 경험 원칙은 규칙적이고 건강한 식사, 규칙적이고 적당한 운동, 그리고 매일 하는 명상이다.

take advantage of(~을 이용하다, ~에 편승하다)

- In order to **take advantage of** the discount train fares, you are asked to register at the check-in desk and to pay right there.
  열차요금 할인 혜택을 받으시려면, 탑승 수속 창구에서 등록하고 요금을 지불하시기 바랍니다.

  해설 check-in desk: 탑승 수속용 창구

on top of the world(만족의 절정에 있어, 최고의 기분으로)

- When my wife gave birth to my daughter, I felt (as if I am sitting) **on top of the world**.
  아내가 딸을 낳았을 때 하늘에라도 올라간 기분이었다.

  해설 take the top of the table : 상석에 앉다, 사회 보다

Town · Country:
관사를 붙이는 경우와 붙이지 않는 경우

country에는 관사를 붙이지만 town에는 관사를 붙이는 경우가 있는가 하면 붙이지 않는 경우도 있다. 자기의 주거(住居)와 직접적 관련이 없는 객관적 사실에는 관사를 붙이고 자기의 주거(住居)와 직접적 관련이 있는 객관적 사실에는 관사를 붙이지 않는 것이 대체적 기준이다.

도시와 시골을 상대적으로 표현할 경우 town과 country에 관사를 붙임

town and country(도시와 시골)처럼 대구(對句)가 될 때는 관사 없이 사용되지만, 시골과 도시를 상대적으로 표현할 때는 관사를 붙인다.

town과 country에 각각 정관사(the)를 붙이는 것이 일반적이다. the country는 farm(농장), ranch(목장), pasture(목초지), orchard(과수원), woods(숲) 등을 연상시키는 도시와 대비되는 '시골', '교외', '전원'을 말한다. state(정치적 통일체로서의 국가), nation(주민에 중점을 두는 말)에 비해 country는 국토(國土)에 중점을 두는 개념이다. 면적상으로 보면 어느 나라를 막론하고 도시가 아니라 대부분이 시골이다. 그래서 country에는 국가(국토)라는 의미와 시골이라는 의미가 있다.

- Would you rather live in **the town** or in **the country**?
  도시에 살고 싶으냐, 시골에 살고 싶으냐?

- Impatient of the heat, he left **the town** for **the country**.
  그는 더위를 견딜 수 없어 도시를 떠나 시골로 갔다.

영국 시인 윌리엄 쿠퍼(William Cowper, 1731~1800)는 근대산업사회 번영기에 있어 자연미와 전원생활을 노래함으로써 낭만주의의 길을 열었다. 그는 발라드(ballad) 〈The Journey of John Gilpin(존 길핀의 여행)〉을 썼다. 이 시는 1783년 출판된 뒤 런던 전역에서 노래로 불렸다. 그 시구(詩句) 중 하나에 God made the country, and man made the town.(신은 전원을 창조하고 인간은 도시를 만들었다)가 있다.

village보다는 크고 city보다는 작은 대소의 개념으로서의 town(읍)

영영사전은 다음과 같이 설명하고 있다. A town is a place with many streets and buildings, where people live and work. Towns are larger than villages and smaller than cities.(town은 사람들이 거주하고 일하는 거리와 건물이 많은 곳이다. town은 village보다는 크고 city보다는 작다) 공식적으로는 city라고 불리는 도시도 일상 회화에서는 town이라고 하는 수가 있다. 이런 경향은 미국보다 영국에서 현저하다.

- A railway runs from **this town** to that village.
  이 읍에서 그 마을까지 철도가 통하고 있다.

- The hill commands a panoramic[full] view of **the town**.
  그 언덕에서는 시 전체가 한눈에 보이다

- That is the talk of **the town**.
  그 이야기는 항간에 화제가 되고 있다.

- **The town** is against more businesses being built near their houses.
  영작 읍민들은 주거 근처에 상업용 건물들이 더 들어서는 데 반대한다.
  [해설] the town: 읍[시]민 (집합적으로 단수 취급함)

town이 자신의 주거와 직접적 관련이 있을 경우에는 관사를 붙이지 않음

화자(話者)가 사는 도시, 즉 우리말의 '우리 마을', '우리 고을', '우리 동네'에 해당한다. 이 경우 town에 관사를 붙이지 않는다.

- A Will you come to our house for dinner on Tuesday?
  화요일에 저희 집에서 저녁 식사 하시겠어요?
  B I'll have to take a rain check on that. I'm going out of **town** on Monday.
  다음 기회에 하죠. 월요일에 출장을 갑니다.
  [해설] take a rain check 다음 기회로 미루다

- Have you been working in **town**?
  같은 시내에서 일하고 있었다고?

| Chapter 7 | 관사를 생략하는 경우 341

- He's out of **town** on a business trip right now.
  그 사람은 출장 가고 지금 없는데요.

- I use First City Bank. They charge a fee for some services, but they are the lowest in **town**.
  퍼스트시티은행을 이용하는데, 일부 서비스에 대해 수수료를 부과하긴 하지만 이 도시에서 가장 낮다.

- Don't be late because we have a six dinner reservation at a restaurant on the outskirts of **town**.
  늦지 않도록 해라. 6시에 교외에 있는 식당에 저녁 예약이 되어 있단다.

- I'll be out of **town** next week on business, and I have some tickets for the opera I won't be able to use. I'm happy to just give them away.
  다음 주에 출장을 가기 때문에 몇 장 있는 오페라 표를 썩히게 됐어요. 그냥 누구 주었으면 좋겠는데.

화자가 평소에 밀접한 관련을 맺고 살아가는 지역, 즉 화자가 거주하는 변두리에 대한 상대적 개념인 '도심지', '번화가'에는 관사를 붙이지 않는다.

- A Where are you coming from?
  어디에서 오는 길이냐?

  B I'm coming from **town**.
  시내에서 오는 길입니다.

- Isn't it inconvenient living so far out of **town**?
  시내에서 그렇게 멀리 떨어져 살면 불편하지 않아요?

- I decided to take the subway across **town** to avoid getting stuck in the rush-hour traffic.
  러시아워의 교통 속에 갇혀 버리지 않도록 지하철을 타고 도심을 통과하기로 마음먹었다.
  해설 town은 명사이지만 uptown(주택지구)과 downtown(상업지구)은 명사·부사·형용사가 된다.

- I live up **town**. (up: 전치사, town: 명사)

  I live uptown. (uptown: 부사)
  나는 주택지에 산다.

- I have been down **town** to do some shopping today. (down: 전치사, town: 명사)

  I have been downtown to do some shopping today. (downtown: 부사)
  오늘 쇼핑 좀 하러 시내(도심지)에 갔다 왔다.

- I moved from downtown to uptown. 상업지구에서 주택지구로 이사했다

  I have been downtown all the morning. 오전 내내 도심(都心)에 있었다.

town이 시골(지방)에 대하여 서울을 말할 경우 관사를 붙이지 않음

경향(京鄕: 서울 경·시골 향)이란 '서울과 시골' 또는 '서울과 지방'이란 의미다. '경향(京鄕)'의 경(京)에 해당하는 영어가 town이다.

- He went up to **town** on business.
  그는 사업차 상경했다.

- I was in **town** on business last week.
  나는 지난주 사업차 서울에 있었다.

- Look me up the next time you're in **town**.
  다음에 상경하면 나를 찾아와.

- Living as I do so remote from **town**, I rarely have visitors.
  이런 외진 시골에 살다 보니 찾아오는 사람도 드물다.

- Born in a town he wanted to leave the town and longed for a life in **town**.
  그는 어떤 읍에서 태어났기 때문에 그 읍을 떠나기를 원했으며 서울 생활을 갈망했다.

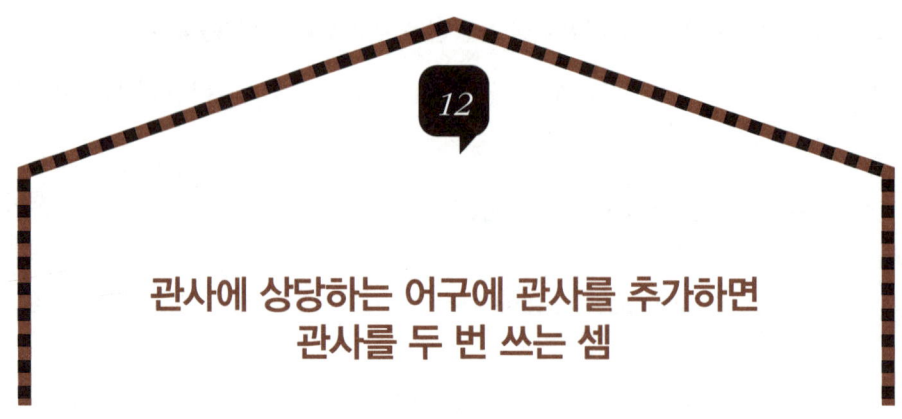

관사에 상당하는 어구에 관사를 추가하면 관사를 두 번 쓰는 셈

다음은 관사에 상당하는 어구이므로 관사를 추가하면 관사를 두 번 쓰는 셈이 된다. 그러므로 관사를 붙여서는 안 된다.

지시형용사(this, that, these, those)

- I want **this pencil**. (o)
  I want <u>a this pencil</u>. (x)
  I want <u>this a pencil</u>. (x)
  나는 이 연필을 원한다.

개별(個別) 지시형용사(each, every, either, neither)

- **Each student** had a different solution to the problem. (o)
  <u>Each a student</u> had a different solution to the problem. (x)
  학생들은 제각기 그 문제에 대한 해답이 달랐다.

부정(不定) 지시형용사(some, any, no)

- He went to **some place** in South America. (o)
  He went to <u>some a place</u> in South America. (x)
  He went to <u>a some place</u> in South America. (x)
  그는 남미 어딘가로 갔다.

- **No man** is without his faults. (o)

  No a man is without his faults. (x)

  Not any man is without his faults. (o)
  (어떤) 누구도 결점이 없지 않다.

소유형용사(my, your, his, Shakespeare's)

- He is a my friend. (x)

  He is my a friend. (x)

  He is **a friend of mine**. (o)
  그는 나의 친구다.

- Hamlet is **Shakespeare's best known tragedy**. (o)

  Hamlet is Shakespeare's the best known tragedy. (x)
  햄릿은 셰익스피어의 가장 잘 알려진 비극이다.

의문형용사(whose, which, what)

- **Which book** do you want? (o)

  Which a book do you want? (x)
  어느 책을 원하느냐?

관계대명사(whose)

- Look at the house **of which** the roof is red. (o)

  Look at the house whose the roof is red. (x)

  Look at the house **whose** roof is red. (o)
  지붕이 빨간 저 집을 보아라.

Kind(sort · type · class · breed · variety) of

- What **breed of dog** is that? (o)

  What breed of a dog is that? (x)
  저 개의 종류가 뭐죠?

- This flower is a new **variety of rose**.
  이 꽃은 장미의 신품종이다.

- all kinds of birds

  birds of all kinds
  모든 종류의 새들
  해설 kind of는 앞에서도 수식하고 뒤에서도 수식한다.

- this kind of birds (o)

  these kind of birds (o)

  birds of this kind (o)

  birds of these kind (x)
  이러한 종류의 새들

- A What **kind of child** were you?
  당신은 어떤 아이였나요?

  B I think I was a bit premature.
  　조숙했던 것 같아요.

취향을 나타내는 kind · style · type 등을 쓴다. ●───────

- This is not my kind of **picture**. (o)

  This is not my kind of a picture. (x)
  이것은 내 취향의 그림이 아니야.

- I'm afraid the film is not my kind.

  I'm afraid the film is not my cup of tea.

  I'm afraid the film is not to my taste.

  I'm afraid the film is not my thing.

  I'm afraid the film is not for me.
  이 영화는 내 취향이 아닌 것 같아.

kind(sort) of : '약간', '조금', '얼마간' (형용사, 동사, 명사를 수식) ●───

- It is a kind of **shrimp**. 그것은 일종의 작은 새우다. (작은 새우)

  He is kind of **a shrimp**. 그는 키가 좀 작은 것 같다. (왜소한 사람)

- I'm **sort of** a fan of sweet wines. [명사 수식]

  I **sort of** like sweet wines. [동사 수식]
  저는 달콤한 와인을 즐기는 편이에요.

13

대구법(Parallelism)과
짧은 교차대구법(Chiasmus)에서의 관사 생략

대구법(Parallelism)

대구(對句)란 일반적으로 '의미가 같거나 상반된 어구(語句)가 접속사나 전치사로 연결되어 짝을 이룬 글귀'를 말한다. 이는 서술을 장중하게 할 뿐 아니라 음악적 묘미도 더해준다. 대구에서는 관사(a나 the)나 복수형을 쓰는 경우가 많지 않다. 관사를 반복하면 쓰기도 불편할 뿐만 아니라 발음하기도 불편하여 리듬감이 떨어지기 때문에 이러한 어법이 생겼다.

- Awake, my soul! Awake, harp and lyre! I will awaken the dawn.
  나의 영혼아 깨어나라! 하프야, 수금(竪琴)아 깨어나라! 내가 새벽을 깨우리로다. – 시편(Psalms) 57장 8절
  해설 다윗(David)이 사울(Saul)을 피해 굴에 있을 때에 한 말

- Dog does not bite dog.
  개는 개를 물지 않는다. / 동족은 상잔하지 않는 법. (악인들의 단결에 대해 말한 것임)

- Faint heart never won fair lady.
  용기 없는 사람이 미인을 얻은 예는 없다.

- Shield clashed against shield.
  방패와 방패가 부딪쳐 쨍그랑 소리를 냈다.

- And there is the end of the matter. 그러면 이것으로 끝이다.
  You can't install the desk that way. It's end for end. 책상을 그렇게 놓으면 안 돼. 거꾸로야.

- Come here. Let's have a man-to-man talk.
  Come here. Let's have a heart-to-heart talk.
  우리 터놓고 얘기 한번 합시다.
  해설 a man-to-man talk와 a heart-to-heart talk에서의 a는 talk와 상관한다.

- I dislike having to go to work at rush hour day after day.

  I dislike having to go to work at rush hour day in and day out.
  나는 날이면 날마다 러시아워에 출근하는 것을 무척 싫어한다.

- A World War Three could destroy victor and vanquished alike.
  제3차 세계대전이 일어나면 승자나 패자(敗者) 모두 파멸한다.
  해설 the victor and the vanquished로 해야 하나 대구이므로 관사가 생략됐다.

- What we all need, young and old alike, is a union of fiery impatience and snowy patience.
  젊은이나 늙은이나 모두 필요로 하는 것은 불같은 성급함과 냉정한 참을성의 결합이다.
  해설 〈the+형용사=복수 보통명사〉이기 때문에 the young and the old로 해야 하지만, 대구이므로 관사가 생략됐다.

대구(對句)라고 해서 무조건 관사를 생략하는 것은 아니다. 관사를 존치시킴으로써 묘미(妙味)를 더해준 경우도 있다.

- A moment's insight is sometimes worth a lifetime's experience.
  때로는 한순간의 통찰이 한평생의 경험의 가치가 있다. – 미국 작가 홈스(Oliver Wendell Holmes, Jr, 1841~1935)
  해설 moment(순간)보다는 A moment(한순간)가 묘미를 더해 준다.

 The Lord will judge between the nations and will settle disputes for many peoples. They will beat their swords into plowshares and their spears into pruning hooks. Nation will not take up sword against nation, nor will they train for war anymore.

주께서 민족들 사이에 재판관이 되시고 수많은 백성 사이에 심판관이 되시리라. 그러면 그들이 칼을 쳐서 보습을 만들고 창을 쳐서 낫을 만들리라. 어떤 민족이 다른 민족에게 칼을 들지 않을 것이며 더 이상 전쟁을 대비해 훈련하지도 않으리라.

– 구약성경 이사야(Isaiah) 2장 4절

해설 앞의 the nations, their swords는 관사도 있고 복수형이지만, 뒤의 Nation, sword, nation은 관사도 없고 단수형이다.

- This car cost me an arm and a leg.
  이 차는 엄청 비싸다.

- That is a famous brand-name bag! But it costs an arm and a leg.
  저것은 명품 가방이야! 하지만 너무 비싸.
  해설 an arm and a leg: (엄청난 금액)을 이용하여

- It will cost you an arm and a leg.
  It will cost you a lot of money.
  It will cost you a pretty[fine] penny.
  It will cost you a mint[bundle or fortune].
  돈 꽤나 들 겁니다.

짧은 교차대구(Chiasmus)

주요 어휘만 바뀔 뿐 같은 구조의 문장이 짝을 이룬 문장을 교차대구라 한다. 영어로는 chiasmus라 하는데, chiasmus는 원래 그리스어로 to mark with a chi(카이로 표시하기)란 의미이다. 그리스어 자모(字母) 제22자가 X인데 이것을 chi[kai]라 한다. X는 교차(交叉)를 나타내는 표지(標識)로도 사용된다. 오늘날에는 chiasmus가 수사학 용어가 되어 우리말로는 교차대구(交叉對句) 또는 병행배열(竝行配列)이라고 한다. 짧은 교차대구에서 관사를 생략하는 경우가 많다.

- I am here in body—but my spirit is elsewhere!
  Here in body, but not in spirit.
  몸은 여기 있어도 마음은 다른 곳에 있다.
  해설 in body: 몸은, 몸소

- Like father, like son.
  부전자전(父傳子傳: 그 아버지에 그 아들).

- Like master, like man.
  용장 밑에 약졸 없다.

- Newer does not mean better.
  새것이라고 다 좋은 것은 아니다.

- Man has mind, and woman heart.
  남성은 지성이요, 여성은 감성이다.

malapropism(동음어 혼동에 의한 말의 우스꽝스러운 오용)

- There is no egg in eggplant nor ham in hamburger; neither pine nor apple in pineapple. eggplant(가지)에 egg(달걀)이 없고 hamburger(햄버거)에 ham(햄)이 없다; pineapple(파인애플)에 pine(소나무)도 없고 apple(사과)도 없다.

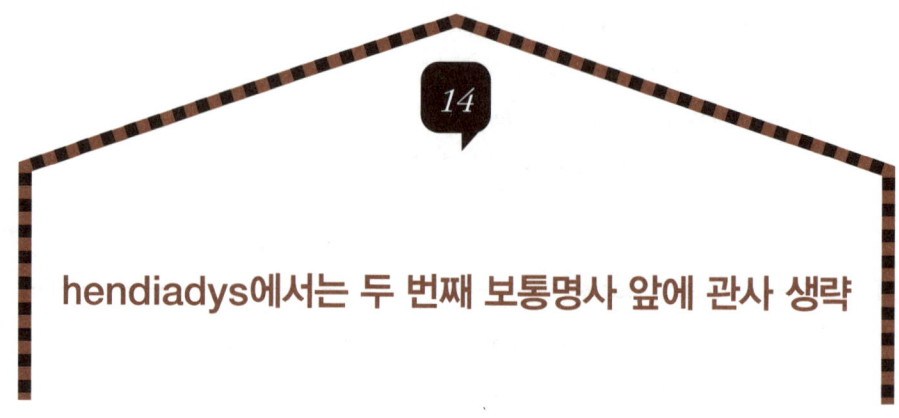

hendiadys에서는 두 번째 보통명사 앞에 관사 생략

- When you shoot **a bow and arrow**, you aim at the clouds, not because you expect to hit them, but so that you may reach the distant target on the ground.
  활로 화살을 쏠 때 구름을 보고 쏜다. 그것은 구름을 맞추기를 기대해서가 아니라 멀리 떨어져 있는 지상의 목표물에 도달하기 위해서이다. - 손자(孫子)

hendiadys란 양자 중 한쪽은 종속관계를 말한다. a watch and chain(줄 달린 시계), a cup and saucer(받침 접시가 딸린 컵) 등에서처럼 두 개의 사물이 밀접한 관련을 맺고 있을 경우 and 다음에 관사를 넣지 않는다. 이때 and는 with의 뜻으로서 두 개의 명사를 한 개의 것으로 간주하여 단수 취급한다. [앞 명사+and]가 뒤 명사를 수식하는 경우도 있고 [뒤 명사+and]가 앞 명사를 수식하는 경우도 있다.

[앞 명사+and]가 뒤 명사를 수식하는 경우

- **A horse and carriage** was seen at a distance. (o)
  A horse and a carriage was seen at a distance. (x)
  말 한 필이 끄는 마차가 멀리 보인다.
  해설 a horse and carriage (=a horse-drawn wagon)

[뒤 명사+and]가 앞 명사를 수식하는 경우

- **A car and driver** was hired.
  운전사 딸린 자동차를 대절했다.

15

A와 B가 동일인 · 동일물일 경우 관사 생략

- **The poet and statesman** is dead. 그 시인 겸 정치인은 고인이다. (한 사람)

  The poet and **the statesman** are dead. 그 시인과 그 정치인은 고인이다. (두 사람)

- **A red and white flower** is in full blossom. 붉고 흰 꽃 한 송이가 활짝 피었다. (한 송이)

  A red and a white flower are in full blossom.
  붉은 꽃 한 송이와 흰 꽃 한 송이가 활짝 피었다. (두 송이)

- He has a dog. It is a white and black dog.
  그에게는 개 한 마리가 있는데, 그 개는 얼룩 개다. (한 마리)

  He has two dogs. They are a white and a black dog.
  그에게는 개 두 마리가 있는데, 하나는 검고 하나는 희다. (두 마리)

- Are you a light or heavy sleeper?
  너는 잠귀가 밝니, 어둡니?

- A Someone stole my bag!
       누군가 내 가방을 훔쳐갔어요.

  B Can you describe the bag, please?
       백 모양 좀 설명해 주시겠어요?

  A It is a black and white purse.
       검은색과 흰색이 들어간 거예요.

  [해설] purse: 미국에서는 '핸드백'을 이렇게 말한다.

- He was a sometime poet and essayist.
  그는 전직이 시인 겸 수필가다. (한 사람)

- **An eminent scholar and judicious critic** has been here.
  저명한 학자이며 예리한 비평가가 여기에 왔다 갔다. (한 사람)

A와 B가 한 사람이지만 관사를 각각 붙이는 경우

- He was **a** statesman and poet.
  He was **a** statesman and **a** poet.
  He was at once **a** statesman and **a** poet.
  He was **a** statesman and at the same time **a** poet.
  그는 정치가요, 또한 시인이기도 했다.
  해설 처럼 한 사람의 양면 활동과 양면 성질을 강조할 때는 두 군데에 다 관사를 붙일 수 있다.

- He is a Jekyll and Hyde.
  He is a kind of Jekyll and Hyde.
  He is a double-faced person.
  He is a wolf in a lamb's skin.
  He is a two-faced person.
  He is a dissembler.
  He is a hypocrite.
  He is a pharisee.
  그는 이중인격자다.

A와 B가 다른 사람·사물이지만 밀접한 관련이 있을 경우 관사는 하나

- the king and queen 왕과 왕비
  the bride and groom 신랑과 신부
  the husband and wife 남편과 아내

- the Duke and Duchess of York 요크 공작과 공작부인
  the time and place of one's birth 출생 시간과 장소

위의 경우는 hendiadys(양자 중 한쪽은 종속관계)와는 개념이 약간 다르다. 양자가 개체이면서 밀접한 관련을 맺고 있다. 이 경우 하나의 짝으로 보고 and 다음에 the를 붙이지 않는다. 그러면 동사는 단수로 받을 것인가 복수로 받을 것인가의 문제가 발생한다. 관사는 하나만 사용하지만 동사는 복수로 받는다. 논리적으로는 모순에 가깝다. 그러나 이러한 경우는 다음 예에서도 볼 수 있다. My glasses are missing.(내 안경을 잃어버렸다)이나 The scissors are sharp.(내 가위는 잘 든다)에서도 하나의 물건이지만 복수로 받는다.

- The man and woman is dancing together. (x)

  The man and woman are dancing together. (o)
  그 남자와 그 여자가 춤을 추고 있다.

- The husband and wife do not mix well.
  저 부부는 금슬이 좋지 않다.

- I'd like to make a toast to the bride and groom.
  신랑 신부를 위해 건배합시다.

- A man and woman both in their thirties, entered a hotel.
  30대의 남녀 한 쌍이 호텔로 들어갔다.

- The keyboard and mouse have stopped working!
  키보드와 마우스가 작동을 안 해!

- A Good afternoon, sir. What may I do for you?
  안녕하십니까? 무엇을 도와 드릴까요?

  B I'd like a trim. Just take a little off the ears and back.
  머리를 깎고 싶습니다. 귀 부분과 머리 뒤쪽을 조금만 쳐 주십시오.

- It's easy to find the book you want when you know the author, title, or ISBN number.
  작가나 제목, 국제표준 도서번호만 알면 원하는 책을 찾기 쉽다.

  Change is the law. And those who look only to the past or present are certain to miss the future.
  변화란 법이다. 과거나 현재만 보는 사람들은 분명히 미래를 놓친다.

- The term 'nuclear family' refers to a husband and wife united through marriage and their dependant children, whether natural or adopted.
  '핵가족'이란 용어는 결혼으로 결합된 한 쌍의 남편과 아내, 그리고 부양자녀 – 친(親)이든 양(養)이든 –를 말한다.

관사의 유무에 따른 의미상의 차이

관사는 전치사와 접속사와 마찬가지로 기능어다. I studied English (for) 3 hours.와 He is a boy, (and) she is a girl.에서처럼 전치사(for)나 접속사(and)는 있어도 그만, 없어도 그만 인 경우가 많다. 그러나 관사는 그 유무에 따라서 의미가 달라지는 경우가 있다.

moment

- of moment 중요한 (momentous, important)
  of the moment 순간적인 (momentary, temporary)

- It was affairs **of great moment**.
  그것은 중대한 사건이었다.

  Our lives would be better if we acted based on our deepest values instead of reacting to the feelings **of the moment**.
  순간적인 감정에 반응하지 않고, 가장 깊은 가치관에 따라 행동한다면 우리의 생활은 더 나아진다.

future

- In future 지금부터(from now on)
  In the future 장래에(some day in future)

- **In future**, try to live a better life.
  지금부터는 보다 훌륭한 삶을 살도록 하여라.

  In the future, we may all work fewer hours a day.
  우리 모두는 장래에는 하루에 겨우 몇 시간 일할지도 모른다.

time

- behind time 늦은(late)
  behind the times 시대에 뒤떨어진(out-of-time)

- He is **behind time**.
  그는 지각하였다.

  He is **behind the times**.
  그는 시대에 뒤떨어진 사람이다.

place

- take place 발생하다(happen)
  take the place 대신하다(replace)

- The accident **took place** there.
  그 사고는 거기서 발생했다.

  The television **takes the place** of the radio.
  TV는 라디오를 대신한다.

death

- to death 죽도록, 몹시
  to the death 죽을 때까지

- I'm hungry **to death**.
  나는 몹시 배가 고프다.

  I'll endure **to the death**.
  나는 죽을 때까지 견디겠다.

course

- in course of + 추상명사 중에(under)
  in the course of + 특정 기간 중에, 동안에(during)

- The matter is **in course of discussion**.
  그 문제는 심의 중에 있다.

  The matter is discussed **in the course of this year**.
  그 문제는 금년 중에 심의된다.

Section 2

영어의 품격은
기초 문법에서 시작한다

Chapter

8

애매한 관사 총정리

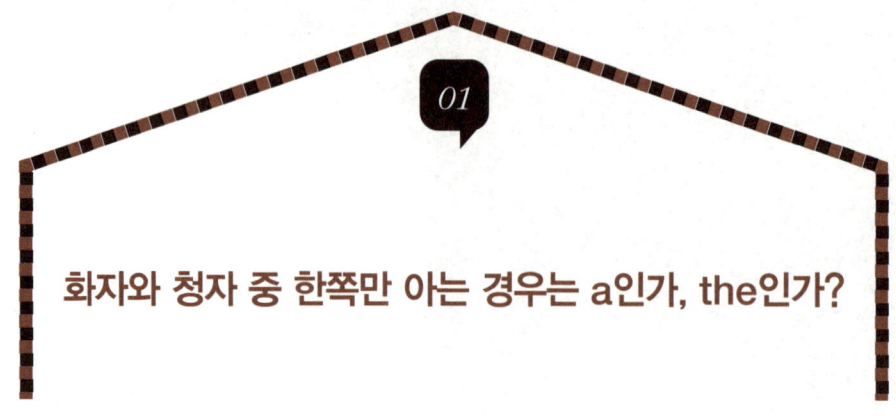

화자와 청자 중 한쪽만 아는 경우는 a인가, the인가?

명사 앞에 a를 붙일 것인가, the를 쓸 것인가는 영어를 좀 한다는 사람도 멈칫할 때가 많다. 관사는 영어 문장이 얼마나 정교한가를 판가름하는 잣대다. 관사는 짧은 단어이지만 영어 작문을 할 때는 가장 오래 생각하게 하는 trouble maker(골치 아프게 하는 존재)다. 영어가 모국어인 사람도 문서를 작성할 때면 골머리를 앓는다. Native Speaker건 아니건 간에 관사에서 가장 많은 오류를 범한다. 따라서 관사는 영어의 마지막 관문이라 할 수 있다.

관사는 일종의 한정사(determiner)로서 a[an]는 부정관사(不定冠詞, indefinite article)라 하고, the는 정관사(定冠詞, definite article)라 한다. 부정관사는 수사(數詞) one(하나)이 약화된 것이고, 정관사는 지시대명사 that(그것)이 약화된 것이다.

관사는 명사 앞에 붙어 그 명사가 특정의 것인지 불특정의 막연한 것인지에 대한 정보를 제공한다. 다시 말해 부정관사 a는 미지(未知)의 것임을, 정관사 the는 기지(旣知)·기존(旣存)·기정(旣定)의 것임을 일러준다. 다음의 비교를 보면 그 차이점을 분명하게 알 수 있다.

- I picked up **a book** on a road. 화자(speaker)나 청자(listener) 모두 다 모르는 경우
  길에서 책을 주웠다.

  I am told that you wrote **a book**. 화자(speaker)는 모르지만 청자(listener)가 아는 경우
  네가 책을 썼다더군.

  I have written **a book** 3 years ago. 화자(speaker)는 알지만 청자(listener)가 모르는 경우
  나는 3년 전에 책을 쓴 적이 있다.

  I have **the book** which you bought me. 화자(speaker)나 청자(listener) 모두 다 아는 경우
  네가 나에게 사 준 책을 갖고 있다.

왜 '나는 직업을 구하고 있다'가 I'm looking for a job인가?

- I've been looking for **a job**. (o)
  I've been looking for **my job**. (x)
  I've been looking for **the job**. (x)
  My job search has been going? (o)
  The job search has been going? (o)
  직업을 구하고 있습니다.

I'm looking for my job.이라고 말하는 것을 들은 원어민은 배꼽을 잡는다. 영어에서 소유격은 Did you see my English book?에서처럼 something that already belongs to somebody(이미 누군가에게 속해 있는 것)에 대해 말할 때에만 사용한다.

그러니 원어민으로선 '이미 갖고 있는 직업을 구하고 있다'는 식의 표현은 이미 있는 어떤 물건을 어디다 둔지를 몰라 장롱서랍이나 책상서랍 등 여기저기를 찾아 헤매고 있는 장면을 연상시키므로 우스울 수밖에 없다. 직업을 구하고 있다면 I'm looking for a job.이라고 말해야 한다. 영어에서 소유격은 이미 자기 소유가 된 기정(旣定)의 것에만 붙이며, 미정(未定)의 것에는 부정(不定)관사를 붙인다.

왜 the flu(독감) & a cold(감기)인가?

- Is he laid up with **the flu** or **a cold**?
  그는 독감으로 누워 있느냐, 감기로 누워 있느냐?

독감과 감기는 다르다. 감기는 열이 안 나고 비교적 증상이 가볍다. 독감을 the influenza, 약해서 the flu라 한다. influence of the cold(추위의 영향)를 의미하는 이탈리아어 influenza del freddo가 어원이다. the flu는 특정 바이러스, 즉 Orthomyxovirus(오르토믹소바이러스)과에 속하는 RNA 바이러스로 감염되기 때문에 정관사 the를 붙인다. 감기는 the common cold라 한다. the most common infectious diseases(가장 전염성이 강한 질병)라고 해서 common이 붙었다. 100개 이상의 바이러스 균이 원인이다. 감기는 그 중 하나에 걸리는 것을 말하므로 a를 붙인다.

- It sounds like you have **the flu**.
  당신은 그 독감 바이러스를 갖고 있는 것 같습니다.
  → 당신은 독감에 걸린 것 같습니다.

- A What's wrong with you?
  안색이 안 좋아 보인다.
  B I **caught a cold** and feel a chill.
  감기에 걸려서 몸이 으스스해.

- It sounds like you have **a (common) cold**.
  당신은 100개 이상의 감기 바이러스 중에서 하나를 갖고 있는 것 같습니다.
  → 당신은 감기에 걸린 것 같습니다.

- There isn't any cure for **the (common) cold**.
  일반 감기에 대한 치료제가 없다.
  해설 감기의 전체적 개념에는 the를 붙인다.

관사를 붙이지 않는 병명 (중병)

중병(重病)에는 관사를 붙이지 않는다.

- **Rabies** is marked by fear of water.
  광견병은 물을 무서워하는 것이 특징이다.

- He is suffering from **consumption**.
  그는 폐병을 앓고 있다.

- **Breast cancer** is the second most common form of cancer among women in the US, and the second leading cause of cancer deaths among women.
  유방암은 미국 여성들 사이에서 두 번째로 흔한 암의 종류이며, 두 번째로 주된 암으로 인한 사망 원인이다.

- **Measles** is but diabetes is not an infectious disease.
  홍역은 전염성 질병이지만 당뇨병은 (전염성 질병이) 아니다.
  해설 rabies, measles는 어미가 [s]로 끝나지만 단수로 취급한다.

a + 병명 (일상적인 병)

일상적인 병에는 부정관사 a를 붙여 일회성을 나타내며 반복을 나타낼 때는 복수형으로 사용한다.

- He has **a earache**. 그는 귓병을 앓고 있다.
  He has **a backache**. 그는 요통을 앓고 있다.
  He has **a headache**. 그는 두통을 앓고 있다.
  He has **a toothache**. 그는 치통을 앓고 있다.
  He has **a stomachache**. 그는 위통을 앓고 있다.

- A I always **get earaches** in the summer.
     저는 여름철엔 항상 귓병이 나요.
  B It's probably **swimmer's ear** since you're always in the pool.
     풀장에 항상 있으니 귓병이 나겠죠.
  해설 자주 걸리므로 복수형 earaches를 썼다. swimmer's ear(수영자의 귀)란 외이염(外耳炎, otitis externa)을 말한다.

열병

장티푸스(typhoid fever·enteric fever)에는 관사를 붙이지 않으나 fever(열), slight fever(미열), high fever(고열)에는 부정관사(a)를 붙인다.

- He has **a violent fever**. 그는 몸이 팔팔 끓는다.

왜 play the violin & play football인가?

악기의 이름이나 춤의 명칭에는 the를 붙이나 스포츠인 경우는 관사를 붙이지 않는다. 악기 연주나 춤을 추는 것은 정(定)해진 대로, 즉 악보대로 연주하지만, 볼을 차는 것은 어떤 정(定)해진 규칙이 없이 선수가 그때그때의 상황에 따라서 순발력 있게 판단하여 차기 때문에 관사가 없다.

- I like **playing the violin**, but don't like **playing football**.
  나는 바이올린을 켜는 것은 좋아하나 축구하는 것은 싫어한다.

악기 연주와 춤추기

- He danced **the blues** with her.
  그는 그녀와 블루스를 췄다.

- His touch on **the piano** is very certain.
  그의 피아노의 터치는 정확하다.

- We couldn't hear **the cello** very well because the balance with the piano was awry.
  첼로 소리가 잘 들리지 않았는데, 그 이유는 피아노 소리와 조화를 이루지 못했기 때문이다.

- In the movie *Once Upon a Time in the West*, Charles Bronson acts as a gunman who **plays around the harmonica**.
  찰스 브론슨은 영화 Once Upon a Time in the West에서 하모니카를 불고 다니는 총잡이 역으로 나온다.

스포츠 명칭

- I usually **play golf** on Sunday morning with my clients.
  나는 주로 일요일에 고객들과 골프를 친다.

- Schoolboys are **playing football** on the ground.
  남학생들이 운동장에서 축구를 하고 있다.

- **The football results** are broadcast on the television.
  그 축구 경기의 결과가 텔레비전에서 방송되고 있다.

운동 경기라고 모두 play를 사용하는 건 아니다. soccer, football, baseball 등 팀을 이루어 하는 스포츠에만 사용한다. bowling, skiing, boxing, wrestling, swimming, judo 등은 play를 쓰지 않는다.

- I will play bowling. (x)
  I will **go bowling**. (o)
  볼링 치러 갈 겁니다.

the를 붙이고 대문자로 쓰는 the Frisbee

프리스비는 전 세계 남녀노소가 즐기는 대중적 게임이자 스포츠다. 프리스비는 미국 대학가의 놀이에서 시작됐다. 1870년대 미 코네티컷 주 예일 대 근처에 '프리스비(Frisbie) 파이' 회사가 문을 열었는데, 학생들이 이곳 파이를 사먹고는 캠퍼스 잔디에서 파이가 담겼던 납작한 빈 깡통을 던지며 놀았다. 플라스틱 원반을 개발해 완구 제품으로 시판한 곳이 장난감 회사 Wham-O다. 홀라후프를 탄생시킨 회사로도 유명한 이 회사는 1957년 1월 23일 현대적 디자인의 플라잉디스크(FlyingDisc)를 처음으로 선보였다. 상표명은 원반던지기의 유래가 된 파이 회사의 이름을 따 '프리스비'로 붙였으나 철자의 오기로 'Frisbie'가 아닌 'Frisbee'가 됐다. 대학생들의 심심풀이 놀이에서 시작된 프리스비는 이제 명실상부한 세계인의 대중 스포츠가 됐다.

- A Who wants to throw **the Frisbee**?
  누구 원반던지기 할 사람?

  B I do, but I don't know how.
  나 할래. 그런데 어떻게 하는지 모르는데.

- The man is clutching **the Frisbee**.
  남자가 플라스틱 원반을 꽉 잡고 있다.

왜 the Second World War & a third world war인가?

- **the** First World War 제1차 세계대전   기정(旣定)의 전쟁
  the Second World War 제2차 세계대전   기정(旣定)의 전쟁
  a third world war (another world war) 제3차 세계대전   미정(未定)의 전쟁

- the World War 2
  the World War Ⅱ
  the World War Two
  the Second World War
  제2차 세계대전

제1차 세계대전은 원래 the Great War라고 불렸다. 1939년 제2차 세계대전이 일어나자 the World War I(One)로 개명(改名)됐다. 제3차 세계대전은 일어날지 안 일어날지 모르는 a hypothetical future World War(가정상의 미래 세계 전쟁)이다. 즉 미정이므로 부정관사를 붙인다.

a third world war라고 표기하면 '제3차 세계대전'이 되지만, a third-world war라고 표기하면 '제3세계의 전쟁'이 된다. 왜 그럴까?

- a third world war   (third가 world war를 수식)

- a third-world war   (third-world가 war를 수식)

- In the 1960's, Vietnam became **a third-world** geopolitical hot spot.
  월남은 1960년대에 제3세계의 지정학적 분쟁 지역이 되었다.

왜 the twenty-first century & the twenty-second century인가?

앞서 '제2차 세계대전'은 기정의 전쟁이었기 때문에 the Second World War, '제3차 세계대전'은 일어날지 안 일어날지 모르는 미정의 전쟁이기 때문에 a third world war (another world war)라고 설명했다. '21세기'는 the twenty-first century, '22세기'는 the twenty-second century다. '22세기'는 도래할지 안 할지 모르는 불확실한 사실이 아니라 세월이 지나면 마땅히 도래하기 때문이다. 미래의 세기에 a를 붙이기도 한다. 다음 글을 보자. 다음 글은 21세기가 되기 전인 20세기에 쓰여진 글이므로 a 21st century라고 되어 있다.

 Reagan's vision of a 21st century in which the US will be hermetically sealed against all nuclear attack provides no answer to the problem of how our national security is to best be addressed now and in the next couple of decades.

미국은 모든 핵 공격에 대해서 완벽하게 방어될 것이라는 레이건의 21세기 비전은 우리의 국가 안보가 현재, 그리고 20~30년 후에 어떻게 다뤄지는 것이 최선의 방법인가에 대해서는 전혀 해답을 제시하지 못하고 있다.

- The Detroit Free Press (the largest daily newspaper in Detroit)

해설   hermetically: 밀봉하여 · 밀폐하여
       seal: 봉인하다 · 밀폐하다
       address: (문제를) 다루다 · 처리하다

What's your name?과
Do you have a name?의
다른 점은?

- **What's your name?** 이름이 뭡니까?

  Do you have a name? 이름이 있습니까?

  해설 첫 번째 문장은 당연히 이름이 있을 것이라는 전제 하에 묻는 질문이고, 두 번째 문장은 이름이 있는지 없는지 미지(未知)의 상황에서 묻는 질문이다.

1987년 영화 〈RoboCop(로보캅)〉은 막강한 능력의 '사이보그 경찰'의 활약을 그린 SF(science fiction 공상 과학)영화다. 로보캅(RoboCop)은 Robot(로봇)과 Cop(경찰)의 합성어다. 사이보그(cyborg)는 cybernetic(인공두뇌의)과 organism(유기체·인간)의 합성어로 '특수한 환경에서도 살 수 있게 생리 기능의 일부가 기계 장치에 의해 대행되고 있는 인조인간'이다.

방위산업체의 과학자들은 근무 중 뇌사 상태에 들어간 경찰관 머피(Murphy)를 티타늄으로 보강하고 정교하게 짜진 프로그램을 집어넣어 최첨단 사이보그를 탄생시킨다.

전근해온 여자 경관 루이스(Lewis)는 로보캅에게 Do you have a name? Don't you have a name?(이름이 있니 없니?)이라고 묻는다. 로보캅은 기분이 나쁜 듯 아무 대답도 하지 않는다. 그러나 로보캅은 누군가가 What's your name?이라고 묻자 Murphy(머피).라고 자신의 이름을 말한다.